D1732497

» Projektcoaching

Christina Hiller
Christian Majer
Peter Minar-Hödel
Hansjörg Zahradnik

2. Auflage

Der Verlag und seine Autoren sind für Reaktionen, Hinweise oder Meinungen dankbar. Bitte
wenden Sie sich diesbezüglich an verlag@goldegg-verlag.at.

Weiterführende Informationen und Hilfsmittel zum Thema Projektcoaching finden Sie unter
www.nextlevelconsulting.eu/projektcoachingbuch

ISBN: 978-3-901880-76-6

© 2007 next level consulting
Telefon: +43 (0)1 478 06 60-0
E-Mail: office@nextlevel.at
www.nextlevelconsulting.eu

Verlag: Goldegg Verlag Wien
Telefon: +43 (0)1 5054376-0
E-Mail: office@goldegg-verlag.at
www.goldegg-verlag.at

Layout: k25 Neue Medien. Neue Werbung.
Illustrationen: k25, Peter Zauner
Lektorat: Karina Matejcek
Druck: Wograndl Druck

Inhalt

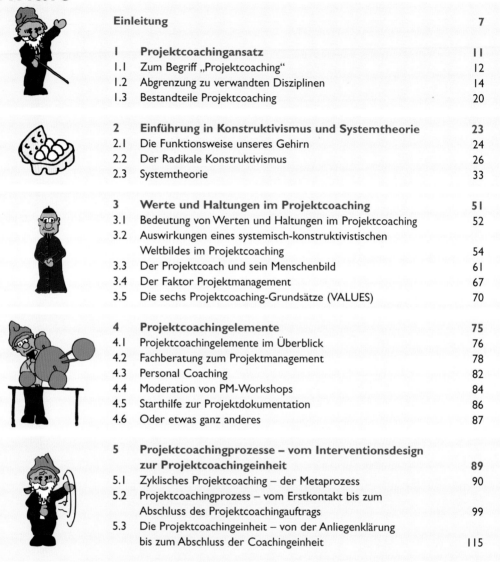

	Einleitung	**7**
1	**Projektcoachingansatz**	**11**
1.1	Zum Begriff „Projektcoaching"	12
1.2	Abgrenzung zu verwandten Disziplinen	14
1.3	Bestandteile Projektcoaching	20
2	**Einführung in Konstruktivismus und Systemtheorie**	**23**
2.1	Die Funktionsweise unseres Gehirn	24
2.2	Der Radikale Konstruktivismus	26
2.3	Systemtheorie	33
3	**Werte und Haltungen im Projektcoaching**	**51**
3.1	Bedeutung von Werten und Haltungen im Projektcoaching	52
3.2	Auswirkungen eines systemisch-konstruktivistischen Weltbildes im Projektcoaching	54
3.3	Der Projektcoach und sein Menschenbild	61
3.4	Der Faktor Projektmanagement	67
3.5	Die sechs Projektcoaching-Grundsätze (VALUES)	70
4	**Projektcoachingelemente**	**75**
4.1	Projektcoachingelemente im Überblick	76
4.2	Fachberatung zum Projektmanagement	78
4.3	Personal Coaching	82
4.4	Moderation von PM-Workshops	84
4.5	Starthilfe zur Projektdokumentation	86
4.6	Oder etwas ganz anderes	87
5	**Projektcoachingprozesse – vom Interventionsdesign zur Projektcoachingeinheit**	**89**
5.1	Zyklisches Projektcoaching – der Metaprozess	90
5.2	Projektcoachingprozess – vom Erstkontakt bis zum Abschluss des Projektcoachingauftrags	99
5.3	Die Projektcoachingeinheit – von der Anliegenklärung bis zum Abschluss der Coachingeinheit	115

Inhalt

6	**Projektcoaching anhand ausgewählter Projektmanagement-Kernprozesse**	129
6.1	Der betrachtete Projektmanagementprozess	130
6.2	Themen im Projektcoaching	131
6.3	Coaching in der Projektbeauftragung	133
6.4	Coaching im Projektstart	137
6.5	Coaching im Projektcontrolling	142
6.6	Coaching in Projektkrisen	146
6.7	Coaching im Projektabschluss	149
6.8	Fallbeispiele	152

7	**Besonderheiten beim Coaching von internationalen Projekten**	167
7.1	Internationale Projekte	168
7.2	Faktor Kultur in internationalen Projektcoachings	170
7.3	Kommunikation in internationalen Projekten	180
7.4	Voraussetzungen zum Coaching von internationalen Projekten	186

8	**Einführung von Projektcoaching im Unternehmen**	187
8.1	Implementierung von Projektcoaching – Elemente der Konzeption	188
8.2	Verankerung von Projektcoaching in der Organisation	189
8.3	Verankerung von Projektcoaching vor einem systemisch-konstruktivistischen Organisationshintergrund	190
8.4	Projektmanagement-Implementierung – ein Vorgehensmodell	193
8.5	Tipps für den Umgang mit Stolpersteinen bei der Implementierung von Projektcoaching	204

9	**Anforderungen an den Projektcoach**	207
9.1	Die Rolle Projektcoach	208
9.2	Was braucht ein Projektcoach?	210
9.3	Wie wird man Projektcoach?	216
9.4	Wie misst man Qualität im Projektcoaching?	221
9.5	Woran erkenne ich einen guten Projektcoach?	224

10	**Methoden, Techniken und Hilfsmittel im Projektcoaching**	227
10.1	Hilfsmittel in der Praxis von next level consulting	228
10.2	Frageinterventionen	237
10.3	Auszug weitere systemische Interventionen	243

Ausleitung		261
Anmerkungen		264
Literatur		265
Stichwortverzeichnis		268

Einleitung

Der Bedarf an Projektmanagement kann an der großen Anzahl an Projektmanagement-Kongressen, am Umfang von spezifischen Aus- und Weiterbildungsangeboten sowie an dem ständig wachsenden Berg von Büchern über Projektmanagement abgelesen werden.

Ähnlich erleben wir es in Bezug auf das Thema Coaching. Man findet kaum einen Berater, Personalentwickler oder Manager[*], der nicht selbst schon an einer Coachingausbildung teilgenommen hat. Allerorts wird beraten und gecoacht. Und was die dazugehörige Literatur betrifft – unüberschaubar.

Projektcoaching findet man derzeit vor allem in eher projekt- und prozessorientierten Organisationen mit einem höheren Reifegrad (oder auf dem Weg dahin). Doch trotz der Popularität der beiden Themen (oder auch nur der Begriffe?) herrscht wenig Übereinstimmung, was man unter Projektcoaching verstehen und was man von einer derartigen Dienstleistung erwarten kann.

Wir richten uns in diesem Buch an Experten, die Projekte in einer methodischen, strukturierten und nachhaltigen Form unterstützen möchten – weg vom defizitorientierten Trainings- oder Überwachungsersatz hin zu einer professionellen und zielgerichteten Begleitung. Dabei ist es uns ein Anliegen, unser Verständnis von Projektcoaching als eine spezifische Ausprägung von Fachcoaching zu präsentieren, welches sich in der umfangreichen Praxis der next level consulting bewährt hat, sowie dieses von den vielen ähnlichen und doch unterschiedlichen Formen von Beratung und Coaching abzugrenzen. Dies wollen wir in einer theoretisch fundierten wie auch praktisch umsetzbaren Form tun.

Unterstützt werden wir Autoren dabei von einem vierköpfigen Zwergenteam, das auf etwas andere Art und Weise versucht, das Thema Projektcoaching zu reflektieren.

 Karl Kritiker Bin mir gar nicht so sicher, ob das eine gute Idee war, mich dafür anzumelden. Ich könnte jetzt am Strand liegen und faulenzen …

Paula Praktiker Super! Endlich ist es soweit. Ich habe mich schon so auf dieses Training gefreut. Wie wohl die anderen Zwerge sein werden?

 Theo Theoretiker Bin schon gespannt, was es da an neuen Erkenntnissen gibt. So ein Sommer-Seminar ist schon was Feines, wenn man endlich Zeit zum Diskutieren hat.

Otto Oberzwerg So, jetzt müssen sie bald kommen, die neuen Jung-Zwerge. Sollen ja alle drei recht pfiffig sein, was man so hört.

Die Jung-Projektzwerge hatten bisher alle PM-Methoden und PM-Prozesse, so wie in „Let your projects fly" (Sterrer und Winkler 2006) erläutert, kennen und schätzen gelernt sowie deren praktische Anwendung in vielen kleineren und größeren Zwergenprojekten geübt. Und seit kurzer Zeit coachen sie sogar schon eigene Zwergenprojekte!

[*] Um eine bessere Lesbarkeit zu gewährleisten, verzichten wir auf komplizierte Konstruktionen nach dem Muster „der (die) Manager/innen". Mit unseren Ausführungen sprechen wir Leserinnen und Leser gleichermaßen an.

Nun jedoch geht es um die wahre Zwergenkunst: den Menschen zu helfen!

Es ist ja allseits bekannt, dass die Zwerge gerne den Menschen in schwierigen Situationen hilfreich zur Seite stehen. Aber nur die wenigsten kennen die Projektzwerge. Vielleicht liegt es daran, dass die Zwerge sehr klein sind und sich gerne unsichtbar machen. Die Projektzwerge zeigen sich, wenn überhaupt, nur Menschen, die sich ernsthaft der Planung und Steuerung von Projekten verschrieben haben. Also nicht jedem dahergelaufenen Freistilprojektleiter – sondern nur jenen, die es wirklich wissen wollen. Sie verstecken sich am liebsten auf Bücherregalen, manchmal auf dem Flipchart in Besprechungszimmern, und beobachten von da die Projektmitarbeiter. Wenn sie das Gefühl haben, eingreifen zu müssen, dann kann es schon passieren, dass sie sich auf die Schulter eines Menschen setzen und ihm etwas ins Ohr flüstern. Aber nicht, was Sie glauben. Nein, sie verraten ihm nicht, was er tun soll. Sie stellen ihm Fragen. Aber mehr davon später …

Otto Oberzwerg ist ein Senior-Projektzwerg mit sehr viel Erfahrung. Er wird die diesjährige Sommerakademie zum Projektcoaching leiten und freut sich schon, seine neuen Schützlinge Karl Kritiker, Theo Theoretiker und Paula Praktiker näher kennen zu lernen. Sie werden gemeinsam das Buch „Projektcoaching" durcharbeiten. Ein Standardwerk bei den Projektzwergen!

Dazu werden sie sich mehrmals an verschiedenen Orten in Wien treffen und die einzelnen Kapitel besprechen. Und die Geschichte wird zeigen, was es noch alles zu entdecken und zu erfahren gibt.

1 Projektcoachingansatz

Otto Oberzwerg hat beschlossen, die Einführung in
das Thema Projektcoaching mit einer kleinen Stadt-
besichtigung zu verbinden, um den Zwergen Wien ein
wenig vorzustellen. Inhaltlich stehen die Definition von
Projektcoaching und ein Überblick über die Bestandteile
des Projektcoachings auf dem Programm.

1.1 Zum Begriff „Projektcoaching"

Der Begriff „Coaching" hat sich in unserem beruflichen und privaten Umfeld zu einer wahren Modeerscheinung entwickelt. Als besondere Ausformungen sind uns sogar schon der „Badecoach" oder der „Modecoach" untergekommen – kaum wagen wir uns vorzustellen, was sich dahinter verbergen mag. Es scheint uns daher wichtig, bevor wir uns den Details zuwenden und darstellen, wie systemisches Projektcoaching funktioniert und was einen guten Projektcoach ausmacht, zu klären, was wir unter dem Begriff „Projektcoaching" verstehen.

Die Essenz von Projektcoaching lässt sich folgendermaßen zusammenfassen:
Auf Basis eines Projektcoachingauftrages werden im Rahmen von Projektcoachingeinheiten als Teil des Projektcoachingprozesses maßgeschneiderte Lösungen für die Anliegen und/oder Problemstellungen eines Kunden(systems) im Zusammenhang mit Projekten konstruiert.

Vom Auftauchen der Bezeichnung „Projektcoaching" samt seinen ersten praktischen Anwendungsfällen bis zur heutigen Sichtweise von Projektcoaching hat es einiger Entwicklungsschritte bedurft. Dabei handelt es sich insgesamt weit mehr um einen praxisorientierten als um einen theoretischen Ansatz. Unsere Begriffsabgrenzung beruht daher großteils auf praktischen Erfahrungen im Rahmen von Projektcoachingaufträgen, die den Grundstein für die nachhaltige Weiterentwicklung des Produkts gebildet haben.

Projektcoaching wie in diesem Buch beschrieben ist eine Kombination aus einem systemisch-konstruktivistischen Coachingansatz und einem systemisch-konstruktivistischen Projektmanagementansatz. Aufbauend auf dieses theoretische Grundgerüst charakterisieren wir den Begriff „Projektcoaching" folgendermaßen:
» Wir verstehen Projektcoaching als einen interaktiven und personenorientierten Beratungs- und Begleitprozess.
» In diesem Projektcoachingprozess werden berufliche und projektbezogene Zielsetzungen des Kunden behandelt.
» Der Projektcoachingprozess besteht aus einer oder mehreren Projektcoachingeinheiten.
» Die Anliegen des Kunden werden in Form von strukturierten, zielgerichteten Reflexionen und Interventionen bearbeitet.
» Der Projektcoach empfiehlt zielgerichtete Interventionen auf Basis von Beobachtungen und Hypothesen.
» Jeder Projektcoachingprozess startet mit einer gemeinsamen Auftragsklärung, in der die Zusammenarbeit zwischen Kunde und Projektcoach festgelegt wird.

Die Sichtweise, unter Projektcoaching sowohl einen Beratungs- als auch einen Begleitprozess zu verstehen, eröffnet dem Projektcoach die Möglichkeit, sowohl sein Fachwissen als Projektmanagementexperte einzubringen (= Beratung) als auch vollkommen neue Ideen und Perspektiven mit dem Kunden gemeinsam zu entwickeln (= Begleitung).

Die Anliegen des Kunden im Rahmen eines Projektcoachingauftrages müssen einen Bezug zu einem oder mehreren Projekten haben. Sollte dies nicht der Fall sein, handelt es sich entweder um ein Coachinganliegen im beruflichen Umfeld ohne Projektbezug oder um ein therapeutisches Anliegen im privaten Umfeld. Beide sind nicht unter den Begriff Projektcoaching einzuordnen.

Der Kunde kann eine oder mehrere Coachingeinheiten in Anspruch nehmen. Aufzählungspunkt 3 beschreibt die Möglichkeit der Inanspruchnahme lediglich einer einzelnen Projektcoachingeinheit durch den Kunden. In der Praxis hat sich allerdings gezeigt, dass sich Projektcoachingaufträge zumeist über einen längeren Zeitraum erstrecken und mehrere Projektcoachingeinheiten umfassen. Der Aufbau und die unterschiedlichen Arten von Projektcoachingeinheiten werden in Kapitel 4 „Projektcoachingelemente" und Kapitel 5 „Projektcoachingprozess" im Detail beschrieben. Um die Anliegen der Kunden in Form von zielgerichteten Reflexionen und Interventionen bearbeiten zu können, ist eine gewisse Grundeinstellung – ein spezifisches Menschenbild – notwendig, der jeder Projektcoach im Rahmen der Arbeit folgt. Diese grundlegenden Werthaltungen als Basis für die Arbeit als Projektcoach werden in Kapitel 3 näher beleuchtet.

Der Auftragsklärung als Startelement eines jeden Projektcoachingauftrages wurde in der Begriffsdefinition ein eigener abschließender Punkt gewidmet, um hervorzustreichen, dass die Auftragsklärung ein unabdingbarer Bestandteil von Projektcoaching ist. Was auf den ersten Blick völlig nachvollziehbar erscheint, erweist sich nämlich in der Umsetzung oft als schwierig, da häufig Druck ausgeübt wird, das Projektcoaching unmittelbar – sprich ohne Auftragsklärung – zu beginnen.

 Karl Kritiker Na, das habe ich mir ja gleich gedacht. Die Kunden wollen das gar nicht, diese Projektcoachingauftragsklärung. Das dauert viel zu lange und es kommt sowieso dann alles anders als geplant!

 Theo Theoretiker Ich finde das sehr wichtig, so als Abgrenzung zu einem dahinplätschernden Gespräch wie beim Friseur ... Mit dem Projektcoachingauftrag kommt ja die Zielfokussierung erst richtig zur Geltung.

 Paula Praktiker Karl hat schon recht. Es kommt wohl sehr oft anders als geplant. Aber dennoch erscheint es mir in der Praxis erforderlich, mit dem Kunden zu klären, was Projektcoaching überhaupt ist und leisten kann. Sonst kann es leicht beliebig werden und alles wird zum Thema. So aber werden die Erwartungshaltungen des Kunden und des Projektcoaches geklärt und abgestimmt und damit Klarheit geschaffen.

 Theo Theoretiker Ähnlich wie im Projektmanagement gemäß dem Motto „Nur was abgrenzbar ist, ist auch managebar" können wir hier sagen: „Nur was eingegrenzt ist, ist auch bearbeitbar." Und ich habe noch nicht von Problemen gesprochen. Ein Kunde muss nicht unbedingt ein Problem haben, um Projektcoaching anzufordern. Ich könnte mir vorstellen, dass die Anliegen der Kunden im Zusammenhang mit Projekten sehr vielfältig sein können.

 Paula Praktiker Das mit den vielfältigen Anliegen kann ich nur bestätigen. Mein letzter Kunde wollte das eine Mal seinen Projektstrukturplan diskutieren und beim nächsten Mal hat er mir von seinen Schwierigkeiten in Bezug auf die Abstimmung mit seinem Projektauftraggeber erzählt. Das sind schon ganz unterschiedliche Paar Schuhe.

Otto Oberzwerg Ein sehr schönes Beispiel für den Unterschied zwischen der angesprochenen Beratung und der Begleitung!

Nachdem der Begriff „Projektcoaching" nun in einem ersten Schritt definiert ist, stellt sich weiter die Frage: „Warum soll(t)en Kunden Projektcoaching in Anspruch nehmen?" Wir haben zu dieser Fragestellung einige Nutzenargumente aus Kundenperspektive zusammengestellt:

» Durch Projektcoaching wird die Entwicklung von Eigenkompetenz zur erfolgreichen Abwicklung von Projekten nachhaltig gefördert.
» Projektcoaching ermöglicht Selbstreflexion und Probehandeln im sanktionsfreien Raum.
» Es werden individuell angemessene Lösungsansätze für Projektinhalt und Projektkontext gemeinsam entwickelt.
» Die Umsetzung der Projektmanagement-Theorie in die eigene „Projektarbeitswelt" wird unterstützt.
» Der Kunde wird im Rahmen von Projektcoaching in die Lage versetzt, mehr Sicherheit, Orientierung und Klarheit in seinem spezifischen Kontext zu finden.

Karl Kritiker
Also hat es doch was mit Problemen zu tun. Ein guter, effizienter Projektmanager braucht gar keinen Projektcoach. Wir helfen halt den Schwachen, damit sie nicht unter die Räder kommen ...

Otto Oberzwerg
Das meinst du aber wohl nicht ernst! Wie sieht es denn im Spitzensport aus? Sind es dort die Schwächsten, die sich coachen lassen, oder die Besten, die noch besser werden wollen?

Theo Theoretiker
Da steht was von Rollenverständnis eines Projektcoaches und der Abgrenzung zu anderen Rollen ...

1.2 Abgrenzung zu verwandten Disziplinen

Nun gehen wir daran, die Rolle „Projektcoach" anhand der wichtigsten Unterscheidungsmerkmale von benachbarten Disziplinen abzugrenzen. Diese Abgrenzungen sind keineswegs lückenlos und vollständig und sie zeigen, dass sich die Rollen in der Praxis oftmals überlappen bzw. die unterschiedlichen Rollen in spezifischen Bereichen auch häufig Ähnlichkeiten aufweisen können.

1.2.1 Abgrenzung der Rolle Projektcoach von der Rolle Coach

Die Rollen Projektcoach und Coach im Allgemeinen weisen das bei Weitem größte Überschneidungspotenzial zur jeweils anderen Rolle auf. Unterschiede können lediglich in Nuancen festgestellt werden. Zu diesen Nuancen zählt beispielsweise, dass die Arbeit eines Projektcoaches mit seinem Kunden auf Anliegen im Zusammenhang mit Projekten beschränkt ist, während ein Coach auch an darüber hinausgehenden Themen- und Fragestellungen mit dem Kunden arbeitet. Auf der anderen Seite lässt der Projektcoach den Kunden auch an seinem Fachwissen und seiner Expertise zum Thema Projektmanagement teilhaben. Eine Tatsache, die den Projektcoach zu einem Fachcoach auf einem speziellen Gebiet macht.

1.2.2 Abgrenzung der Rolle Projektcoach von der Rolle Berater

Als wesentlichstes Differenzierungsmerkmal erteilt der Projektberater im Unterschied zum Projektcoach (praktische) Anleitungen und Ratschläge bis hin zu klaren Anweisungen, während der Projektcoach auf Basis der bereits vorhandenen Kompetenz auf Kundenseite daran arbeitet, maßgeschneiderte Lösungen gemeinsam mit dem Kunden zu entwickeln. Der Projektcoach bietet dem Kunden dabei sein Wissen und seine Erfahrung stets in der Möglichkeitsform an. Die Entscheidung über die Nützlichkeit dieser Angebote trifft stets der Kunde.

1.2.3 Abgrenzung der Rolle Projektcoach von der Rolle Supervisor

Im Fall der Rollenabgrenzung zwischen Projektcoach und Supervisor ist als wesentlichstes Unterscheidungsmerkmal der Fokus auf den Kunden zu richten. Das Gegenüber eines Supervisors übt stets den gleichen Beruf wie der Supervisor aus, wobei der Supervisor über mehr Erfahrung als der Supervidant verfügt. Ziel ist es, auf Basis des gemeinsamen beruflichen Erfahrungshorizonts die Qualität der beruflichen Arbeit des Supervidanten zu verbessern. Demgegenüber üben die Kunden eines Projektcoaches andere Berufe aus als der Projektcoach selbst.

Paula Praktiker Habe ich das jetzt gerade richtig verstanden? Der Projektcoach erteilt gar keine praktischen Ratschläge? Was bringt mir dann seine ganze PM-Expertise?

Otto Oberzwerg Was du gerade ansprichst, würde ja bedeuten, dass der Projektcoach besser der Projektmanager sein sollte, wenn dieser ohnehin in allen Belangen besser Bescheid weiß als der Projektmanager.

Paula Praktiker Ich verstehe das noch immer nicht: Wenn mir der Projektcoach nicht sagt, was ich tun soll, was habe ich dann von seinem PM-Fachwissen und seiner Expertise?

Theo Theoretiker Wenn du dir den Absatz noch einmal genau durchliest, wirst du erkennen, dass der Projektcoach sein Fachwissen und seine Erfahrung sehr wohl zur Verfügung stellt – allerdings in Form von Angeboten. Das heißt, der Projektcoach macht Vorschläge, gibt aber keine Ratschläge oder sogar Anweisungen.

1.2.4 Abgrenzung der Rolle Projektcoach von der Rolle Psychotherapeut

Für die Abgrenzung dieser beiden Rollen ist die zu bearbeitende Themenstellung als entscheidendes Unterscheidungsmerkmal heranzuziehen. Während sich die Arbeit in der Psychotherapie um private Anliegen bis hin zu psychischen Problemstellungen dreht, werden im Projektcoaching ausschließlich Themen im Zusammenhang mit einem oder mehreren Projekten im beruflichen Umfeld bearbeitet. Zusätzlich ist eine immerwährende Arbeitsfähigkeit des Kunden für Projektcoaching Bedingung, während in der Psychotherapie emotional lähmende Zustände des Kunden bzw. Patienten vorkommen können und bearbeitet werden.

1.2.5 Abgrenzung der Rolle Projektcoach von der Rolle Trainer

Während sich ein Trainer auf die Vermittlung neuen Wissens und die Sammlung erster allgemeiner Erfahrungen mit der neuen Materie konzentriert, versucht der Projektcoach einen Beitrag zur Lösung einer ganz konkreten Problem- oder Fragestellung zu leisten. Im Fall von Projektcoaching ist daher die konkrete Wissensanwendung bzw. Wissensvertiefung anhand maßgeschneiderter Lösungsansätze gefragt.

1.2.6 Abgrenzung der Rolle Projektcoach von der Rolle Projektauditor

Diesen beiden Rollen ist gemein, dass sie auf Basis eines in sich stimmigen Projektmanagementansatzes agieren. Zwei wesentliche Aspekte unterscheiden die beiden Rollen allerdings: die grundsätzliche Aufgabenstellung und die Berichtspflichtigkeit. Der Projektauditor hat die ausschließliche Aufgabe, ein definiertes Projekt in Bezug auf die Einhaltung dieses Projektmanagementansatzes zu bewerten, Abweichungen von den Projektmanagementstandards sichtbar zu machen und Handlungsempfehlungen auszusprechen, die die Projektmanagementqualität des auditierten Projekts an die geforderten Projektmanagementstandards näher heranführen. Die Ergebnisse des Projektaudits sind für den Auditauftraggeber (z. B. Projektauftraggeber) und nicht für die auditierte Partei bestimmt.

Im Projektcoaching können Abweichungen von Projektmanagementstandards ebenfalls transparent gemacht und besprochen werden, allerdings muss dies vom Kunden gewünscht sein. Zusätzlich ist der Projektcoach seinem Kunden gegenüber zur Vertraulichkeit verpflichtet (vgl. dazu auch Kapitel 3), was die Weitergabe von Beobachtungen und Ideen des Projektcoaches an Personen und Systeme außerhalb des Projektcoachingsystems von der Zustimmung des Kunden abhängig macht.

1.2.7 Abgrenzung der Rolle Projektcoach von der Rolle Führungskraft

Im Wesentlichen unterscheiden sich die beiden Rollen in Bezug auf die zum Tragen kommenden Hierarchie- und damit Machtebenen. Während ein Projektcoach stets auf der gleichen Ebene wie der Kunde operiert und somit beispielsweise keinerlei Weisungsbefugnis dem Kunden gegenüber besitzt, rangiert die Führungskraft stets auf einer höheren Ebene als der betroffene Mitarbeiter. Von der Führungskraft werden daher Entscheidungen und Vorgaben erwartet, die an die zur Verfügung stehende Weisungsbefugnis der Führungskraft geknüpft sind. Einem Projektcoach stehen derartige Machtmittel nicht zur Verfügung.

Diese Unterscheidung besitzt im selben Maß Gültigkeit, falls es sich bei der Führungskraft um eine temporäre Leitungs- oder Managementrolle – wie beispielsweise die eines Projektleiters oder Managers auf Zeit – handelt. Von einem Projektleiter werden daher in Ausübung seiner Funktion ebenfalls Entscheidungen und Vorgaben erwartet und zu treffen sein, die einem Projektcoach nicht zukommen.

Karl Kritiker Also, ich habe das in der Praxis auch schon einmal ganz anders erlebt: Da war der Projektcoach derjenige, der die Fäden in der Hand gehalten und viele Entscheidungen getroffen hat, wie Projektmanagement gemacht werden soll. Zumindest hat sich der eigentliche Projektleiter sehr stark zurückgehalten und sich großteils auf die Meinung seines Projektcoaches verlassen.

Otto Oberzwerg Wie gesagt, das kommt in der Praxis viel zu häufig vor. Vor allem bei ungelernten und unerfahrenen Projektleitern ist die Gefahr bzw. die Versuchung groß, dem Projektcoach die Verantwortung für das Projekt zu übertragen.

Paula Praktiker Was soll man in der Praxis in so einem Fall machen?

Theo Theoretiker Also, wenn ich das bisher Dargestellte richtig verstanden habe, gäbe es in so einem Fall mindestens zwei Varianten für eine saubere Vorgehensweise. Variante eins wäre, den bisherigen unerfahrenen Projektleiter auszutauschen und einen erfahrenen oder zumindest ausgebildeten Projektleiter einzusetzen, dem der Projektcoach zur Seite gestellt wird. Variante zwei wäre, den als Projektcoach eingekauften Projektmanager aus zweiter Reihe als tatsächlichen Projektmanager auf Zeit zu installieren und dem unerfahrenen Projektleiter eine Rolle zu geben, in der er dazulernen und Erfahrung sammeln kann – beispielsweise die Rolle eines Projektassistenten.

Otto Oberzwerg Beide Varianten würden tatsächlich eine klare Rollentrennung unterstützen. Gut aufgepasst, Theo!

Entstehungsgeschichte des Projektcoachings
Der diesem Buch zugrunde gelegte Projektcoachingansatz leitet sich aus der Kombination eines systemisch-konstruktivistischen Coachingansatzes mit einem systemisch-konstruktivistischen Projektmanagementansatz ab. Dem interessierten Leser wird an dieser Stelle ein Überblick über ausgewählte Entwicklungsschritte sowohl der einen als auch der anderen Theorie (ohne Anspruch auf Vollständigkeit) sowie ein kurzer Abriss der Fusionsgeschichte beider Bausteine des Projektcoachings geboten.

Die Geschichte des systemischen Coachings lässt sich im Überblick folgendermaßen zusammenfassen:
1900: Gegen Ende des 19. Jahrhunderts wurden erstmals professionelle Sporttrainer als Coach bezeichnet. Der Coach ist eine Person, die einpaukt und trainiert bzw. Tipps und Anweisungen gibt.

1950: In den 50er-Jahren wurde der Rolle des Coaches neben dem fachlichen auch das mentale Training hinzugefügt. Etwa zeitgleich begann Gregory Bateson seine Arbeit basierend auf systemisch-kybernetischer Denkweise, die in Folge in die systemische und die Familientherapie Eingang fand. Ludwig von Bertalanffy prägte den Begriff der allgemeinen Systemtheorie.

1960: Ende der 60er-Jahre konzentrierte Tim Gallwey die Aufmerksamkeit im Coaching erstmals vollständig auf die mentalen Aspekte, indem er eine neue Trainingsform hervorbrachte, die er „the inner game" (das innere Spiel) nannte. Diese ist dadurch charakterisiert, dass der Coach dem Sportler hilft, die internen, seiner Leistung im Wege stehenden, Hindernisse abzubauen oder zu verringern.

1970: In den 70er-Jahren tauchte erstmals des Begriff des Konstruktivismus auf, der durch die Erlanger Schule (Wilhelm Kamlah, Paul Lorenzen, Oswald Schwemmer) sowie den Kommunikationswissenschaftler Paul Watzlawick („Wirklichkeiten entstehen durch Kommunikation") wesentlich geprägt wurde.

1980: Zu Beginn der 80er-Jahre wurde der Coachingbegriff in den USA aus dem Sport in das Management übertragen. Coaching stand in diesem Zusammenhang zunächst für eine mitarbeiterorientierte Führungshaltung, die dort bislang noch wenig praktiziert wurde. 1984 veröffentlichte Niklas Luhmann seine Arbeit über soziale Systeme, 1985 Steve de Shazer seine Ansätze einer lösungsorientierten Kurzzeittherapie, die in Folge das systemische Coaching wesentlich prägen sollten. In der gleichen Zeitspanne wurde auch der Begriff des Radikalen Konstruktivismus von Wissenschaftlern wie Ernst von Glasersfeld, Heinz von Foerster und Humberto Maturana geschaffen.

1990: Nach dem Übergang von Coaching in den deutschsprachigen Raum zu Beginn der 90er-Jahre veränderte sich der Begriff zu einer Beratungsform von Führungskräften durch externe Berater.

2000: Gegen Ende der 90er-Jahre wurden zusätzlich zum Einzelcoaching die Varianten Gruppen- und Teamcoaching entwickelt. Zusätzlich wurden inhaltliche Segmentierungen (z. B. Projektcoach, Mediencoach) häufiger.

Die Entwicklung des systemisch-konstruktivistischen Projektmanagements stellt sich in einer kurzen Zusammenfassung wie folgt dar:

1900: Zu Beginn des 20. Jahrhunderts entwickelte Henry Gantt das sogenannte Gantt-Diagramm im Zusammenhang mit der Konstruktion von Schiffen für die US-Marine im Ersten Weltkrieg.

1950: Modernes Projektmanagement begann sich nach Ende des Zweiten Weltkriegs u.a. in den NASA-Programmen zu etablieren. Die US-Marine entwickelte das Modell „PERT" (Program Evaluation and Review Technique) und die Firma DuPont das Modell „CPM" (Critical Path Method).

1960: Erste Publikationen zum Thema Projektmanagement erschienen. Die Methodik dehnte sich auf andere Industrien und nach Europa aus. Zusätzlich wurden erste Anläufe unternommen, die Ansätze der Systemtheorie ins Management zu übertragen. 1965 wurde die heutige IPMA (International Project Management Association) unter dem Namen „Internet" gegründet, 1969 das PMI (Project Management Institute).

1980: Der US-amerikanische Fachverband für Projektmanagement – PMI (Project Management Institute) – veröffentlichte 1983 die erste Ausgabe des PMBOK (Project Management Body of Knowledge). Es tauchen zum ersten Mal Projektmanagementzugänge auf, die explizit auf den Ansätzen der Systemtheorie und des Konstruktivismus aufbauen.

2000: Es existieren unterschiedliche Projektmanagementstandards auf internationaler Ebene, die in unterschiedlicher Intensität die Grundlagen der Systemtheorie und des Konstruktivismus integriert haben.

Entwicklung von Projektcoaching

Aus der Synthese der beiden Stränge Coaching und Projektmanagement wurde letztendlich der Projektcoachingbegriff geprägt. Dieser bezog sich ursprünglich lediglich auf das systemisch-konstruktivistische Projektmanagement gepaart mit Fachberatung des Kunden durch Projektmanagementexperten.

Charakteristisch für diese Entwicklungsstufe von Projektcoaching war die Sichtweise, dass der „Projektcoach" als Projektmanagementexperte besseres bzw. mehr Wissen und Erfahrung mitbringt als der Kunde. Der Kunde muss daher von der „richtigen" Sichtweise und Vorgangsweise innerhalb des Projekts in Form von Anleitungen und Ratschlägen des Projektberaters überzeugt werden. Es gibt lediglich einen gewissen Spielraum zur Anpassung des Projektmanagementansatzes an die jeweilige Projektgröße und -komplexität.

Alles in allem wird versucht, die kundenseitigen Defizite ausfindig zu machen und diese mit Projektmanagement-Methoden und/oder -prozessen zu füllen oder auszugleichen. Es existiert somit ein Kompetenzgefälle zwischen Projektcoach und Kunde, wobei der Projektcoach bezogen auf Projektmanagement zumindest eine Ebene höher als der Kunde steht.

Diese Art der Zusammenarbeit mit dem Kunden funktioniert in all jenen Fällen gut, sprich ist durch einen hohen Kundenzufriedenheitsgrad gekennzeichnet, bei denen fehlendes Wissen und/oder mangelnde Kompetenz auf Kundenseite ausgeglichen werden sollen. Passende Zielgruppen dafür sind in Ausbildung befindliche Projektleiter oder solche, die eines ihrer ersten Projekte leiten, beziehungsweise Projektleiter und Projektteams, denen der „Projektcoach" zumindest in Teilbereichen neues Wissen zur Verfügung stellen kann.

Da dieser Ansatz in der Praxis außerhalb dieser Anwendungsfälle an unterschiedliche Grenzen stößt, wurde 2002 damit begonnen, den ursprünglichen Ansatz auf Basis eines systemisch-konstruktivistischen Coachingverständnisses grundlegend zu überarbeiten und zu erweitern. Als die nachträglich betrachtet maßgeblichste Veränderung im Rahmen der Weiterentwicklung des Projektcoachingansatzes stellte sich dabei der Paradigmenwechsel weg von einer defizitorientierten Betrachtung des Kunden hin zu einem ressourcenorientierten Menschenbild heraus. Dies führt zwangsläufig zu einer Arbeit von Projektcoach und Kunde auf der gleichen Ebene, da der Projektcoach nicht mehr länger über mehr oder besseres Wissen verfügt, sondern lediglich über anderes – und der Kunde entscheidet, was nützlich ist.

1.3 Bestandteile Projektcoaching

Wie aus Abbildung 1 ersichtlich, bedarf es der Auseinandersetzung mit mehreren Gebieten auf einer insgesamt umfangreichen Projektcoachinglandkarte, um als Projektcoach erfolgreich tätig zu sein:

1. Ein Projektcoach gestaltet und steuert Prozesse. Er ist somit in der Lage, sowohl den Ablauf einer einzelnen Projektcoachingeinheit zu steuern als auch die Begleitung des Kunden über einen längeren Zeitraum in Form eines Interventionsdesigns zu strukturieren. Kapitel 5 beschreibt diesen Teil der Projektcoachinglandkarte im Detail. Zusätzlich werden in Kapitel 6 Anwendungsfälle von Projektcoaching in Anlehnung an die wichtigsten Projektmanagmentprozesse dargestellt.
2. Ein Projektcoach etabliert ein Projektcoachingsystem und ist dessen Bestandteil. Er kann somit auf Basis der Zielsetzungen des Kunden darstellen, wer in das Projektcoachingsystem integriert werden soll, um Interventionen so platzieren zu können, dass sie geeignet sind, die vom Kunden intendierte Wirkung im Handlungssystem (sprich dem Projekt) zu entfalten.

   In diesem Zusammenhang wird zwischen folgenden Projektcoachingsystemen unterschieden, die in Kapitel 5 näher erläutert werden:
   a. Individualcoaching
   b. Teamcoaching
   c. Gruppencoaching
   d. Coaching der Projektorganisation

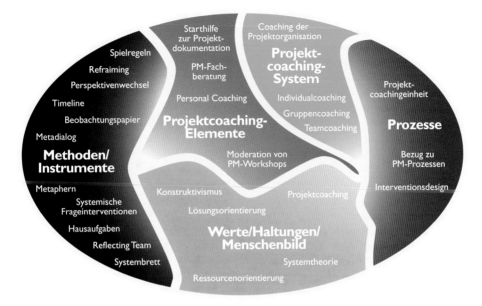

Abbildung 1: Projektcoachinglandkarte

3. Ein Projektcoach integriert die passenden Projektcoachingelemente in den Projektcoachingprozess. Er ist somit in der Lage, über die nützlichsten Arten der Arbeit mit einem definierten Kunden zu entscheiden und flexibel auf dessen Anliegen zu reagieren. Die vier wesentlichsten Projektcoachingelemente, die in Kapitel 4 detailliert beschrieben werden, sind:
   a. Fachberatung zum Projektmanagement
   b. Personal Coaching
   c. Moderation von PM-Workshops
   d. Starthilfe zur Projektdokumentation
4. Ein Projektcoach benutzt für seine Arbeit professionelle Methoden und Techniken. Er beherrscht gleichermaßen Projektmanagement-Methodik wie Coaching-Methodik und ist in der Lage, diese basierend auf Beobachtungen und Hypothesen zielführend einzusetzen. Es würde den Rahmen dieses Buches sprengen, die relevanten Projektmanagement- und Coaching-Methoden ausführlich zu beschreiben. Für nähere Informationen in Bezug auf Projektmanagement-Methoden verweisen wir an dieser Stelle auf einschlägige und umfangreich vorhandene Fachliteratur, im Speziellen auf das Buch „Let your projects fly" von Christian Sterrer und Gernot Winkler. Kapitel 10 bietet einen Überblick über die Zielsetzung und Beschreibung ausgewählter Coaching-Methoden, die aus unserer Erfahrung am häufigsten im Rahmen von Projektcoaching eingesetzt werden.
5. Ein Projektcoach arbeitet auf Basis eines systemisch-konstruktivistischen Weltbildes und eines ressourcen- und lösungsorientierten Menschenbildes. Die Werte und Grundhaltungen eines Projektcoaches bilden das Fundament für eine professionelle und wirkungsvolle Arbeit. Sie äußert sich im Wesentlichen in der Art und Weise, wie die Beziehung zum Kunden gestaltet und mit dem Kunden kommuniziert

wird. Details zum Thema Werthaltung und Menschenbild inklusive der sechs „VALUES" eines Projektcoaches werden in Kapitel 3 beschrieben, nachdem in Kapitel 2 der Versuch unternommen wird, die relevanten Grundzüge von Systemtheorie und Konstruktivismus, die diesem Projektcoachingansatz zugrunde liegen, zu umreißen.

Theo Theoretiker Wow! Finde ich echt cool, diese Projektcoachinglandkarte. Das zeigt die Komplexität richtig gut auf. Da soll noch einmal einer sagen, Projektcoaching ist einfach bloß mit Leuten ein bisschen über das Leben oder die Projekte plaudern!

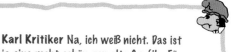

Karl Kritiker Na, ich weiß nicht. Das ist ja eine recht schön gemalte Grafik. Für meinen Geschmack etwas zu bunt, aber o.k. Inwiefern mir die aber weiterhelfen soll, ist mir nicht wirklich klar.

Paula Praktiker Also, ich muss schon sagen! Du erinnerst mich heute schon sehr stark an deinen Namensvetter, den Herrn Karl. An allem und jedem hast du was auszusetzen. Mir gibt das sehr viel Orientierung. Ich kann vor dem Hintergrund dieses Modells einordnen, welche Projektcoachingelemente im konkreten Fall relevant sind, welche Methoden geeigneter sind und welche weniger, in welchem Projektcoachingsystem ich überhaupt arbeiten werde. Die Prozess-Sicht brauche ich für meine Orientierung. Nicht zu vergessen die Werte/Haltungen und das Menschenbild! Ich versuche mir dessen immer bewusst zu sein, wenn ich in ein Projektcoaching hineingehe. Würde ich diese Sichtweisen nicht teilen, könnte ich gar kein Projektcoaching machen.

Otto Oberzwerg Paula hat schon recht. Projektcoaching hat viel mit Selbstreflexion und damit einhergehend auch mit Bescheidenheit zu tun. Auch ein gewisses Maß an kritischer Sicht ist eine sehr wichtige Ressource. Wir können zwar nie in einen Kunden hineinschauen und ich glaube, wir verstehen seine Situation auch nicht wirklich in all ihrer Feinheit und Tiefe. Trotzdem und gerade deswegen ist konstruktives Zweifeln und Hinterfragen etwas ganz Wesentliches für einen Projektcoach. Damit werden wir uns ja später noch eingehender beschäftigen.

2 Einführung in Konstruktivismus und Systemtheorie

Die Zwerge sitzen gemütlich bei Otto Oberzwerg im Garten unter einem schattigen Nussbaum. Es geht heute um die theoretische Basis von Projektcoaching, und zwar um den Konstruktivismus und die Systemtheorie.

Theo Theoretiker Schaut mal, was hier im Manuskript über Konstruktivismus steht. Die uns bekannte Welt ist unsere eigene Erfindung und keine Entdeckung der wahren Realität. Wir können die wahre Realität gar nicht erkennen! Was ich immer schon gesagt habe, hier steht es schwarz auf weiß. Die ontologische Welt des Seins ...

Karl Kritiker (fragend, zweifelnd) Was? ökologische Welt des Scheins? Konstrukti-Was?

Theo Theoretiker (lässt sich nicht aus der Fassung bringen) Da steht, dass wir die Welt erfinden und konstruieren. Genau genommen liefern unsere Sinnesorgane die Reize, und unser Gehirn erzeugt dann die Welt, so wie wir sie erleben. Und unsere Wahrnehmung ...

Paula Praktiker (zynisch, gelangweilt) Und wozu brauche ich das? Das ist doch nur philosophischer Firlefanz.

Otto Oberzwerg (meldet sich mit brummender Stimme zu Wort und beruhigt die Situation) So lasst Theo doch mal ausreden! Anschließend können wir dann diskutieren. „Nichts ist praktischer als eine gute Theorie", hat Kurt Lewin schon vor Langem gesagt. Und ohne Theorie-Basis geht es nun mal nicht im Projektcoaching!

Theo Theoretiker Ja, genau. Hört zu! Ich lese euch das Kapitel vor.

2.1 Die Funktionsweise unseres Gehirns

Wahrnehmung erfolgt nicht in den Sinnesorganen, sondern in bestimmten sensorischen Regionen des Gehirns. Das Gehirn ist kein umweltoffenes Reflex-System, sondern ein funktional geschlossenes System, das nur seine eigene Sprache, die Neuronensprache, versteht und nur mit seinen eigenen Zuständen umgehen kann. Die vielfältigen Eindrücke der Welt, die unsere Sinnesorgane liefern, werden in die neuronale Einheitssprache übersetzt. Diese ist nach neuesten Erkenntnissen der Neurobiologen die entscheidende Grundlage für die Integrationsleistung von Nervensystem und Gehirn. Nach Heinz von Foerster besteht das Vokabular dieser Nervensprache aus einer Folge von „Klick", „Klick", „Klick". Die Signale, die das Gehirn mit Information beschicken, entsprechen dem Prinzip einer undifferenzierten Codierung (siehe Abbildung 2). Eine Nervenzelle erfährt bei Stimulierung nur die Intensität – wenig intensiv (1), intensiv (2) oder sehr intensiv (3) –, aber nicht die Art der Stimulierung. Das Gehirn ist also ein in sich geschlossenes System, das nach eigenen Kriterien diese neuronalen Signale deutet und bewertet, von deren Herkunft es nichts Verlässliches weiß.

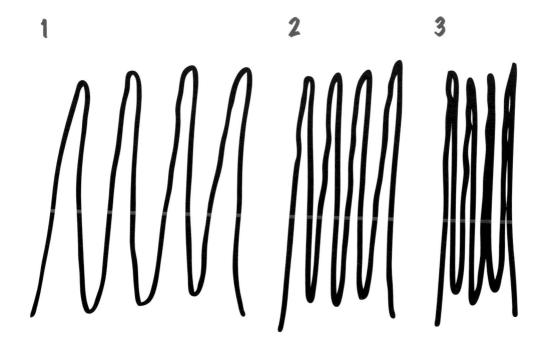

Abbildung 2: Undifferenzierte Codierung des Nervensystems

Karl Kritiker Ich verstehe nur Bahnhof, Bahnhof, Bahnhof.

Theo Theoretiker Es ist ganz einfach. Die Wahrnehmung selbst ist schon eine Interpretation unseres Gehirns. Und diese Interpretation ist stark von Daten aus der individuellen Vergangenheit beeinflusst.

Paula Praktiker Und was heißt das jetzt für die Praxis? Was macht es für einen Unterschied, wie unsere Sinnesorgane und unser Gehirn genau funktionieren? Wichtig ist doch nur, dass sie funktionieren. Ich muss doch auch nicht die exakte Arbeitsweise eines Benzinmotors verstehen, um Auto fahren zu können.

Otto Oberzwerg Richtig. Entscheidend sind dabei die Konsequenzen, die sich daraus ergeben, dass unser Gehirn die Realität nicht einfach so abbildet, wie sie ist, sondern nach internen Kriterien erzeugt oder eben konstruiert. Habt einfach noch ein wenig Geduld beim Zuhören und seid offen für das Neue. Wir können ja mal so tun, „als ob" das stimmt. Und dann diskutieren wir, was das für unsere Projektcoachingpraxis bedeuten würde. Lieber Theo, lies bitte weiter.

2.2 Der Radikale Konstruktivismus

Der Radikale Konstruktivismus ist eine philosophische Theorie der Wahrnehmung und der Erkenntnis. Seine empirische Begründung bezieht er aus den Resultaten und Theorien der Neurobiologie, der Psychologie und der Kommunikationswissenschaft. Es ist eine Art Metadisziplin, die anderen wissenschaftlichen Disziplinen ein erkenntnistheoretisches Fundament liefert. Die wahre Beschaffenheit der Dinge ist dem menschlichen Verstand demnach nicht zugänglich. Auch wenn die Welt, die wir sehen, ertasten, hören, riechen und schmecken, für uns wirklich scheint, haben Philosophen schon vor Sokrates bezweifelt, dass die Dinge an sich ebenso sind, wie wir sie erleben. Die Philosophie ist seit über 2000 Jahren auf der Suche nach der beobachterunabhängigen, absoluten Wahrheit, der ontologischen Wirklichkeit.

Mit Ontologie ist in der Philosophie die Welt des Seins gemeint, das heißt eine bereits strukturierte Welt, die unabhängig von irgendeinem Erlebtwerden „an sich und für sich" existiert. Unsere Erfahrungswirklichkeit repräsentiert daher nicht die objektive Realität, da unsere Sinnesorgane nicht als 1:1-Vermittlungsinstanz operieren. Auch René Descartes, der sich um eine analytische Begründung menschlicher Erkenntnis bemühte, tröstete sich schließlich mit der frommen Hoffnung, dass der liebe Gott doch nicht so bösartig gewesen sein könne, dem Menschen trügerische Sinne einzubauen.

Abbildung 3: Vexierbild – konstruierte Wirklichkeiten

Karl Kritiker Was ist das? Ein Bild von einem alten Zwerg?

Paula Praktiker Zeig her. Das ist kein alter Zwerg. Das ist Otto Oberzwerg. Sieht doch jeder.

Theo Theoretiker Nein, das sind doch eindeutig zwei Jungzwerge vertieft in ihre Bücher bei einem Sonnenuntergang.

Otto Oberzwerg Hört auf, euch zu streiten. Ich sehe da bloß eine Anhäufung von schwarzen und weißen Punkten oder Linien. Was ihr da gerade beschrieben habt, der alte Zwerg, Otto Oberzwerg, zwei Jungzwerge sind eure Konstruktionsleistungen.

2.2.1 Viabilität statt objektiver Wahrheit

Der Konstruktivismus gibt die Forderung nach absoluter Objektivität auf und führt stattdessen den bescheideneren Begriff der Viabilität ein. Ursprünglich bedeutet viability die „Gangbarkeit" eines Weges und wurde dann in der Evolutionstheorie für die Überlebensfähigkeit von lebenden Systemen verwendet. Ein Organismus ist viabel, solange er in seiner Umwelt überlebt und sich fortpflanzt.

Der Selektionsmechanismus der Evolution hat keinen aktiven Charakter, wonach der Tüchtigste oder Bestangepasste gefördert wird, sondern einen negativen. Nur nicht-angepasste Arten werden eliminiert. Somit sind alle heute lebenden Arten derzeit angepasst.

Eine Steigerungsform von Passung ist aber unmöglich und wäre lediglich eine Bewertung eines Beobachters. Solange ein Lebewesen an seine Umwelt angepasst ist, solange wird es überleben. Das heißt nicht, dass es seine Umwelt richtig abbildet oder repräsentiert, sondern bloß, dass es funktioniert. Es wurde ein gangbarer oder eben viabler Weg für das Überleben gefunden. Ein Stiefel passt, wenn er nicht drückt, auch wenn er drei Nummern zu groß ist. Ein Schlüssel passt, wenn er ein Schloss sperrt. Das Passen beschreibt die Fähigkeit des Schlüssels, nicht aber das Schloss. Und so ist es mit allen unseren Annahmen über die Realität. Alle Naturgesetze sind bloß Erklärungen der Welt, die passen. Insofern sind all diese Gesetze keine Entdeckungen über die wahre Beschaffenheit der Welt, sondern unsere Erfindungen oder Konstruktionen.[1]

Wenn ein Blinder einen Weg durch einen Wald findet, um eine dahinterliegende Siedlung zu erreichen, hat er keine Ahnung über den Wald. Er weiß aber zumindest über einen gangbaren Weg Bescheid, er hat eine viable Erfindung gemacht. Der Blinde kann noch so oft durch den Wald gehen und die Siedlung erreichen. Er wird dadurch nie etwas über die wahre Beschaffenheit des Waldes erfahren. Wir müssen lernen, die „falschen" Wege zu vermeiden, anstatt die „richtigen" zu suchen.[2]

Die NASA verwendet die Gesetze von Newton, um eine Rakete auf den Mond zu schicken. Aus rein praktischen Gründen ist der ungeheuerlich größere Rechenaufwand, der sich mit den Einstein'schen Gleichungen ergeben würde, für die Erreichung des Mondes mit einer Rakete nicht nötig. Newtons Modell ist folglich für die Zwecke der NASA hinsichtlich Genauigkeit viabel. Man würde mit Einstein quasi mit Kanonen auf Spatzen schießen.

Karl Kritiker Solange es funktioniert, muss es also nicht wirklich wahr oder richtig sein. Das heißt, wahr wird durch viabel ersetzt. Und somit gibt es die Wahrheit gar nicht mehr. „Wahrheit ist die Erfindung eines Lügners", hat irgendjemand mal gesagt. Das gefällt mir. Aber das mit dem Entdecken oder Erfinden ist mir nicht ganz klar. Ist das nicht einerlei?

Theo Theoretiker Das ergibt schon einen relevanten Unterschied. Entdecken würde heißen, herauszufinden, wie es wirklich ist. Erfinden heißt, viable Konstruktionen zu erschaffen. Im Radikalen Konstruktivismus gibt es keine letztgültigen Wahrheiten mehr im Sinne einer subjekt-unabhängigen objektiven Weltbeschreibung. Es reicht nicht aus, nur lange genug zu suchen, um die einzig richtige wahre Beschaffenheit der Welt zu finden, denn alles Wissen ist Beobachterwissen. Das ist eine Absage an den Mythos Objektivität, dem die sogenannte neutrale wertfreie Wissenschaft so lange verhaftet war.

Paula Praktiker Ich unterbreche dich ungern in deinen theoretischen Ergüssen. Aber was heißt das nun für die Praxis? Alles ist möglich? Jeder hat recht, wenn es keine absolute Wahrheit mehr gibt? Wie soll ich dann jemals bewerten können, ob sich etwas verbessert hat? Und wie kann man so Erfolg und Misserfolg messen?

Otto Oberzwerg Langsam, langsam. Der Radikale Konstruktivismus ist nicht mit Beliebigkeit oder mit Solipsismus gleichzusetzen.

Karl Kritiker Solip... Was? Schon wieder ein Ismus!

Theo Theoretiker Solipsismus ist eine philosophische Auffassung, die behauptet, nur das eigene Bewusstsein existiert und alles andere ist ein Produkt des eigenen Bewusstseins. Demnach wäre unser ganzes Gespräch nur ein Produkt meiner Phantasie und ihr würdet nur in meinem Kopf existieren. Nach solch einer Auffassung wäre es durchaus nachvollziehbar, dass alles beliebig konstruierbar ist. Der Radikale Konstruktivismus bestreitet aber nicht die Existenz einer realen oder ontologischen Welt, nur ist sie uns eben nicht direkt zugänglich. Daher sind Konstruktionen auch nicht beliebig.

Karl Kritiker Aber ich könnte doch sagen, ich bin reich, oder, ich kann fliegen.

Theo Theoretiker Ja, könntest du, aber das sind keine viablen Konstruktionen, die auf die reale Welt passen würden. Probier es aus, und du wirst es sehen. Du kannst nicht ohne Hilfsmittel fliegen oder durch bloße Einbildungskraft tolle Sachen kaufen.

2.2.2 Beobachter-Konzept

Nimmt man den Beobachter ernst, so muss man sich von klassischen Vorstellungen einer objektiv-ratio-nalen Weltbeschreibung verabschieden. Die Welt lässt sich nicht einfach beschreiben, wie sie ist, denn jeg-liche Beschreibung benötigt stets einen Beobachter, der seinen Beobachtungen bestimmte Beobachtungs-kriterien zu Grunde legt. Die Wirklichkeit an sich ist daher keinem Beobachter zugänglich. Jeder Beobachter verwendet und benötigt Unterscheidungen, mit denen er die Welt beobachten kann, und damit ist jede Weltbeschreibung beobachterabhängig und ein Konstrukt eines bestimmten Beobachters. Einen alleingültigen Einheitsbericht kann es daher nicht geben. „Alles was gesagt wird, wird von einem Beobachter … gesagt."[3]

Karl Kritiker Wer sagt das?

Theo Theoretiker Humberto Maturana.

Otto Oberzwerg Was Peter über Paul sagt, sagt mehr über Peter als über Paul. Alles klar?

Karl Kritiker Und wer ist Paul?

Theo Theoretiker Damit ist gemeint, dass Aussagen über Objekte und Sachverhalte sehr viele Informationen über den Beobachter transportieren und offenlegen. Verwendete Differenzen, Werthaltungen und Auffassungen. Bezeichnet jemand ein Gemälde als obszön, so erfahren wir einiges über die Wertmaßstäbe des Kritikers, aber wenig bis gar nichts über das Bild.

2.2.3 Der blinde Fleck

Die Unterscheidung, die ein beobachtendes System beim Beobachten verwendet, kann es während der Beobachteroperation nicht sehen. Es ist die Form der Unterscheidung oder die Brille, die ein Beobachter bei seinen Wirklichkeitskonstruktionen trägt, die sich während der Verwendung seiner eigenen Beobachtung entzieht. Somit stellt die Brille, die angewandte Unterscheidung, einen blinden Fleck oder auch die latente Struktur des Beobachters dar.

Karl Kritiker Da, seht mal. Da steht was von einem Experiment. Schließe das linke Auge und fixiere mit dem rechten den Stern. Wenn du den Auge-Papier-Abstand auf ca. 20 bis 25 Zentimeter veränderst, verschwindet der Kreis. Das muss ich probieren.

Abbildung 4: Der blinde Fleck – ein Experiment[4]

Theo Theoretiker Und funktioniert es? Siehst du, dass du nichts siehst?

Karl Kritiker Tatsächlich. Ich kann den Kreis nicht sehen. (macht beide Augen auf) Alles noch da. – Das ist ja Zauberei!

Paula Praktiker Das ist wirklich unnötiger Hokuspokus. Was nützt uns das für Projektcoaching?

Otto Oberzwerg Wesentlich dabei ist, dass wir nicht sehen, wenn wir etwas nicht sehen. Wir alle haben einen blinden Fleck. Anatomisch betrachtet können wir dort nicht sehen, wo unsere Lichtrezeptoren an der Netzhaut angewachsen sind.

2.2.4 Beobachtung zweiter Ordnung

Wird ein Beobachter beobachtet, so entspricht das einer Beobachtung zweiter Ordnung.[5] Dabei wird von Was-Fragen (was wird beobachtet) auf Wie-Fragen (wie wird beobachtet) umgestellt. Das heißt, es wird beobachtet: Mit welchen Unterscheidungskriterien oder Maßstäben beobachtet der Beobachter erster Ordnung? Der Beobachter eines Beobachters fragt nicht: „Was gibt es (zu beobachten)?" – sondern: „Wie konstruiert ein Beobachter, was er beobachtet, um weitere Beobachtungen anschließen zu können?"[6] (siehe Abbildung 5).

Abbildung 5: Beobachter des Beobachters

Paula Praktiker Richtig/falsch, schön/hässlich, moralisch/unmoralisch. Ist das mit Unterscheidungen gemeint?

Otto Oberzwerg Ja, genau. Oder auch Ziele/Nicht-Ziele. Was ist Bestandteil eines Projekts und was nicht? Oder Kosten/Nutzen. Jede Aktivität oder Entscheidung kann dahingehend beobachtet und bewertet werden, was es kostet bzw. bringt, wenn dies oder jenes gemacht wird. Oder auch nicht gemacht wird. Wir werden uns mit Differenzen später noch näher beschäftigen.

Indem der Beobachter zweiter Ordnung beobachtet, wie der Beobachter erster Ordnung beobachtet, kann er auch sehen, was der Beobachter erster Ordnung nicht sehen kann. Er kann erkennen, welche spezifische Brille jener trägt, und sieht somit dessen blinden Fleck. Auch die Beobachtung zweiter Ordnung bringt wiederum einen blinden Fleck mit sich, wenn auch diesmal einen anderen, da nun ein anderes Differenzschema der Beobachtung zu Grunde liegt. Dies bedeutet, dass ein Beobachten zweiter Ordnung keine höherwertige Reflexion darstellt, sondern bloß, dass es sich um eine andere Beobachtung mit einer anderen Unterscheidung und einem anderen blinden Fleck handelt. Jede Art von Reflexionshierarchie wird somit ausgeschlossen.

Die Beobachtung erster Ordnung ist die uns im Alltag geläufige Beobachtungsweise. Sie bezieht sich auf die uns bekannte und gewohnte Dingwelt, denn ein solcher Beobachter konzentriert sich auf das, was er beobachtet, und nicht, wie er beobachtet. Im Beobachtungsmodus zweiter Ordnung sind wir hingegen in einer Art Reflexion, die uns bewusst macht, dass es auch möglich wäre, anders zu beobachten.

Akzeptiert man die Beobachtervielfalt und den Wegfall von Reflexionshierarchien, so bekommen Aussagen wie etwa besser/schlechter, angepasst/unangepasst oder effizient/ineffizient einen neuen Stellenwert, denn es lässt sich dann immer nachfragen: Wer sagt denn das? Damit wird offenkundig, dass jede Aussage, Feststellung und Behauptung eine Konstruktion auf Basis eines bestimmten Differenzschemas ist und somit keine absolute Wahrheit oder einzig richtige Erkenntnis über die Realität sein kann.

Paula Praktiker Wenn ich das richtig verstehe, dann können wir nie davon ausgehen, dass wir den Kunden oder den anderen richtig verstehen. Die Herausforderung im Projektcoaching ist es daher, die Konstruktionen des Kunden oder dessen Konstruktionsweise so gut als möglich nachzuvollziehen und dann einen Beitrag für bessere Konstruktionen zu liefern.

Otto Oberzwerg Besser und schlechter ist eine mögliche Beobachtungs-Differenz. Jedenfalls geht es beim Projektcoaching um alternative Wirklichkeitskonstruktionen, um Wirklichkeitsangebote für den Kunden. Die Verantwortung für die Auswahl seiner Wirklichkeitskonstruktionen trägt jeder für sich selbst.

Karl Kritiker Also das mit dem Radikalen Konstruktivismus klingt schon alles ziemlich schräg. Irgendwie ist das Gehirn-Akrobatik. Entschuldige. Was heißt das jetzt konkret für uns?

Otto Oberzwerg Konkret heißt das:

1. Die ontologische (beobachtungsunabhängige) Welt des Seins ist uns Menschen nicht direkt zugänglich.
2. Es gibt auch keine absolute Wahrheit oder Objektivität.
3. Wirklichkeiten sind (subjektiv) konstruiert oder Beobachter-abhängig.
4. Der Anspruch, die objektive Realität zu entdecken, wird durch die Suche nach viablen Wirklichkeitskonstruktionen ersetzt.
5. Es geht nicht darum, herauszufinden, was wahr ist und wer recht hat, sondern mit welchen Kriterien/Differenzen die Wirklichkeiten konstruiert werden.
6. Meta-Beobachtungen sind auch keine besseren Beobachtungen, sondern ebenfalls Beobachtungen mit einem blinden Fleck.

7. Es gibt eine persönliche Verantwortung für die eigenen Wirklichkeitskonstruktionen.
8. Und als Empfehlung: „Handle stets so, dass die Anzahl deiner Handlungsoptionen steigt."[7]

Otto Oberzwerg So, fürs Erste ist das einmal genug an Theorie. Wir werden uns am Nachmittag mit der Systemtheorie beschäftigen.

2.3 Systemtheorie

Otto Oberzwerg, Paula Praktiker und Theo Theoretiker sitzen wie schon am Vormittag unter dem schattigen Baum im Garten von Otto Oberzwerg und warten auf Karl Kritiker. Es ist bereits 15 Minuten nach der verabredeten Zeit, als er endlich auftaucht.

Theo Theoretiker Du bist zu spät dran. Wir warten schon seit einer Viertelstunde auf dich!

Karl Kritiker Wieso? Nach meiner Konstruktion ist es jetzt genau fünf Uhr.

Paula Praktiker Na, dann ist deine Konstruktion eben intersubjektiv nicht haltbar. Ich habe meine Uhr genau nach der Zeitansage eingestellt. Und demnach ist es jetzt 17.16 Uhr mitteleuropäische Zeitzone, nach der wie uns richten. Und auf die wir uns geeinigt haben.

Karl Kritiker Haben wir das?

Otto Oberzwerg Okay, okay. Wir wollen jetzt nicht streiten. Missverständnisse oder Erwartungsenttäuschungen können als Anlass für die Definition oder die Überprüfung von getroffenen Spielregeln und auch impliziten Vereinbarungen genommen werden. An vielen Universitäten fangen die Vorlesungen stets eine Viertelstunde nach der angegebenen Zeit an. Das „akademische Viertel" wird meist mit c.t. – cum tempore – gekennzeichnet. Was pünktlich ist, ist stets auch eine kulturelle Frage. Aber lasst uns doch einfach vereinbaren, dass wir zukünftig genau zur vollen Stunde beginnen wollen. Sprich s.t. – sine tempore. Ist das für alle akzeptabel?

Alle nicken zustimmend.

Otto Oberzwerg Gibt es Fragen zum Thema Konstruktivismus von heute Morgen? – Nein? Gut, dann wenden wir uns der Systemtheorie zu.

2.3.1 Einfache und komplexe Systeme

Das mechanistische Weltbild nach Newton manifestiert sich in statischen Naturgesetzen und Gesetzmäßigkeiten. Die Welt wird demnach in kleine und kleinste Teile zerlegt und diese werden dann analysiert. Erklärungen folgen allein aus den Einzelteilen heraus. Das Idealbild ist der Mechanismus einer Uhr. Ein Zahnrädchen greift ins andere. Und genau so stellte man sich beispielsweise auch die Bewegung der Planeten vor. Wird diese Sichtweise auf lebende Systeme oder Menschen und Organisationen übertragen, so bedeutet dies eine unzulässige Verkürzung. Vergleicht man den Körper eines Lebewesens eine Sekunde vor und nach dem Tod, so wird man bei der Analyse der Körperbestandteile absolut keine Unterschiede vorfinden. Qualitativ sind die Unterschiede aber enorm. Einerseits ein lebender Körper und andererseits eine Leiche.

Karl Kritiker Ich habe da erst vor Kurzem einen Film gesehen, wo ein Doktor die Sterbenden vor und nach deren Tod abwiegt und feststellt, dass die entschwundene Seele 21 Gramm wiegt.

Paula Praktiker Das ist mir zu makaber, aber das weiß doch heutzutage eh schon jeder, dass das Ganze mehr ist als die Summe seiner Einzelteile.

Theo Theoretiker Und wie definierst du dann ein System? Was ist es, das diesen Mehrwert zu den Teilen ausmacht?

Paula Praktiker Keine Ahnung. Die Beziehungen dazwischen oder so was?

Ein System im Allgemeinen ist die Ganzheit einer Menge von Elementen und deren Relationen zueinander. Für den Paradigmawechsel von der Betrachtung isolierter Elemente hin zu Ganzheiten ist vor allem der Biologe Ludwig von Bertalanffy verantwortlich. Seine Theorie besagt, dass lebende Wesen offene Systeme sind. Im Gegensatz zu geschlossenen Systemen haben offene Systeme keine statischen Gleichgewichte. Vielmehr kommt es aufgrund der Austauschbeziehungen zwischen System und Umwelt zu einer Dynamik der Systemelemente und zu einem Fließgleichgewicht. Leben kann daher nicht aus den Elementen allein erklärt werden, sondern nur aus den Relationen und Vernetzungen. Bei offenen Systemen gibt es daher auch keine lineare Kausalität zwischen System und Umwelt.

Ähnliche Überlegungen beschäftigten auch Norbert Wiener, den Begründer der Kybernetik. Heutzutage wird die Systemtheorie sogar oft mit der Kybernetik gleichgesetzt. Kybernetik bedeutet im Griechischen soviel wie Steuern. In der Kybernetik werden Regelkreise untersucht, sprich das Verhältnis von Kontrolleur und Kontrolliertem sowie Rückkopplungseffekte. Ganz einfach und ursprünglich kann man sich einen Regelkreis so vorstellen: Wenn ein Schiff (das Kontrollierte) durch Wind und Seegang beeinflusst nicht mehr auf Kurs ist, betätigt der Steuermann (der Kontrolleur) das Steuer und steuert solange gegen, bis der richtige Kurs wieder erreicht ist. Dann justiert der Steuermann sein Steuer entsprechend. Der Regel-Vorgang beginnt von Neuem, wenn sich wieder eine Kursabweichung einstellt.

Paula Praktiker Das ist ja ein sehr allgemeingültiges Prinzip. Jede Klimaanlage funktioniert so, oder? Ist die Raumtemperatur unter oder über der Soll-Temperatur, wärmt eine Heizung oder kühlt ein Ventilator. Die Ist-Temperatur wird dann gemessen und in einem dritten Schritt mit der Soll-Temperatur verglichen. Ist die Soll-Ist-Differenz gleich „0", das heißt, ist die gewünschte Temperatur erreicht, so stellt der Regler die Klimaanlage auf „aus".

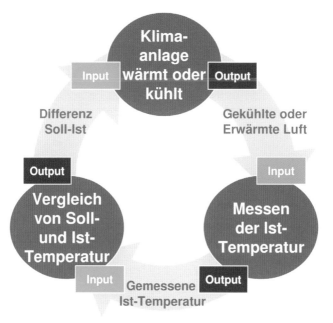

Abbildung 6: Regelkreis – schematisch

Karl Kritiker Und wer kontrolliert da wen? Der Regler die Raumtemperatur oder die Raumtemperatur den Regler?

Otto Oberzwerg Das ist eine gute Frage und genau genommen eine Frage der Beobachter-Perspektive. Steuert der Projektauftraggeber den Projektleiter oder ist es genau umgekehrt, steuert der Projektleiter über Fortschrittsberichte und offene Entscheidungen den Projektauftraggeber? In der Kybernetik erster Ordnung wird noch versucht, Funktionsmechanismen objektiv zu beschreiben. Dies würde bedeuten, dass die Funktionsweise eines Systems genau verstanden und beschrieben werden kann und dass es möglich ist, von außen über einen Regler steuernd in das System einzugreifen. In der neueren Fassung, der Kybernetik zweiter Ordnung, wird genau dieses Prinzip in Frage gestellt und der Beobachter, über den wir erst vorher diskutiert haben, und dessen Steuerungsmöglichkeiten werden zum Thema.

Bei der von Heinz von Foerster entwickelten Kybernetik zweiter Ordnung wird aus der Kontroll-Kybernetik (Kontrolleur und Kontrolliertes) ein Kommunikationskreislauf, wobei der Steuerer zum Beobachter und somit zum Teil des Kreislaufs wird. Komplexe Systeme erreichen Eigen-Werte, indem sie sich auf sich selbst beziehen. Sie stabilisieren ihr eigenes Verhalten demgemäß durch laufenden Selbstbezug, und ein externer Beobachter kann dies nicht durch einfache Zurechnung von Ursache-Wirkung erschließen. Nicht ein Reiz oder eine Anfangs-Ursache ist für das Verhalten eines Organismus bzw. eines Systems verantwortlich, sondern die rekursive, auf sich selbst bezogene Operationsweise, die auch Erfahrungen einbezieht. Bei Menschen könnte man auch Charakter, Persönlichkeit oder Eigenarten sagen.[8]

Mit der Unterscheidung in triviale Maschine und nicht-triviale Maschine macht von Foerster den Unterschied zwischen einer reduktionistisch-mechanistischen und einer systemisch-komplexen Weltauffassung deutlich. Eine triviale Maschine wandelt in immer gleicher Art und Weise bestimmte Inputs in bestimmte Outputs um. Ursachen werden durch die Operationen der Maschine mit Wirkungen verbunden. Man kann dies mit folgender Formel ausdrücken: $Y = f(x)$. Das heißt, der Output Y wird nach einer bestimmten Funktion f aus dem Input erzeugt.

Triviale Maschinen oder einfache Systeme sind durch folgende Eigenschaften gekennzeichnet:
1. synthetisch festgelegt
2. analytisch bestimmbar
3. vergangenheitsunabhängig
4. voraussagbar

Karl Kritiker Das verstehe ich nicht. Gibt's dazu ein Beispiel?

Theo Theoretiker Ein Beispiel speziell für dich als starken Kaffeetrinker: Stell dir eine Kaffeemaschine vor. Du wirfst eine Münze rein und drückst auf „Cappuccino". Dann beginnt die Maschine zu rattern und zu arbeiten. Nach ein paar Sekunden erhältst du deine gewünschte Tasse Kaffee. Die Münze und das Knopf-Drücken sind die Inputs (x). Das Rattern der Maschine ist die Funktion (f) und der Output (Y) ist der Cappuccino.

Paula Praktiker Gut, das mit „voraussagbar" verstehe ich. Ich kann erwarten, dass der Automat einen Cappuccino erzeugt, wenn ich ausreichend Münzen einwerfe und den richtigen Knopf drücke. Aber wieso vergangenheitsunabhängig?

Theo Theoretiker Der Automat wird immer dasselbe tun, egal wie oft er dies davor bereits getan hat. Die Vergangenheit hat keinen Einfluss auf seine Operationsweise. Die Funktionsweise ist so festgelegt, dass genau die gewünschte Transformation von Inputs in Outputs erfolgt, ist also synthetisch festgelegt. Wie kompliziert auch immer der Mechanismus, das Programm, die Software auch sein mag, die Operationsweise ist prinzipiell in Teile und Abschnitte zerlegbar und nachvollziehbar oder eben analytisch bestimmbar.

Der entscheidende Unterschied zu einer nicht-trivialen Maschine oder einem komplexen System besteht nun darin, dass die Operationen von ihren jeweiligen „inneren Zuständen" (Z) abhängen, wobei die inneren Zustände selbst von den vorangegangenen Operationen beeinflusst werden. Somit laufen in einer nicht-trivialen Maschine zwei Arten von Operationen ab, nämlich I) die „Wirkungsfunktion" als zustandsunabhängige Verknüpfung von Ursache (A) und Wirkung (B, C, D …) und II) die ursachenbedingte „Zustandsfunktion", die den inneren Zustand (Z1-Zn) reguliert. Durch das Zusammenwirken dieser beiden Funktionen ist kein linearer Charakter mehr gegeben. Unterschiedliche interne Zustände erzeugen daher unterschiedliche Outputs (bei gleichem Input!).

Nicht-triviale Maschinen sind durch folgende Eigenschaften gekennzeichnet:
1. synthetisch festgelegt
2. analytisch unbestimmbar
3. vergangenheitsabhängig
4. unvoraussagbar

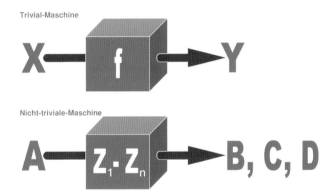

Abbildung 7: Triviale und nicht-triviale Maschinen

Karl Kritiker Also wäre der Output von einer nicht-trivialen Kaffeemaschine jedes Mal unterschiedlich, ganz von der Gemütslage des Automaten abhängig. Ist die Maschine gut aufgelegt, wird der Cappuccino liebevoll zubereitet, mit frisch gemahlenen Bohnen und optimalem Pressdruck, bei schlechter Laune wird bloß ein abgestandener Kaffee aufgewärmt. Aber solche Maschinen gibt es doch gar nicht!

Otto Oberzwerg Doch! Du kannst auch Mensch zu solchen „Maschinen" sagen. Im Gegensatz zu trivialen Maschinen können wir Menschen aus der Vergangenheit lernen. Unser innerer Zustand oder unsere Tagesverfassung beeinflussen die Operationsweise und den Output. Diese Anschauung spiegelt die Eigenlogik und Komplexität, die allen lebenden Systemen eigen ist, entsprechend wider. Ich habe nur den Eindruck, dass wir die Welt um uns herum all zu oft trivialisieren. Wir schicken Kinder in den Kindergarten und die Schule, um Operationsweisen und gewünschte Outputs zu standardisieren. Und Mitarbeiter werden auf Schulungen „repariert" oder ganz ausgetauscht, wenn sie nicht so „funktionieren" wie geplant.

Paula Praktiker Verstehe. Das hat dann ja auch sehr viel mit Ethik und Werthaltungen zu tun, auf die es im Projektcoaching so sehr ankommt. Seht ihr das Mobile dort vom Ast hängen? So stelle ich mir ein komplexes System vor. Gerät ein Teil des Systems in Bewegung, geraten dadurch alle anderen Teile in Bewegung. Ausmaß und Richtung dieser Bewegung sind oft überraschend.

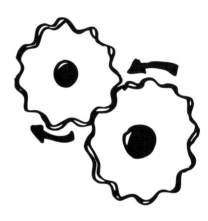

Abbildung 8: Komplexes und einfaches System

2.3.2 Autopoiesis

Der Neurobiologe Humberto Maturana entwickelte mit seinem Mitarbeiter Francesco Varela das soge-nannte „Autopoiese-Konzept", welches auf eine neue Art und Weise das Leben als selbstreferenzielles System erklärt. Autopoiese bedeutet auf Griechisch in etwa „sich selbst machen". Lebewesen sind auto-poietische Systeme, da sie sich ohne fremde Hilfe, in operativ geschlossener Weise, selbst reproduzieren können. Auch der menschliche Organismus produziert aus seinen Zellen neue Zellen und somit reprodu-ziert er sich aus sich selbst heraus. Allen Lebewesen ist die autopoietische Organisationsform gleich. Leben erzeugt demnach in „basaler Zirkularität" wieder Leben.

Die entscheidende Neuerung dieser Beschreibung von Lebewesen ist die „operationale Geschlossenheit", die die „energetische Offenheit" der Umwelt gegenüber nicht verhindert, sondern erst ermöglicht. Es besteht keine einseitige Umwelt-Abhängigkeit, sondern die interne Strukturdeterminiertheit bestimmt das System. Reize aus der Umwelt können das autopoietische System bloß anregen, aber nicht determinieren. Die Betonung der Anpassung des Organismus an die Umwelt wird durch die funktionale Selbstreferenz ersetzt. Jeder strukturelle Wandel eines Organismus ist durch die Aufrechterhaltung seiner Autopoiese beschränkt. Maturana selbst bezeichnet diese Form der Umweltbeziehung als „strukturelle Koppelung". Wird die autopoietische Geschlossenheit unterbrochen, so endet auch die Existenz dieser Lebensform.

2.3.4 Bewusstseins-Systeme und Soziale Systeme oder die soziologische Systemtheorie

Die neuere soziologische Systemtheorie ist vor allem durch den Soziologen Niklas Luhmann und sein Hauptwerk Soziale Systeme (erschienen 1984) bekannt geworden. Er unterscheidet deutlich zwischen Autopoiesis des Lebens, Autopoiesis des menschlichen Bewusstseins und Autopoiesis der Kommunikation (siehe Abbildung 9). Weder Individuen noch deren Handlungen sind die Letztelemente in sozialen Systemen, sondern Kommunikationen. Das Individuum als psychisches System wird der Umwelt des sozialen Systems zugeordnet und ist somit nicht Bestandteil des sozialen Systems. Sowohl psychische als auch soziale Systeme sind Sinn verarbeitende Systeme. Sinn ist die Differenz von Aktualität und Potenzialität, sprich die Differenz dessen, was ist, und all dem, was sein könnte. Es können die drei Sinn-Dimensionen sachlich (Was ist der Fall? nämlich Dinge, Themen, Meinungen), sozial (Wer thematisiert Dinge, Themen, Meinungen?) und zeitlich (Wann geschieht etwas?) unterschieden werden. Die Verarbeitung von Sinn erfolgt einerseits in Gedanken und Vorstellungen und andererseits in sprachlich-symbolisch vermittelter Kommunikation.

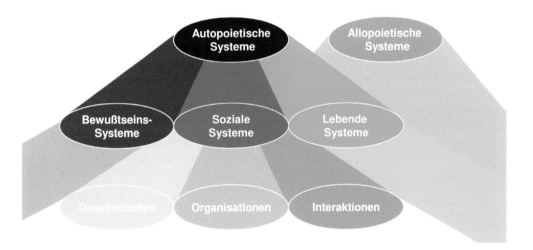

Abbildung 9: Systemarten

Karl Kritiker Das ist ja die totale Entwertung des Individuums, wenn der Mensch nur Umwelt für soziale Systeme, wie etwa ein Unternehmen oder eine Organisation, ist.

Theo Theoretiker So ist es nicht gemeint. Kein System ohne Umwelt und keine Umwelt ohne System. Psychische und soziale Systeme sind strukturell gekoppelt. Sie sind aufeinander angewiesen und operieren dennoch autonom. Gerade durch die Verlagerung des Individuums in die Umwelt von sozialen Systemen wird die Unterschiedlichkeit der drei Systemarten Bewusstsein, soziales System und lebendes System erst entsprechend berücksichtigt.

Paula Praktiker Wieso reden wir dauernd von Bewusstseins-Systemen oder psychischen Systemen und sagen nicht einfach Mensch dazu?

Otto Oberzwerg Umgangssprachlich wäre das schon okay. Aber systemtheoretisch betrachtet ist der Mensch kein System, keine autopoietische Einheit, sondern besteht aus mehreren Systemen, dem psychischen, dem neurophysiologischen und dem lebenden System.

Karl Kritiker Jetzt verstehe ich das. Soziale Systeme sind eben keine Ansammlung von Menschen, sondern stellen eine eigene qualitative Ordnung dar, die nicht aus den Bestandteilen oder Voraussetzungen des Systems allein erklärt werden kann.

Paula Praktiker Jetzt schaue ich aber! Wie gescheit du daherredest. Für die Projektcoaching-Praxis bedeutet das wohl, sich jeweils bewusst zu sein, welches System man coacht oder betrachtet. Und dass soziale Systeme sich nicht automatisch durch die Veränderung von Menschen verändern. Na, ich bin gespannt, was da noch alles kommt.

Selbstreferenz begreift Luhmann als das wesentliche Kriterium der Systembildung. Damit vollzieht er gleich einen zweifachen Paradigmenwechsel. Systeme bilden ihre Ordnung nicht durch die Differenz Teil/Ganzes und auch nicht durch die Differenz System/Umwelt, sondern nach der Differenz von Identität/Differenz. Die Fähigkeit von selbstreferenziellen Systemen ist es, Beziehungen zu sich selbst herzustellen und diese gegenüber Beziehungen zu ihrer Umwelt zu differenzieren. Mit dieser funktionalen Selbstreferenz erzeugen soziale Systeme Grenzen und benötigen diese für ihr Bestehen. Die Grenzerhaltung entspricht der Systemerhaltung. Und diese Grenzen werden durch Sinn erzeugt.

Daraus ergibt sich aber keine Punkt-für-Punkt-Übereinstimmung von System und Umwelt. Die Systemleistung besteht in „sinn-hafter" Reduktion der komplexen Umwelt. Diese Komplexitätsreduktion ist eine ganz wesentliche Leistung von sozialen Systemen und stellt eine Konstruktion dar. Es ist so, könnte aber auch anders sein. Innerhalb eines Systems bleibt ebenfalls Komplexität bestehen, wobei die Umwelt einen höheren Komplexitätsgrad aufweist.

Paula Praktiker So nach dem Motto: Die Speisekarte ist nicht die Speise?

Theo Theoretiker Ja, genau. Eine Speisekarte ist nur eine Beschreibung eines bestimmten Gerichts, aber nicht das Essen selbst. Ebenso ist die Landkarte nicht das Territorium, sondern eine oft starke Vereinfachung und Verkürzung.

Paula Praktiker Das heißt, auch soziale Systeme konstruieren Wirklichkeiten und fertigen sich Beschreibungen über sich selbst und ihre Umwelten an.

Otto Oberzwerg Die Projektumwelt-Analyse ist z. B. so ein Instrument, um die Wirklichkeits-konstruktionen eines Projekts sichtbar und bearbeitbar zu machen.

Der in der Systemtheorie angelegte Kommunikationsbegriff ist erläuterungsbedürftig, da er von üblichen Auffassungen von Kommunikation deutlich abweicht. Vor allem ist er gegen das Kommunikationsmodell als technische Informationsübertragung nach Shannon und Weaver gerichtet. Kommunikation wird in der soziologischen Systemtheorie als Synthese von Information, Mitteilung und Verstehen definiert. Information wird hier mit Bezug auf Gregory Bateson nicht als objektives Faktum verstanden, sondern als „Unterschied, der einen Unterschied macht", und zwar immer für ein bestimmtes System. Informationen an sich gibt es daher nicht, sondern stets nur in Bezug auf ein System und für ein System, als dessen Beobachter-Leistung und als dessen systeminternes Konstrukt.

Kommunikation kommt nur zustande, wenn die Differenz von Information und Mitteilung beobachtet, zugemutet, verstanden und der Wahl des anschließenden Verhaltens zugrunde gelegt wird. Verstehen schließt dabei mehr oder weniger Missverständnisse, die aber kontrollierbar und korrigierbar sind, als Normalfall mit ein. Da Verstehen ein unerlässliches Moment des Zustandekommens von Kommunikation ist, läuft ständig ein Verstehenstest zur Kontrolle mit.

Karl Kritiker Dass Information eine Konstruktion und Eigenleistung des Systems ist, verstehe ich noch. Aber der Rest?

Theo Theoretiker Die ausgewählte Information, sagen wir beispielsweise eine Verschiebung des Projektendes, kann entweder mündlich in Form einer sachlichen Aussage, schriftlich in einem Fortschrittsbericht oder gestikulierend mit einer Handbewegung mitgeteilt werden. Die Information könnte auch gesungen oder getanzt vermittelt werden.

Paula Praktiker Oder wie im Mittelalter als Minnesang? Naja. Und Verstehen bedeutet dann, dass das soziale System Projektauftraggeber-Sitzung dies als relevant ansieht und die Verschiebung akzeptiert oder fragt, was dies für weitere Konsequenzen hätte, oder die Verschiebung einfach ablehnt.

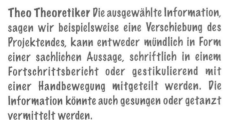

Otto Oberzwerg Die Annahme oder Ablehnung einer Kommunikation ist bereits eine neue Kommunikation. Kommunikation produziert die Freiheit, anzunehmen oder abzulehnen, und transformiert so die Differenz von Information und Mitteilung in die Differenz von Annahme oder Ablehnung.

Theo Theoretiker Das nächste Kapitel handelt von Differenzen und Unterscheidungen. Soll ich das noch vorlesen?

Karl Kritiker Ja, bitte. Vielleicht verstehe ich das ja wieder.

2.3.5 Differenzen und Unterscheidungen

Im Folgenden wird auf eine differenztheoretische Sichtweise zurückgegriffen, die sich im Wesentlichen von der Unterscheidungslogik Spencer Browns ableitet und von Luhmann weiterentwickelt wurde.

Ein Objekt wird definiert als die Innenseite einer Unterscheidung, die vom Rest der Welt unterschieden wird. Es wird etwas bezeichnet im Unterschied zu allem anderen, ohne die andere Seite der Unterscheidung zu spezifizieren. Werden Objekte beobachtet, so fallen Bezeichnung und Unterscheidung des Objektes zusammen (siehe Abbildung 10).

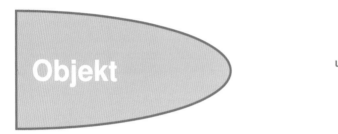

Abbildung 10: Unterscheidung von Objekt und unmarkiertem Bereich

Es wird hier zunächst eine Unterscheidung in einen „unterscheidungslosen" Raum (unmarked space) gelegt und dieser dadurch in zwei Bereiche geteilt. Weiters wird eine Seite davon (hier mit Objekt) bezeichnet. Genau genommen sind es drei Operationen, die gleichzeitig stattfinden:
1. das Unterscheiden des unmarkierten Raums in zwei Bereiche
2. das Markieren und
3. das Bezeichnen der einen Seite dieser Unterscheidung

So entsteht eine bezeichnete Innenseite (marked state) und eine Außenseite (unmarked state) der Unterscheidung.

Ein Begriff hingegen besteht aus zwei Distinktionen, wobei eine Seite wiederum die Innenseite und die andere die Außenseite der Unterscheidung darstellt. Mit dieser Unterscheidungspraxis wird einge-schränkt, was auf der anderen Seite in Betracht kommt. Die Gegenseite stellt für die bezeichnete Seite das pointierte Gegenteil dar. Begriff und Gegenbegriff lassen sich daher als das Zusammenführen von zwei Objekten oder Distinktionen darstellen (siehe Abbildung 11).

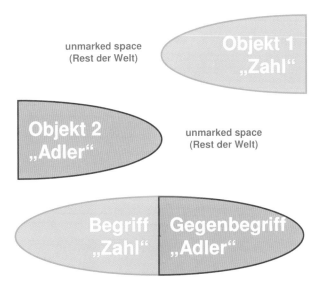

Abbildung 11: Begriff und Gegenbegriff als pointierter Gegensatz zweier Objekte

Die markierte Seite (Begriff) grenzt sich also nicht bloß von einer ausgeschlossenen, dunklen Seite, sondern von einem Gegenbegriff ab. Die Gegenseite fungiert nur als Reflexionsbegriff, um zu verdeutlichen, dass es auch anders möglich wäre. Weitere Operationen können nur an der Innenseite der Unterscheidung angeschlossen werden. Bei einem Begriff wird daher eingeschränkt, was auf der anderen Seite der Unterscheidung in Betracht kommt. Dadurch gewinnt ein Begriff im Gegensatz zu einem Objekt an Schärfe.

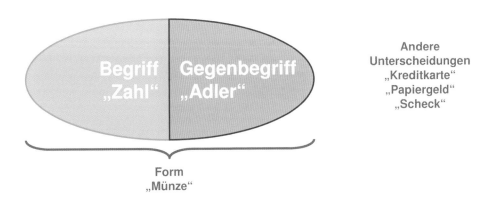

Abbildung 12: Begriff – die Ausgrenzung anderer Unterscheidungen durch die Form der Unterscheidung

Die Form ist immer eine Zwei-Seiten-Form und identifiziert die Einheit einer Unterscheidung, genauer: die Einheit der beiden Seiten einer Unterscheidung. Die Form entspricht einem eingeschlossenen und zugleich auch ausgeschlossenen Dritten. Sie fungiert erstens als Trennung und Verbindung der beiden Seiten und zweitens nimmt sie eine Abgrenzung zu anderen möglichen Unterscheidungen, genau genommen zu anderen Formen von Unterscheidungen vor. So grenzt z. B. die Unterscheidung wahr/unwahr andere Unterscheidungen wie recht/unrecht, System/Umwelt, gut/böse oder Zahlung/Nichtzahlung usw. aus. Mit dem Unterscheiden entstehen somit zwei Grenzen: eine innere zwischen den beiden Seiten der Unterscheidung und eine äußere gegenüber anderen möglichen Unterscheidungen.

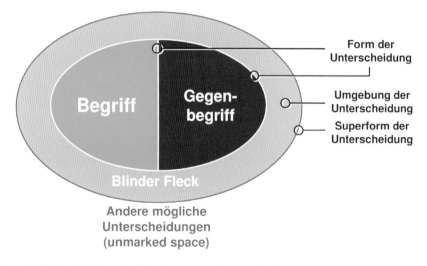

Abbildung 13: Blinder Fleck in der Umgebung einer Unterscheidung

Dieser Bereich anderer möglicher Unterscheidungen oder der unmarked space lässt sich auch nochmals unterscheiden, nämlich in blinde Flecken der Unterscheidung und sonstige andere Unterscheidungen. Ein blinder Fleck steht in einem engen Zusammenhang mit einer Unterscheidung und entspricht einem markanten Gegenteil der Form einer Unterscheidung. Blinde Flecke sind stets in einer kontextuellen Nähe oder Umgebung der Unterscheidung angesiedelt. Eine sogenannte Super-Form verbindet die erstgemachte Unterscheidung und den blinden Fleck und grenzt sie von weiteren möglichen Unterscheidungen nach außen hin ab (siehe Abbildung 13).

Karl Kritiker Schön langsam dämmert mir der Zusammenhang zwischen Beobachter, Konstruktionen und Differenzen. Jedes Beobachten ist Unterscheiden.

Theo Theoretiker Damit ist eine Beobachtungsmöglichkeit gewonnen, die genau ausweist, was mit einem Begriff im Unterschied zu seinem Gegenbegriff eingegrenzt und markiert ist. So macht es einen Unterschied, ob man Mensch im Unterschied zu Gott oder im Unterschied zu Tier, Natur oder Maschine … bezeichnet. Damit wird deutlich sichtbar, vor welchem Hintergrund sich ein Begriff abhebt und abgrenzt. Das Auswechseln der Gegenseite verändert somit den Begriff und dessen Bedeutung. Objekte und Begriffe bleiben aber stets unterscheidungsabhängige Konstrukte eines Beobachters, der die Operationen Unterscheiden und Bezeichnen ausführt.

Paula Praktiker Damit kann ich in der Projektcoaching-Praxis schon was anfangen. Wenn ich nach der Gegenseite frage, kann ich besser verstehen, wie der Kunde Begriffe verwendet und wovon diese unterschieden werden. Vielleicht löst das auch beim Kunden ein Aha-Erlebnis aus.

2.3.6 Organisationen systemisch-konstruktivistisch gedeutet
Organisationen stellen systemtheoretisch eine spezielle Ausprägung von sozialen Systemen dar.

Entscheidung als Spezialfall von Kommunikation
Entscheidung ist ein Spezialfall von Kommunikation und versteht sich nicht als psychischer Vorgang, sondern als soziales Ereignis, nämlich als Kommunikation einer Entscheidung. Entscheidungen können auch als Kommunikationen unter Erwartungsdruck verstanden werden. Entscheidungen werden als Entscheidungen nur verständlich und kommunizierbar, wenn auch die abgelehnten Möglichkeiten mitkommuniziert werden. Sonst würde gar nicht verständlich, dass es sich um eine Entscheidung handelt.[9]

Organisationen benutzen ihre selbstgeschaffenen Strukturen, um Erwartungen zu spezifizieren, die sicherstellen, dass Handlungen bzw. Kommunikationen, und zwar alle, im System als Entscheidung behandelt werden können. So sind Organisationen darauf sensibilisiert, prinzipiell alles als Entscheidung aufzufassen und auszulegen. Deshalb lassen sich prinzipiell alle organisatorischen Geschehnisse und auch Unterlassungen ex-post als Entscheidungen thematisieren oder zu Entscheidungen hochstilisieren.

Eine Entscheidung markiert eine Differenz von vorher und nachher und damit legt sich eine Organisation hinsichtlich ihrer Zukunft und nicht gegenüber ihrer Vergangenheit fest. Mit jeder neuen Entscheidung werden frühere Entscheidungen bestätigt oder revidiert. Jede Entscheidung ist prinzipiell kontingent. Stehen vor jeder Entscheidung mindestens zwei oder auch mehrere Alternativen, also ein begrenzter Raum von Möglichkeiten, zur Auswahl, so nimmt die Kontingenz nach der Entscheidung eine fixierte Form an: Die Entscheidung wäre aber auch anders möglich gewesen.

Erwartungsstrukturen
Da Entscheidungen als Ereignisse nicht bestandsfähig sind, stellt sich nicht das Problem ihrer Erhaltung, sondern das Problem der Reproduktion von weiteren Entscheidungen. Entscheidungen können daher auch nicht geändert werden, da sie als Ereignisse nach ihrem Auftauchen sofort wieder verschwinden. Es können nur neue Entscheidungen daran angeschlossen werden, die frühere Entscheidungen bestätigen oder eben revidieren.

Organisationen versorgen sich daher mit Strukturen, um den Möglichkeitsspielraum einzuschränken und dadurch Anschluss-Kommunikationen zu selektieren. Die Strukturen sozialer Systeme sind stets Erwartungsstrukturen. Ohne Strukturen würde ein System mangels innerer Anschlussfähigkeit schlicht aufhören zu existieren, und zwar ganz von selbst. Erwartungsstrukturen dienen somit dazu, die Überbrückung der Distanz von Entscheidung zu Entscheidung zu erleichtern. Erst durch die Stabilisierung von Erwartungen und eben nicht über die Stabilisierung des Verhaltens wird organisatorische Unsicherheitsabsorption möglich. Komplexität und Unsicherheit werden reduziert.

Mit der Bezugnahme auf Erwartungen wendet sich diese Auffassung gegen gängige betriebswirtschaftliche Entscheidungsbegriffe, als „Präferenz orientierte Wahl zwischen Alternativen". Durch diese Umstellung von Präferenz auf Erwartung wird auch die Differenz besser/schlechter durch die Differenz konform/abweichend verdrängt.

Sinn als Medium von Organisationen

Organisationen bilden als sinnverarbeitende Systeme, wie soziale Systeme generell, ihre Grenzen selbstreferenziell durch wiederholte Operationen von Unterscheiden und Bezeichnen heraus. Durch das wiederholte Verwenden von Unterscheidungen und die operative Handhabung von spezifischen Differenzschemata stabilisieren sich Organisationen in bestimmten Eigen-Werten. Organisationen können daher als Unterscheidungsmaschinen, die sich selbst durch das Netzwerk der eigenen Operationen produzieren und reproduzieren, aufgefasst werden. Sie schaffen ihre eigene Unterscheidungspraxis, durch Selbstbindung an einmal getroffene Unterscheidungen, orientieren sich an systemeigenen organisatorischen Codes und prozessieren systemspezifische Differenzen stets mit Interesse an der Fortsetzung der eigenen Operationen. Somit reagieren Organisationen immer nur auf ihre systemeigenen Unterscheidungs- und Konstruktionsleistungen, also stets auf sich selbst.

Mitgliedschaft als Zugehörigkeit zur Organisation

Formale Organisationen regulieren ihre Grenzen primär durch Mitgliedschaft (und Zulassung zur Mitgliedschaft). Bestimmte Themen und Aufgaben werden eben nur Mitgliedern des Systems zugemutet. Über die Sozialdimension wird reguliert, was als Handeln im System angesehen wird und was der Umwelt (anderen Organisationen oder Personen) zugerechnet wird. Organisationen sind auf psychische Systeme und daher Menschen angewiesen, da alle Informationen das „Nadelöhr Bewusstsein"[10] passieren müssen. Entscheidend für eine Organisation ist, worauf Organisationsmitglieder in ihrer Wahrnehmung sensibilisiert sind. So präparieren Organisationen Menschen entsprechend für ihre organisationsspezifischen Zwecke.

Die Mitgliedschaft hat zwei wesentliche Funktionen und schafft so eine doppelte Rahmung der kommunikativen Operationen des Systems. Nach außen wird durch die Unterscheidung von Zugehörigkeit/Nichtzugehörigkeit eine Grenze gezogen und intern entstehen Möglichkeiten der Spezifikation von Anforderungen, z. B. Rollenerwartungen an Projektauftraggeber, Projektleiter, Projektteammitglied. Weiters wird die Rolle im Stellenkonnex des Systems eingeordnet, also die Zugehörigkeit zu einer Abteilung, einem Funktionsbereich oder einem Pojektteam oder Projektcoachingsystem geklärt.

Zusammenfassend können Organisationen als soziale Systeme verstanden werden, die sich über Entscheidungen, als Spezialfall von Kommunikation, reproduzieren. Die System-Zugehörigkeit ist über Mitgliedschaft geregelt, die festlegt, wer als Mitglied des Systems angesehen wird und in welchen Rollen diese Mitgliedschaft ausgeübt werden kann. Organisationen bilden (Sinn-)Grenzen aus, die sie selbst gegen-über der Umwelt ziehen und in einem gewissen Rahmen konstant zu halten vermögen. Sie heben sich auf-grund der systemeigenen Unterscheidungspraxis gegenüber ihrer Außenwelt ab und erzeugen mit Hilfe spezifischer Selektions- und Reduktionsleistungen Inseln eingeschränkter Beliebigkeit in einem Meer aus-geschlossener Möglichkeiten.[11]

Otto Oberzwerg So, das war jetzt ziemlich viel Theorie. Hallo, Karl. Schläfst du?

Karl Kritiker (schnarcht laut, bis Paula Praktiker ihn unsanft wachrüttelt) Nein, ich schlafe nicht. Nie!

Otto Oberzwerg Ich möchte noch versuchen – als eine Art Zusammenfassung – ein paar soge-nannte Denkfallen und dazugehörige Alternativen aus systemisch-konstruktivistischer Sicht zu listen.[12] Bin schon ganz gespannt, was ihr davon haltet.

Denkfallen:
1. Probleme sind objektiv gegeben und müssen nur noch klar formuliert werden.
   » Alternative: Verschiedene Standpunkte einnehmen und Situation immer wieder überdenken
2. Jedes Problem ist die direkte Konsequenz einer Ursache.
   » Alternative: Beziehungen, Interaktionen und Wechselwirkungen beobachten und analysieren
3. Um eine Situation zu verstehen, genügt eine „Fotografie" des Ist-Zustandes.
   » Alternative: Dynamik und Zeit sowie Erwartungsstrukturen und die Geschichte berücksichtigen
4. Verhalten ist prognostizierbar, notwendig ist nur ausreichende Information.
   » Alternative: In Alternativen denken und Szenarien entwickeln sowie Interventionen setzen und beobachten
5. Problemsituationen lassen sich „beherrschen", es ist lediglich eine Frage des Aufwandes.
   » Alternative: Verändern, was veränderbar ist. Gelassen hinnehmen, was nicht veränderbar ist, und den Unterschied zwischen beiden erkennen
6. Wenn man sich wirklich bemüht, kann man andere ganz und gar verstehen.
   » Alternative: Davon ausgehen, dass man andere Personen nie vollständig verstehen kann. Liebevoll, hartnäckig nachfragen, um einen „Landkartenabgleich" durchzuführen
7. Situationen sind kontextunabhängig immer gleich.
   » Alternative: Sich den Kontext einer Situation bewusst machen und Gleichartigkeiten und Unterschiede feststellen

Paula Praktiker Diese Empfehlungen finde ich alle sehr schlüssig. Mir fällt noch ein weiterer Fehler ein:

8. Ein „Macher" kann jede Problemlösung in der Praxis durchsetzen.
   » Alternative: Interventionen sind stets nur Steuerungsversuche und andere Sichtweisen sind Wirklichkeitsangebote. Ein Projektcoach kann keine Probleme für den Kunden lösen, sondern die Lösung liegt stets im System selbst.

Karl Kritiker Das gefällt mir gut. Jeder ist prinzipiell für sein Leben selbst verantwortlich. Doch wir können als Projektcoaches Hilfe zur Weiterentwicklung leisten. Mir ist heute so richtig bewusst geworden, dass eine systemisch-konstruktivistische Sichtweise neue Einsicht bringt. Einiges hätte ich früher nicht so gesehen.

Otto Oberzwerg Und eine systemisch-konstruktivistische Sichtweise bringt auch eine bestimmt einschränkende, um nicht zu sagen demütige Werthaltung mit sich. Damit werden wir uns morgen ausführlich beschäftigen.

Spielarten des Konstruktivismus und der Systemtheorie: Who is who?

Der Radikale Konstruktivismus selbst stellt keine streng einheitliche Theorie dar, sondern entspricht eher einem interdisziplinären Diskurs einer Erkenntnistheorie zum Paradigma „Selbstorganisierender Prozesse". Unter dieses neue Paradigma der Selbstorganisation lassen sich einige voneinander unabhängig entwickelte Konzepte subsumieren, die aber alle die Kräfte der Selbstorganisation zum Gegenstand haben. Hierzu gehören die Theorie „dissipativer Strukturen" des Chemikers und Thermodynamikers Ilya Prigogine, die Theorie der „Synergetik" des Physikers Hermann Haken, die Theorie „autokatalytischer Hyperzyklen" des Biochemikers Manfred Eigen, die „Chaostheorien" des Mathematikers und Meteorologen Edward Lorenz sowie des Mathematikers Benoît Mandelbrot. Entstanden ist der Radikale Konstruktivismus aus dem Geiste der Kybernetik, die wiederum von der „allgemeinen Systemtheorie", die vor allem von Ludwig von Bertalanffy in den 40er-Jahren begründet wurde, inspiriert war und sich als metadisziplinärer Forschungsbereich verstand. Des Weiteren waren die entwicklungspsychologischen Arbeiten von Jean Piaget ein wesentlicher Einflussfaktor. Die neueren Hauptwurzeln konstruktivistischer Tradition stellen die „biologische Epistemologie" von Humberto Maturana, die „operative Erkenntnistheorie" Heinz von Foersters sowie der „Radikale Konstruktivismus" nach Ernst von Glasersfeld dar. Die Bezeichnung Radikaler Konstruktivismus hat sich weitgehend für den Diskurs konstruktivistischer Theorien gegenüber Bezeichnungen wie „Konstruktivismus" oder „biologischer Konstruktivismus" durchgesetzt

Hier eine kleine Liste von unterschiedlichen Spielarten des Konstruktivismus und der Systemtheorie, jeweils mit dem oder den Hauptvertretern des jeweiligen Hauptwerks:
» Methodischer Konstruktivismus der Erlanger Schule: Intersubjektivität wird durch diskursive Verständigung und soziale Akzeptanz hergestellt (Wilhelm Kamlah, Paul Lorenzen, Oswald Schwemmer)

» Konstruktivismus: Wirklichkeiten entstehen durch Kommunikation (Paul Watzlawick)
» Soziologisicher Konstruktivismus: Gesellschaftliche Wirklichkeit wird durch signifikante Symbole in Interaktionsprozessen erzeugt (Peter Berger/Thomas Luckmann, George Mead)
» Der Radikale Konstruktivismus: Biologische Grundlagen, Selbstreferenz, Wirklichkeiten werden vom Gehirn erschaffen (Ernst von Glasersfeld, Heinz von Foerster, Humberto Maturana)
» Operativer Konstruktivismus: Beobachten und Unterscheiden (G. Spencer-Brown, Niklas Luhmann)
» Konstruktionismus: Weiterentwicklung des symbolischen Interaktionismus, auch Soziokultureller Konstruktivismus (Kenneth Gergen)
» Allgemeine Systemtheorie (General Systems Theory): Ganzheitliche Betrachtung von Organismen statt Einzelphänomenen (Ludwig von Bertalanffy)
» Funktional-strukturelle soziologische Systemtheorie (The Social System, AGIL Schema): Jedes System muss die vier Funktionen (Anpassung, Zielverfolgung, Zusammenhalt und Aufrechterhaltung) erfüllen (Talcott Parsons)
» Systemtheorie nach der St. Gallener Schule: Vernetzung, Ganzheitlichkeit, Kybernetik I. Ordnung (Peter Gomez/Gilbert Probst, Fredmund Malik)
» Systemische Familientherapie und Beratung: Systeme bestehen aus Personen und deren Beziehungen zueinander (Fritz Simon, Steve de Shazer, Gunter Schmidt)
» Wiener Schule der systemischen Organisationsberatung (Roswita Königswieser, Alexander Exner, Stefan Titscher, Rudi Wimmer)
» Mailänder Model der Familientherapie (vor allem Mara Selvini Palazzoli)
» Neuere soziologische Systemtheorie (Theorie sozialer Systeme): Soziale Systeme bestehen aus Kommunikationen (Niklas Luhmann, Helmut Willke, Dirk Baecker, Peter Fuchs)

3 Werte und Haltungen im Projektcoaching

Die Zwerge sitzen im Gras des Schafbergbades,
eines großen öffentlichen Freibades im Nordwesten Wiens.
Es herrscht ausgezeichnetes Badewetter, deshalb sind sehr
viele Besucher da. Heute geht es um Bedeutung und Auswirkungen von Werten und Haltungen im Projektcoaching.

Karl Kritiker Na, ich verspreche mir ja von diesem Kapitel einiges an besserem Verständnis, was der ganze Konstruktivismus und die Systemtheorie für Projektcoaching bedeuten sollen.

Otto Oberzwerg Ich glaube, die Chancen dafür stehen gut. Immerhin werden wir nun einiges über das Weltbild eines Projektcoaches samt den praktischen Auswirkungen, das ressourcen- und lösungsorientierte Menschenbild eines Projektcoaches und den systemisch-konstruktivistischen PM-Ansatz als Voraussetzung für Projektcoaching erfahren.

3.1 Bedeutung von Werten und Haltungen im Projektcoaching

Bevor wir auf die im systemisch-konstruktivistischen Projektcoaching zugrunde liegenden Werte und Haltungen zu sprechen kommen, wollen wir kurz darlegen, was unter Werten und Haltungen generell verstanden wird und weswegen es von Bedeutung ist, sich mit diesen Begriffen als Grundlage für das Agieren als Projektcoach auseinanderzusetzen.

Unter Wertvorstellungen, kurz Werten, werden früh angelernte Vorstellungen über WünschensWERTes in Bezug auf Eigenschaften von Dingen, Ideen, Beziehungen und anderes mehr verstanden. Es wird dabei generell zwischen einer psychologisch/philosophischen und einer ökonomischen Ausprägung des Wertbegriffs unterschieden, wobei für die Zwecke von Projektcoaching lediglich der psychologisch/philosophische Wertbegriff relevant ist. Werte werden sehr früh im Leben auf Basis von Erlebnissen und Erfahrungen gebildet und äußern sich in Form von Gefühlen. Sie sind wesentlicher Baustein unserer Identität und bilden den Kern von Kulturen, indem sie Sinn und Bedeutung innerhalb eines Sozialsystems (Gruppe, Gesellschaft etc.) definieren.

Da auf diesen Werterfahrungen mit ihrem kognitiven und emotionalen Gehalt Werturteile beruhen, die in Entscheidungen und Handlungen (die sogenannte Haltung) münden, ist es wichtig, sich damit zu beschäftigen, welche Werte für einen Projektcoach handlungsleitend sein sollten. Da unterschiedliche Kulturen über abweichende Wertesysteme verfügen, spielt das Thema Kultur besonders für internationale und damit meist auch interkulturelle Projektcoachings eine bedeutsame Rolle, auf die in Kapitel 7 näher eingegangen wird.

Unter der Haltung eines Menschen wird die praktische, beobachtbare Ausprägung seiner handlungsleitenden Werte verstanden, sprich, sie äußern sich im VerHALTen gegenüber anderen in gewissen Situationen. In der Sozialpsychologie wird in Bezug auf Haltungen von drei verschiedenen Komponenten gesprochen. Unser Verhalten zeigt sich demnach in einer kognitiven Komponente, die Meinungen, Aussagen und Argumente über das in Frage stehende Objekt umfasst. Die affektive Komponente bezieht sich auf die emotionale Einstellung gegenüber dem in Frage stehenden Objekt bzw. die gefühlsmäßige Bewertung dessen. Letztlich beschreibt die Verhaltenskomponente unsere konkreten Handlungen gegenüber dem in Frage stehenden Objekt.

Die mehr oder minder Standardisierung unseres Verhaltens in Form von Haltungen auf Basis unserer Werte erfüllt wichtige Funktionen, die auf ihre Relevanz für Projektcoaching verweisen. Zunächst helfen uns unsere Haltungen dabei, uns zu orientieren. Sie bewahren uns davor, ständig neue Informationen aufnehmen und neu einordnen zu müssen, und erleichtern und beschleunigen somit den Informationsverarbeitungsprozess wesentlich. Zusätzlich erleichtern sie in Bezug auf zu setzende Handlungen die Einordnung in wünschenswerte Ziele und zu vermeidenden Zustände. Letztendlich kommen sie dem Bedürfnis nach Selbstkategorisierung und damit Definition von sozialer Identität nach.

Im Zusammenhang mit Projektcoaching werden von uns unter der Überschrift „Werte und Haltungen" folgende Komponenten subsumiert, auf die im Laufe dieses Kapitels noch im Detail eingegangen wird:
» das Weltbild eines Projektcoaches,
» das Menschenbild eines Projektcoaches und
» der Projektmanagementansatz eines Projektcoaches.

Das Weltbild des Projektcoaches beschreibt dessen Glaubenssätze[13] und grundsätzliche Erklärungsmuster für beobachtbare Phänomene und eigene Einflussmöglichkeiten. Das Weltbild bildet demnach den generellen Handlungsleitfaden für die Interventionen eines Projektcoaches. Dem im Rahmen dieses Buches beschriebenen Projektcoachingansatz wird ein systemisch-konstruktivistisches Weltbild zugrunde gelegt. Die Grundzüge der Systemtheorie und des Konstruktivismus wurden bereits in Kapitel 2 dargestellt. Dieses Kapitel wird nun die Frage beleuchten, wie sich dieses Weltbild praktisch in der Arbeit eines Projektcoaches bemerkbar macht.

Das Menschenbild eines Projektcoaches liefert in Ergänzung zum Weltbild die Einstellung und Sichtweise, die anderen Menschen entgegengebracht wird. Projektcoaches vertreten in Anlehnung an den in diesem Buch beschriebenen Projektcoachingansatz ein lösungs- und ressourcenorientiertes Menschenbild. Das Wesen und die Anwendung der Lösungs- und Ressourcenorientierung eines Projektcoaches sind ebenfalls Inhalt dieses Kapitels.

Letztendlich wird der diesem Projektcoachingansatz zugrunde gelegte Projektmanagementansatz grob umrissen. Dabei sollen lediglich die markantesten Eckpfeiler und wichtigsten Wesenszüge des – ebenfalls systemisch-konstruktivistischen – Projektmanagementansatzes zusammengefasst werden. Die Erklärung und detaillierte Darstellung von Projektmanagement-Methoden, -Prozessen und -Organisationsaspekten ist nicht Inhalt dieses Buches. Zur Erlangung oder Auffrischung fundierten Projektmanagement-Wissens empfehlen wir die Konsultation entsprechender Experten bzw. verweisen auf verfügbare Literatur zu diesem Thema.

Wie bereits aus diesen ersten Absätzen ersichtlich werden sollte, gehen die Werte und Haltungen eines Projektcoaches weit über das Anwendungsgebiet „Projektcoaching" hinaus. Da man ein systemisch-konstruktivistisches Weltbild oder ein lösungs- und ressourcenorientiertes Menschenbild nicht einfach ein- und ausschalten kann, bedeutet dies, dass die in diesem Kapitel beschriebenen Werte und Haltungen als grundsätzliche Lebensphilosophie angenommen werden und sich infolgedessen auf alle Lebensbereiche der Person „Projektcoach" auswirken. Diese Schlussfolgerung soll die enorme Bedeutung der Werte und Haltungen eines Projektcoaches verdeutlichen und somit auch mit Nachdruck klarstellen, dass sämtliche Methoden und Instrumente eines Projektcoaches, die Gestaltung von Projektcoachingsystemen und -prozessen sowie die Anwendung der unterschiedlichen Projektcoachingelemente erst durch die angenommenen Werte und Haltungen im Projektcoaching ihre Wirkung entfalten.

Otto Oberzwerg Nun, liebe Kollegen, das Kapitel ist wohl eines der wichtigsten.

Karl Kritiker Ist sicher interessant, herauszufinden, welche Werte und Haltungen Kunden haben können, die dann in Kategorien einzuteilen und dann eine Art Kochrezept ...

Theo Theoretiker Ich glaube, du hast da was missverstanden!

Paula Praktiker Ganz sicher sogar!

Karl Kritiker Was kann man da missverstehen?

Otto Oberzwerg Es geht um Werte und Haltungen des Projektcoaches selbst!

Karl Kritiker Tatsächlich? Und was soll das bringen? Wer beurteilt uns denn?

Otto Oberzwerg Es geht nicht um das Beurteilen von Coaches, sondern welche Werte und Haltungen im Projektcoaching hilfreich erscheinen und welche eher problematisch werden könnten. Hallo, Theo, was gibt's da drüben zu sehen?

Theo Theoretiker Da, schaut euch die Leute an. Wie die aussehen, Engerl, Superman, Missionar, Handwerker ... die volle Palette.

Paula Praktiker Genau. Sehr unterschiedlich! Auf das folgende Kapitel bin ich schon am allermeisten gespannt.

3.2 Auswirkungen eines systemisch-konstruktivistischen Weltbildes im Projektcoaching

Die Betrachtung der Welt von einem systemisch-konstruktivistischen Blickwinkel aus wirkt sich, wie bereits erwähnt, beinahe unweigerlich auf alle Lebensbereiche einer Person aus. In der Rolle als Projektcoach werden Systemtheorie und Konstruktivismus (Details siehe Kapitel 2) vornehmlich in Bezug auf den Zugang zu Anliegen und Lösung eines Kunden und die Sprache bzw. Sprechweise eines Projektcoaches tragend. Weitere Wirkungsfelder sind die Betrachtung von Projektcoaching- und Handlungssystem, die Gestaltung der Coachingprozesse und der Einsatz spezifischer Instrumente und Methoden.

Die Haltung eines Projektcoaches unterscheidet sich dabei wesentlich von der sogenannten „Expertenhaltung" („Nehmen SIE mir mein Problem von den Schultern und lösen SIE es!") oder der „Arzt-Patienten-Haltung" („Sagen SIE mir, wo/was mein Problem ist, nehmen SIE es mir dann von den Schultern und lösen SIE es!") und soll fortan als „Coachinghaltung" („Helfen Sie mir dabei, dass ICH erkenne, wo mein Problem liegt, und unterstützen Sie mich bei MEINEN daran angrenzenden Lösungsversuchen!") bezeichnet werden.[14]

3.2.1 Kundenhoheit in Bezug auf Anliegen und Lösung

Die wichtigste systemisch-konstruktivistische Grundhaltung eines Projektcoaches ist wohl sein Vertrauen in die Kundigkeit seines Kunden bezogen auf dessen Anliegen und Lösung. Wird dieser erste Gedankengang weitergesponnen, bedeutet dies, dass der Kunde in Bezug auf die Inhalte und Lösungen im Rahmen des Coachingprozesses immer recht hat, und fußt essenziell auf den Modellen des Konstruktivismus und der Systemtheorie.

Zunächst gehen wir davon aus, dass wir keinen Zugang zu einer objektiven Wirklichkeit haben, sprich, sowohl Kunde als auch Projektcoach konstruieren sich auf Basis ihrer Wahrnehmung und Erfahrungen ihre eigenen Bilder der Wirklichkeit. Demgemäß ist es uns als Projektcoach nicht möglich, auf jene Wirklichkeitslandschaft, die unser Kunde als real betrachtet, direkt zuzugreifen. Wir können lediglich versuchen, eine Annäherung bzw. einen Abgleich der unterschiedlichen Wirklichkeitslandkarten zu erreichen, indem wir über die jeweils wahrgenommenen Realitäten kommunizieren. Dieser Umstand wird dadurch noch verschärft, dass wir im Rahmen eines Projektcoachingauftrags mit nur einem Bruchteil der Kundenwelt in Kontakt kommen. Der Kunde spielt jedoch in einer Vielzahl anderer Systeme eine Rolle und greift auf eine lebenslange Geschichte von Wahrnehmungen, Eindrücken und Erfahrungen zurück, wenn er entscheidet, welche Vorgehensweise bzw. Lösung passend und umsetzbar erscheint.

Kunden sind demnach also in ihrer Gesamtheit und ihrer Komplexität intransparent. Wir folgen in unserer Rolle als Projektcoach daher zwei Prämissen. Prämisse eins, „NICHT ZU SCHNELL VERSTEHEN"[15], gibt uns die Erlaubnis, alles umfassend mit dem Kunden zu reflektieren und in Frage zu stellen, und entbindet uns von der Verantwortung, den Kunden sofort verstehen und für ihn Lösungen produzieren zu müssen. Die zweite Prämisse, „DER KUNDE IST KÖNIG", erinnert uns daran, dass nur der Kunde über die Passung einer Lösung für seine spezifische Wirklichkeit in seinem spezifischen Kontext entscheiden kann.

Karl Kritiker (der mit Eis für alle zurückkommt) Wer wollte das mit Vanille und Erdbeere?

Paula Praktiker Da bin ich ein wenig überrascht. Ich dachte, ein guter Projektcoach hat ein gutes Auffassungsvermögen? Nun soll er nicht zu schnell verstehen?

Theo Theoretiker (zu Karl Kritiker) Ich bekomm eins mit Schoko und Haselnuss. (zu Paula Praktiker) Er kann gar nie alles verstehen.

Karl Kritiker (zu Theo Theoretiker) Nein, du hast gesagt, eins mit Strazacello oder so …

Paula Praktiker (zu Karl Kritiker) Das heißt Stracciatella! (zu Theo Theoretiker) Aber warum?

Karl Kritiker (zu Paula Praktiker) Weiß ich doch nicht, warum das Straziateller heißt! **Theo Theoretiker** (zu Karl Kritiker) Ich habe meine Meinung geändert.

Paula Praktiker (zu Theo Theoretiker) Also soll der Projektcoach doch schnell verstehen?

Karl Kritiker (an alle) Ja, schneller, das Eis tropft schon!

Otto Oberzwerg Ich tu mir auch gerade ziemlich schwer, euer Gespräch zu verstehen. Warum nimmt sich nicht einfach jeder, was er bestellt hat?

Theo Theoretiker Also, das ist meins. (zu Paula Praktiker) Wer versteht sich schon selber? Und wie wollen wir dann unsere Kunden verstehen? Und dann noch ihre komplexen Projekte und Prozesse?

Karl Kritiker Versuchen wir nicht immer, die Komplexität auf das Wesentliche zu reduzieren? **Theo Theoretiker** Nicht nur! Wo nötig, bauen wir sogar Komplexität auf.

Paula Praktiker Und wie kann ich dann nützlich sein, wenn ich nicht alles verstanden habe? **Otto Oberzwerg** (schleckt genüsslich sein Pistazieneis) Ziel…schllps…orientierung und …schllps… Auftragsklärung!

Paula Praktiker Meinst du damit, dass wir zuerst die Ziele des Coachings definieren müssen, dann dafür einen passenden Auftrag, und dann ist alles klar?

Theo Theoretiker Nicht alles, aber das, was vorerst klar sein sollte! **Otto Oberzwerg** Und manchmal war das schon ein großer Schritt für den Kunden.

Die folgende Gegenüberstellung soll die Wesenszüge eines systemisch-konstruktivistischen Coachingzugangs im Vergleich zu einem konventionellen Beratungszugang bezogen auf die Kundenlösung noch einmal im Überblick verdeutlichen:

Konventioneller Beratungszugang	Systemisch-konstruktivistischer Coachingzugang
Das Problem lösen	Das Problem **AUF**lösen
Ursache-Wirkung analysieren	Gedankenexperimente: „Was wäre, wenn?"
Endlich **DIE** Lösung bringen oder entwickeln	Individuelle Lösungsansätze

Abbildung 14: Gegenüberstellung konventioneller Beratungszugang vs. systemisch-konstruktivistischer Coachingzugang

Das Zugeständnis an den Kunden, Experte für sein Leben, seine Anliegen und daher auch seine Lösungen zu sein, drückt sich zumeist in der Art und Weise aus, wie der Projektcoach mit seinem Kunden kommuniziert – sprich in der Sprache des Projektcoaches.

Das folgende Unterkapitel ist daher eigens diesem sprachlichen Aspekt von Projektcoaching gewidmet.

3.2.2 Sprache bzw. Sprechweise des Projektcoaches

Die Sprache bzw. die Art des Sprechens eines Projektcoaches kann mit dem Begriff „Konjunktivitis" umschrieben werden und wird häufig als konstruktivistische oder konjunktivistische Sprache bezeichnet.

Konstruktivistische Sprechweise zeichnet sich demgemäß durch die intensive Verwendung des Konjunktivs und einen höheren Anteil an Fragen als Aussagen im Kundenkontakt aus und unterscheidet sich damit ganz deutlich von unseren alltäglichen Sprechgewohnheiten.

Ein Satz wie z. B. „Ich könnte mir vorstellen, dass, wenn wir einen Experten fragen würden, dieser folgendes zu sagen hätte …" oder eine Frage wie z. B. „Angenommen, ich träfe Ihren Vorgesetzten und würde ihn fragen, was er von dieser Idee hielte, was würde dieser mir wohl antworten?" wird wohl im tagtäglichen Sprachgebrauch als eher ungewöhnlich empfunden werden und im Minimum fragende Blicke oder hochgezogene Augenbrauen beim Gegenüber hervorrufen.

Was aber haben der Gebrauch des Konjunktivs und mehr zu fragen als zu sagen mit einem systemisch-konstruktivistischen Zugang eines Projektcoaches zu tun? Zunächst einmal stellt die primäre

Gesprächssteuerung über Fragen sicher, dass der Projektcoach nicht Gefahr läuft, eigene – und meist für den Kunden nicht (genau) passende – Lösungen produzieren zu müssen – eine sehr anstrengende und undankbare Aufgabe! Wie bereits im vorangegangenen Unterkapitel in Bezug auf die Entwicklung von Kundenlösungen erwähnt, können wir als Projektcoach aufgrund der Intransparenz unserer Kunden keinesfalls wissen oder vorhersagen, welche Lösung einem Kunden passend bzw. umsetzbar, d.h. im Sinne des Konstruktivismus „viabel" (vgl. dazu „Viabilität" in Kapitel 2) erscheint.

Was aber tun, wenn sich mir als Projektcoach – vor allem auch mit meiner Erfahrung und meinem Wissen zum Thema Projektmanagement – so viele gute Ideen für den Kunden förmlich aufdrängen? Für diesen Fall spielt der Konstruktivismus in Form von konstruktivistischer Sprache ebenfalls eine äußerst bedeutende Rolle. Ohne Konjunktivismus hätte der Projektcoach lediglich zwei Möglichkeiten: Er könnte dem Kunden einerseits die eigenen Ideen als „richtige" Lösungen präsentieren und riskieren, dass der Kunde all diese Ideen elegant als unpassend oder undurchführbar abschmettert, was die Expertenstellung des Coaches in Frage stellen würde. Die zweite Möglichkeit wäre, mit den Lösungsideen vollkommen „hinter dem Berg zu halten" und Gefahr zu laufen, sich fortan im Gespräch mehr auf die eigenen, nicht kommunizierbaren, tollen Lösungsideen anstatt auf den Kunden zu konzentrieren und somit Anschluss an den Kunden zu verlieren. Die konstruktivistische Sprache stellt einen Ausweg aus diesem Dilemma dar.

Demgemäß sollte der Projektcoach seine Ideen (wie auch seine eigenen Unsicherheiten und Fragestellungen in Bezug auf das Kundenanliegen) durchaus „veröffentlichen", d.h. dem Kunden zur Verfügung stellen – allerdings konjunktivistisch – sprich in Möglichkeits- bzw. Angebotsform. So wird beispielsweise aus „In Ihrem Fall empfiehlt es sich, eine integrierte Projektorganisation aufzubauen – sprich den Kunden ins Projektkernteam zu integrieren" die Formulierung „Was wäre, wenn Sie in Ihrem speziellen Fall eine integrierte Projektorganisation aufsetzten und den Kunden ins Projektkernteam integrieren würden?".

Die Präsentation der eigenen Idee in der zweiten – konstruktivistischen – Form bringt drei Vorteile mit sich. Erstens erleichtert sie die Annehmbarkeit des Lösungsvorschlags für den Kunden, da ihm die Lösung nicht aufoktroyiert wird, sondern dem Kunden die Entscheidungsfreiheit gelassen wird, die Lösung unverändert anzunehmen, sie aufzugreifen und nach Gutdünken anzupassen oder sie schlichtweg zu verwerfen. Sie erhöht zweitens den Handlungsspielraum und die kompetente Wirkung des Projektcoaches für das zu bearbeitende Anliegen, da implizit mitschwingt, dass dies nicht die einzige Möglichkeit für einen Lösungsansatz ist bzw. sein muss und der Projektcoach noch weitere Angebote für den Kunden aus seinem Bauchladen hervorzaubern kann. Drittens bewahrt die konstruktivistische Formulierung den Projektcoach davor, Zurückweisungen des Kunden hinnehmen zu müssen, da die gebotene Lösung lediglich als neutraler Vorschlag ausgesprochen wird und daher mühelos von sowohl Kunden als auch Projektcoach sogleich wieder verworfen werden kann, ohne dass der Projektcoach in Zugzwang gerät, seine gute Idee verteidigen zu müssen, um seinen Expertenstatus nicht zu verlieren.

Die Komponente der Systemtheorie äußert sich in der Sprache des Projektcoaches hauptsächlich dadurch, dass einerseits die Implementierbarkeit erdachter Lösungen im relevanten Kontext des Kunden hinterfragt bzw. sichergestellt wird und dass andererseits die Perspektiven aus dem relevanten Umfeld des Kunden während des Coachingprozesses mit ins Spiel gebracht werden. Im Sinne der Implementierbarkeit von Kundenlösungen wird beispielsweise systematisch und systemisch kontrolliert, was einzelne Personen oder Gruppen aus dem beruflichen und gegebenenfalls auch aus dem privaten Umfeld von der Lösung halten und wie sie darauf reagieren würden. Die Frageform bleibt dabei grundsätzlich erhalten, was beispielsweise zu der Frage führen könnte: „Wer wird die Lösung in Ihrem Umfeld am meisten unterstützen, wer am wenigsten?" Für den Vollzug eines Perspektivenwechsels, mit der Zielsetzung, das relevante Kundensystem in die Lösungskonstruktion mit einzubeziehen, eignen sich zirkuläre Fragen (vgl. dazu „Systemische Frageinterventionen" in Kapitel 10) besonders. Die eingangs dieses Unterkapitels beispielhaft erwähnte Frage „Angenommen, ich träfe Ihren Vorgesetzten und würde ihn fragen, was er von dieser Idee hielte, was würde dieser mir wohl antworten?" ist ein Beispiel für eine zirkuläre Frage, da sie den Kunden dazu anregt, den eigenen Standpunkt und Blickwinkel zu verlassen und stattdessen in eine andere Rolle oder Person zu schlüpfen, um aus dieser geänderten Perspektive die gestellte Frage zu beantworten.

Abschließend noch ein kleiner Tipp bezogen auf die konstruktivistische Sprache eines Projektcoaches für die Praxis: Aufgrund der bereits weiter oben erwähnten Andersartigkeit des Sprechens und der dadurch möglichen Irritationen bei Gesprächspartnern außerhalb eines definierten Projektcoachingprozesses wird vom gehäuften Gebrauch dieser konstruktivistischen/konjunktivistischen Sprache ohne Coachingrahmen abgeraten.

Paula Praktiker Das gefällt mir recht gut.

Otto Oberzwerg Was denn?

Paula Praktiker Das Thema Sprache. Oder besser: das Sprechen.

Karl Kritiker Konstruktivitis, Konjunktivitis, Meningitis ... mal angenommen, liebe Paula, es gäbe eine Krankheit namens Konstruktivitis. Wer könnte dich heilen?

Paula Praktiker (lacht!)

Otto Oberzwerg Wunderbar formulierte Frage!

Karl Kritiker (schüttelt den Kopf) Daran werde ich mich nie gewöhnen! Da lerne ich ja noch leichter Chinesisch ...

Theo Theoretiker Wie lange braucht man, bis man die Sprechweise eines Projektcoaches kann?

Otto Oberzwerg Na ja, es gibt ja auch da nicht „ich kann es nicht" und dann plötzlich „ich kann es". Aber ihr solltet eher in Monaten oder Jahren rechnen anstatt in Tagen oder Wochen, bis die fragende Konjunktivitis in Fleisch und Blut übergeht.

Karl Kritiker Na bumm! Und wie könnte man das beschleunigen?

Paula Praktiker Was glaubst du, wie du es für dich beschleunigen könntest?

Karl Kritiker (überlegt) ... ich würde ... ich würde so oft wie möglich coachen.

Paula Praktiker Was noch?

Karl Kritiker (überlegt) ... danach darüber reflektieren. Entweder allein oder mit einem von euch.

Theo Theoretiker Was noch?

Karl Kritiker (überlegt) ... was ist, coacht ihr mich gerade?

Paula Praktiker und **Theo Theoretiker** (gleichzeitig) Nein, nein ...

Otto Oberzwerg (zwinkert verschmitzt) Naja, ein kleiner Versuch war das schon!

3.2.3 Weitere systemisch-konstruktivistische Wirkungsfelder

Neben der systemisch-konstruktivistischen Betrachtungsweise von Kundenlösungen und der spezifischen Sprache eines Projektcoaches zeigen sich Systemtheorie und Konstruktivismus im Projektcoaching primär noch im Rahmen der Definition von Coaching- und Handlungssystem, der Gestaltung des Projektcoachingprozesses sowie der Anwendung spezieller systemisch-konstruktivistischer Interventionsinstrumente. Alle drei genannten Wirkungsfelder werden in diesem Buch an anderer Stelle noch näher behandelt, weswegen wir hier lediglich einen kurzen Überblick mit entsprechenden Querverweisen geben wollen.

In Kapitel 5 werden der Aufbau und die Gestaltung von Projektcoachingprozessen sowohl auf einer Makroebene (= Interventionsdesign) als auch auf einer Mikroebene (= Design einer Projektcoachingeinheit) beschrieben. Für die Prozessgestaltung gelten dabei einerseits die Prinzipien des Konstruktivismus, sprich es gibt keinen richtigen oder falschen Coachingprozess, vielmehr wird daran gearbeitet, den Coachingprozess individuell an die Bedürfnisse des Kunden anzupassen. Andererseits unterstützt die Systemtheorie diese Sichtweise, da davon ausgegangen wird, dass sämtliche am

Coachingprozess beteiligten Elemente in einer komplexen Art und Weise miteinander vernetzt sind, sodass eine konkrete Vorhersage der Ergebnisse des Projektcoachingprozesses – im Sinne einer trivialen Maschine – nicht möglich erscheint.

Als Grundvoraussetzung für die Gestaltung und flexible Steuerung der Projektcoachingprozesse ist es notwendig, zu definieren, wer – sprich welche Personen, Gruppen oder Teams – Teil des Projektcoachingprozesses sein sollen. Diese Festlegung wird die Konstruktion des sogenannten Projektcoachingsystems genannt, auf die im Rahmen der Klärung des Projektcoachingauftrags als Teil von Kapitel 5 noch im Detail eingegangen wird. Ziel dabei ist es, die Zusammensetzung des Projektcoachingsystems – bestehend aus Vertretern der Kunden- und der Coachseite – derart zu gestalten, dass es möglich wird, durch Interventionen im Projektcoachingsystem wünschenswerte Auswirkungen im Handlungssystem des Kunden – meist dem Projekt – zu erzielen. Der systemisch-konstruktivistische Zugang zeigt sich dabei insbesondere durch die von Kunde und Projektcoach gemeinsam vorgenommene Konstruktion sinnvoller Systemgrenzen, die Kommunikation über beobachtbare (nicht „wirkliche") Wirkungsmuster innerhalb dieser Grenzen sowie die Gestaltung der Beziehung des Projektcoachingsystems zu anderen angrenzenden Systemen.

Als letztes Wirkungsgebiet von Systemtheorie und Konstruktivismus innerhalb dieses Projektcoachingansatzes sei der Einsatz systemischer Projektcoachinginstrumente – wie beispielsweise systemische Frageinterventionen – genannt. Die am häufigsten anzutreffenden und zu dieser Kategorie gehörenden Instrumente sind in Kapitel 10 überblicksmäßig beschrieben.

3.3 Der Projektcoach und sein Menschenbild

Haben wir uns bisher mit der generellen Brille beschäftigt, mit der ein Projektcoach die Welt um sich herum betrachtet, so wollen wir in diesem Unterkapitel darauf eingehen, was das spezifische Menschenbild eines Projektcoaches ausmacht. Am Beginn dieses Kapitels haben wir bereits erwähnt, dass der Projektcoach ein lösungs- und ressourcenorientiertes Menschenbild einnimmt.

Die Lösungsorientierung meint dabei im Sinne des Menschenbildes, dass Kunden die für sie passende(n) Lösung(en) bereits in sich tragen. Indem wir uns als Projektcoach mit dem Kunden vornehmlich über dessen Lösung(en) anstatt über seine Probleme unterhalten, werden wünschenswerte Veränderungen ermöglicht oder begünstigt. Die Ressourcenorientierung andererseits geht davon aus, dass Kunden auch über alle notwendigen Ressourcen und Kompetenzen für die angestrebte Veränderung bereits verfügen. Der Projektcoach registriert daher die vorhandenen Ressourcen und Kompetenzen seines Kunden, anstatt zu versuchen, Defizite aufzuspüren, um diese auszumerzen.

Karl Kritiker (hält sich den Bauch) Ist mir schlecht ...

 Paula Praktiker Na ja, nach dem Rieseneis noch ein Bier, wen wundert's?

Karl Kritiker Du fällst schon wieder über mich her, als ob ich keine Ahnung von irgendwas hätte.

Paula Praktiker Na, wenn du eine Ahnung hättest, könnte ich dich coachen, stimmt's? So wie ich den letzten Absatz verstanden habe, können wir ja wohl nur jemanden coachen, der schon Ahnung von allem hat, oder?

Otto Oberzwerg Genau genommen muss er nicht von allem bereits Ahnung haben.

Karl Kritiker Gerade dann, wenn noch Ahnung fehlt, würde ich coachen, oder?

Theo Theoretiker Gibt's da nicht so ein Modell mit den drei Ebenen von Wissen ...?

Otto Oberzwerg Genau – das Kompetenzebenenmodell von Uwe Wieland. Die erste Ebene ist die des verfügbaren Wissens. Die zweite ist die Ebene des verschütteten oder unstrukturierten Wissens und die dritte jene des Nicht-Wissens.

Karl Kritiker Und was mach ich mit dem Modell?

Theo Theoretiker Du kannst einerseits mit dem Kunden abklären, worum es ihm im Projektcoaching geht, und dir andererseits als Projektcoach selbst bewusst machen, auf welcher Ebene du gerade unterwegs bist und ob das die passende Ebene für das aktuelle Kundenanliegen ist.

Paula Praktiker Genau! Geht es ihm um die dritte Ebene, dann braucht er Fachberatung zum Projektmanagement.

Theo Theoretiker Und für die erste und zweite Ebene Personal Coaching. Das heißt, wir helfen dem Kunden, sich zu ordnen oder sein vorhandenes Wissen zu hinterfragen oder abzuklopfen. Aber schaut mal, da ist das Kompetenzebenenmodell ja sogar beschrieben!

Kompetenzebenen im Coaching nach Uwe Wieland[16]

Das Kompetenzebenenmodell nach Uwe Wieland verdeutlicht die Lösungs- und Ressourcen-orientierung als zugrunde liegendes Menschenbild im Projektcoaching. Wie in Abbildung 15 er-sichtlich, kann für Coachingzwecke zwischen drei unterschiedlichen Kompetenzebenen unter-schieden werden, die für die Ressourcenfokussierung des Projektcoaches herangezogen werden können.

Die Grafik macht grundsätzlich deutlich, dass als Projektcoach ausschließlich im Projekt-coachingsystem, nicht im Handlungssystem (dem Projekt) gearbeitet wird. Die Ressourcen, sprich das Wissen und die Kompetenzen des Kunden, werden daher für die Erreichung der Ziele im Projektcoaching genutzt, nicht (direkt) für die Erreichung der Projektziele.

Auf Ebene 1 – der Ebene des explizit vorhandenen Wissens beim Kunden – agiert der Projekt-coach in der Form eines Sparringspartners, der mit dem Kunden gemeinsam beispielsweise ange-strebte Lösungsansätze kritisch hinterfragt und Umsetzungsschritte gemeinsam mit dem Kunden erarbeitet. Die zweite Ebene – die Ebene des implizit vorhandenen Wissens – macht von ungenut-zen, unbedachten, unverbundenen, unvernetzten, verschütteten, vergessenen oder blockierten Ressourcen Gebrauch.

Der Projektcoach trägt im Sinne eines Reflektors oder Ermöglichers dazu bei, dass diese vorhan-denen Kompetenzen ins Bewusstsein gerückt und für das Kundenanliegen zielorientiert eingesetzt werden können. Erst auf Ebene 3 – der Ebene des fehlenden Wissens – werden vom Projektcoach neue Kompetenzen und Ressourcen in das Projektcoachingsystem eingebracht, die beim Kunden bisher nicht vorhanden waren.

Diese dritte Kompetenzebene kann im Verlauf eines Projektcoachingauftrags nur in Kombination mit mindestens einer der beiden anderen Kompetenzebenen vorkommen, da ein ausschließliches Arbeiten auf der Kompetenzebene von fehlendem Wissen den Disziplinen Training und/oder Beratung zuzuordnen wäre (vgl. Kapitel 1 für Begriffsabgrenzungen).

An dieser Stelle wagen wir einen kleinen Vorgriff auf Kapitel 4 „Projektcoachingelemente" und ver-suchen, die drei Kompetenzebenen im Coaching auf die zwei wesentlichsten Elemente im Projektcoaching – die „Fachberatung zum Projektmanagement" einerseits und das „Personal Coaching" andererseits zu übertragen.

Demgemäß wären die Kompetenzebenen 1 und 2 dem Personal Coaching zuzuordnen, da für die Zwecke dieses Projektcoachingelements auf das PM-Fachwissen des Projektcoaches nicht zurück-gegriffen wird. Für die Fachberatung zum Projektmanagement als ein Kernelement von Projektcoaching stellen sowohl das PM-Wissen als auch die PM-Erfahrung des Projektcoaches jedoch einen wesentlichen Faktor dar. Dieses Projektcoachingelement ist daher der Kompe-tenzebene 3 zuzuordnen.

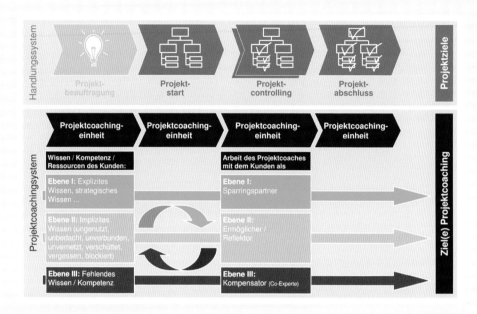

Abbildung 15: Kompetenzebenen im Coaching nach Uwe Wieland

Die Kompetenzebene, auf der Projektcoach und Kunde gemeinsam arbeiten, kann von Projektkcoachingeinheit zu Projektcoachingeinheit je nach Kundenanliegen und selbstverständlich je nach Kundenressourcen wechseln (siehe dazu Abbildung 16).

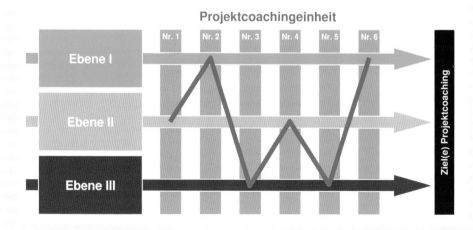

Abbildung 16: Verlauf im Coachingprozess

Das lösungs- und ressourcenorientierte Menschenbild fußt im Wesentlichen auf dem lösungsorientierten Kurztherapieansatz von Steve de Shazer und Insoo Kim Berg, deren wesentlichste Grundthesen nachstehend zusammengefasst werden:

1. Lösungsorientierter/positiver Fokus auf Kundenanliegen:
   Annahme: Eine Ausrichtung auf das Positive, auf eine Lösung und auf die Zukunft erleichtert eine Veränderung in die gewünschte Richtung. Deshalb sollte man sich auf lösungsorientiertes und nicht auf problemorientiertes Sprechen konzentrieren.

2. Ausnahmen verweisen auf Lösungen:
   Annahme: Ausnahmen zu jedem Problem können von Coach und Kunde erschaffen und zur Konstruktion von Lösungen benutzt werden.

3. Nichts ist immer dasselbe:
   Annahme: Änderung tritt immer auf.

4. Nur kleine Änderungen sind notwendig:
   Annahme: Kleine Änderungen führen zu größeren Änderungen.

5. Kooperieren ist unvermeidlich:
   Annahme: Kunden sind immer kooperativ. Sie zeigen uns ihre Überzeugung, wie Änderung eintreten kann. Wenn wir ihr Denken und Handeln respektierend wahrnehmen, ist Kooperieren unvermeidlich.

6. Menschen haben Ressourcen:
   Annahme: Menschen haben alles, was sie brauchen, um ihr Problem zu lösen.

7. Der Kunde ist Experte:
   Annahme: Coaching ist ein ziel- und lösungsorientiertes Vorhaben – mit dem Kunden als Experten.

Sowohl Lösungs- als auch Ressourcenorientierung eines Projektcoaches äußern sich dabei im Wesentlichen wieder durch die Sprache des Projektcoaches, wie die nachstehende Grafik verdeutlichen soll:

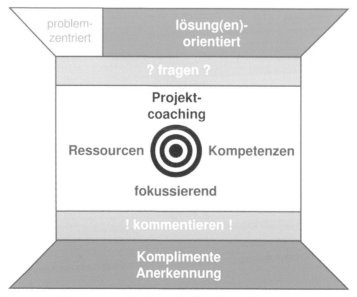

Abbildung 17: Lösungs- und Ressourcenorientierung im Projektcoaching

Die Basis für das gesamte Handlungsspektrum eines Projektcoaches stellen die im Zentrum der Grafik dargestellten Ressourcen und Kompetenzen des Kunden dar. Im Sinne der Lösungsorientierung werden dahingehend Fragen gestellt, die zu einem geringen Anteil problemzentriert sein können, allerdings größtenteils in Richtung Kundenlösung weisen sollten und die Ressourcen des Kunden zur Lösungsentwicklung nutzen (vgl. dazu im Detail Kapitel 3.2.2 „Sprache bzw. Sprechweise des Projektcoaches").

Der Teil des Kommentierens von Ressourcen und Kompetenzen wurde bisher noch kaum beleuchtet. Aussagen stellen im Vergleich zu Fragen oder konjunktivistischen Satzkonstruktionen im Projektcoaching eher die Ausnahme als die Regel dar. Allerdings gilt diese Grundregel nicht für das Kommentieren der Ressourcen und Kompetenzen des Kunden. Hinter Ressourcenorientierung verbirgt sich daher einerseits das Aussprechen von Lob und Komplimenten an den Kunden und andererseits die Anerkennung und Würdigung der oftmals schwierigen Situationen, in denen sich Kunden befinden. Wichtig ist in diesem Zusammenhang der Hinweis, dass Komplimente wie z. B. „Das ist wirklich großartig, wie Sie diese Situation gemeistert haben!" bzw. die Anerkennung eines Problems wie z. B. „Das hört sich wirklich nicht leicht an …" ehrlich gemeint sein und authentisch vermittelt werden müssen!

Die Wirkungsweisen von Komplimenten und Problemwürdigung sind mannigfaltig. Zunächst tragen sie wesentlich dazu bei, eine positive Atmosphäre zu schaffen. Zusätzlich heben sie neue Änderungen hervor und verringern generell die Angst vor Veränderungen. Wichtig dabei ist, dass sie die Verantwortung für bzw. das Verdienst um die Veränderungen rein dem Kunden zuschreiben. Problemwürdigungen können zudem den Effekt haben, Ereignisse und Gefühle zu normalisieren und dem Kunden somit zu signalisieren, dass seine Reaktion auf die Problemstellung keineswegs ungewöhnlich ist.

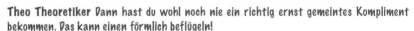

Karl Kritiker Also mich braucht niemand zu loben. Ich hasse diese Gefühlsduselei.

Theo Theoretiker Dann hast du wohl noch nie ein richtig ernst gemeintes Kompliment bekommen. Das kann einen förmlich beflügeln!

Paula Praktiker Ich stelle mir eher schwierig vor, wie ich als Projektcoach Komplimente geben soll, die dann auch noch ehrlich gemeint sein sollen. Ich hätte wirklich Angst davor, dass das beim Kunden komisch ankommt.

Otto Oberzwerg Ressourcen und Kompetenzen bei seinem Gegenüber zu sehen und zu erkennen kann man richtig trainieren. Versucht ab heute, wenn ihr jemanden trefft, euch auf dessen Ressourcen und Stärken zu konzentrieren. Dann fällt euch das Komplimentieren sicherlich bald nicht mehr so schwer.

Alles in allem kann das lösungs- und ressourcenorientierte Menschenbild eines Projektcoaches somit mittels der folgenden drei Aspekte zusammengefasst werden:

1. Der Projektcoach erkennt Probleme an.
2. Der Projektcoach orientiert sich an Lösungen.
3. Der Projektcoach sucht nach Ressourcen und Kompetenzen.

3.4 Der Faktor Projektmanagement

Der Zweck dieses Unterkapitels ist einerseits, darzustellen, dass, um als Projektcoach tätig zu sein, neben Wissen und Erfahrung im Coaching auch Projektmanagementexpertise erforderlich ist. Erst diese Kombination aus Projektmanagement und Coaching macht eine Transformation von einem Universalcoach zu einem spezialisierten Projektcoach im Sinne eines Fachcoaches zum Projektmanagement möglich. In diesem Zusammenhang wollen wir verdeutlichen, dass für eine Kombination beider Komponenten ein einheitliches Weltbild – in diesem Fall das bereits beschriebene systemisch-konstruktivistische Weltbild – Voraussetzung ist. Andererseits nehmen wir bewusst davon Abstand, in diesem Buch das Thema Projektmanagement umfassend zu beschreiben, da es den Rahmen bei Weitem sprengen würde. Wir gehen daher in unseren Erläuterungen von vorhandenen Projektmanangementkenntnissen aus und werden hier lediglich kurz die aus unserer Sicht wichtigsten Auswirkungen eines systemisch-konstruktivistischen Weltbildes auf den Projektmanagementansatz beschreiben.

Ein systemisch-konstruktivistischer Zugang zu Projektmanagement bedeutet zunächst nicht, dass Projektmanagement in anderer und bewährter Form über Bord geworfen und eine vollkommen neue Methodik und Herangehensweise entwickelt werden muss. Vielmehr ändert sich auf Basis eines systemisch-konstruktivistischen Weltbildes die Betrachtungsweise von Projekten und Projektmanagement. Die Eckpfeiler, an denen aus unserer Sicht – ohne Anspruch auf Vollständigkeit – ein systemisch-konstruktivistischer Zugang zu Projektmanagement am besten deutlich wird, sind die Projektdefinition, die Projektmanagement-Methoden und die Projektmanagementprozesse.

Die Projektdefinition besteht dahingehend aus drei Komponenten. Einerseits sind Projekte Aufgabenstellungen mit ganz spezifischen Merkmalen wie zeitliche Begrenzung, (organisatorische) Komplexität, Neuartigkeit, Dynamik und Risikobehaftung. Zweitens werden Projekte als temporäre Organisationen betrachtet. Letztlich werden Projekte als konstruierte, soziale Systeme definiert. Aus dieser dritten Komponente lässt sich der Bezug zur Systemtheorie und zum Konstruktivismus ableiten. Ein Projekt wird demnach nicht mechanistisch – wie eine triviale Maschine –, sondern als soziales System betrachtet, dessen Grenzen (zeitlich, sachlich und sozial) von allen Beteiligten gemeinsam konstruiert werden. Ein Projekt entwickelt, der systemisch-konstruktivistischen Argumentation folgend, nicht kalkulierbare Handlungsmuster. Es ist des Weiteren in einen Kontext eingebettet, der unterschiedliche Systemkomponenten immer wieder in Schwingungen versetzt, deren Auswirkungen im System unbekannt sind.

In Bezug auf Projektmanagement-Methoden ist feststellbar, dass die meisten Instrumente in hohem Ausmaß „hard facts"-orientiert sind – sprich sie dienen dazu, die Planung und den aktuellen Status in Bezug auf Leistungen, Termine, Kosten und Ressourcen des Projekts abzubilden. Systemisch-konstruktivistisches Projektmanagement macht ebenfalls Gebrauch von diesen Methoden, allerdings steht dabei ein konstruktivistischer Zugang im Vordergrund, das heißt, es wird beispielsweise nicht versucht, den richtigen Projektterminplan aufzustellen, sondern gemeinsam einen passenden bzw. realistischen Terminplan im Projektteam zu konstruieren mit dem Wissen, dass dieser eventuell während der Projektlaufzeit an neue Gegebenheiten angepasst werden muss. Was dabei passend bzw. realistisch ist, wird von Projektteam zu Projektteam – je nach Wirklichkeitskonstruktion – unterschiedlich sein. Zusätzlich wird großer Wert auf Methoden zur Unterstützung des systemischen Zugangs wie zum Beispiel die Projektabgrenzung und -Kontextanalyse, die Projektumweltanalyse oder die relationale Rollendefinition bzw. Projektmanagement-Methoden zur Unterstützung einer strukturierten und zielgerichteten Kommunikation gelegt.

Bezogen auf die Projektmanagementprozesse sind die Auswirkungen von Systemtheorie und Konstruktivismus zweiseitig gelagert. Einerseits wird auch in Bezug auf beispielsweise Projektstart, Projektcontrolling oder Projektabschluss auf kein straffes Ablaufkorsett zurückgegriffen, sondern die Projektmanagementprozesse werden an die individuellen Besonderheiten und Ansprüche des Projekts und all seiner Beteiligten angepasst. Andererseits sind als Teil des systemisch-konstruktivistischen Projektmanagements in alle Prozesse zyklische Reflexionen eingebaut. Diese stellen ein zyklisches Hinterfragen und eine daraus folgende Anpassung der Projektplanung an eventuell geänderte Gegebenheiten sicher. Zyklische Projektplanung bedeutet beispielsweise, dass zyklisch innerhalb des Startprozesses sichergestellt werden muss, dass alle beteiligten Protagonisten vom Projektleiter über die Teammitglieder bis hin zum Projektauftraggeber ihren Beitrag zur Projektplanung leisten. Als Teil eines systemischen Projektcontrollings werden Reflexionsschleifen in den Controllingprozess zur Steuerung des Projekts eingebaut. In jedem dieser Projektcontrollingzyklen wird die Projektplanung bis hin zu den Projektgrenzen erneut hinterfragt und alle Projektpläne werden wieder bis zum Ende durchgedacht, um mögliche neue oder gerade erst bekannt gewordene Informationen in die Projektplanung frühzeitig einzubauen. Dieser Prozess dient daher primär dem Umgang mit der Komplexität und nicht direkten Steuerbarkeit des sozialen Systems „Projekt".

 Karl Kritiker Also das hab ich endlich mal sofort verstanden.

 **Paula Praktiker** Gratulation!

 Theo Theoretiker War ja wohl keine besondere Herausforderung. Was mich interessieren würde, wäre: Wie gehe ich damit um, wenn ich einen Projektleiter habe, der im Projektmanagement noch nicht sehr fit ist, und der Projektauftraggeber will, dass ich gutes Projektmanagement sicherstelle?

Karl Kritiker Das solltest du doch können, ist doch kein Problem!

 Paula Praktiker Ob das nicht erst ein Problem erzeugt?

Karl Kritiker Wie bitte?

 Paula Praktiker Die Frage ist doch: Was ist das Ziel des Projektcoachings? Und zwar für den Kunden. Und wer ist wofür verantwortlich? Und wie nachhaltig ist unsere Arbeit für den Kunden?

Karl Kritiker Naja. Du meinst also, wenn der Kunde ein ganz anderes Ziel hat, du aber merkst, der hat eine ganz andere Vorstellung von PM als vielleicht in den PM-Richtlinien des Unternehmens definiert, dann wird er unsere Hinweise nicht hören wollen oder ignorieren.

 Paula Praktiker Genau.

Theo Theoretiker Die Verantwortung für die Einhaltung der Richtlinien kann der Projektcoach nicht übernehmen, die liegt beim Projektleiter. Und die Kompetenz, die Einhaltung der Richtlinien einzufordern, liegt beim Projektauftraggeber.

 Otto Oberzwerg Letztlich geht es auch hier nicht um „richtiges" oder „falsches" PM, sondern um Viabilität.

Karl Kritiker Das kenn ich jetzt schon! Das bedeutet in diesem Fall ... (überlegt kurz) ... dass ein gangbarer oder noch einfacher ein sinnvoller, praktikabler Weg gesucht wird, das Projekt zu planen und zu steuern, oder?

Otto Oberzwerg Eben. Und das kann so oder so ausschauen. Und wenn der Kunde merkt, dass die Arbeit im Projektcoaching Früchte trägt, dann stellt sich die Nachhaltigkeit sowieso von selber ein.

Erst ein systemisch-konstruktivistischer Projektmanagementzugang eröffnet die Möglichkeit des Schwenks von einer Expertenhaltung im Sinne eines Projektmanagement-Beraters zu einer Coachinghaltung im Sinne eines Projektcoaches, da mit dem Kunden nicht länger an richtigem, sondern an passendem und nützlichem Projektmanagement gearbeitet wird. Letztlich setzt somit nicht der Projektcoach „seine Empfehlungen" durch, sondern das Projekt wird vom Kunden seiner Zielsetzung und den zu berücksichtigenden Rahmenbedingungen gemäß aufgesetzt und gesteuert.

3.5 Die sechs Projektcoaching-Grundsätze (VALUES)

Karl Kritiker Jetzt kommt zu guter Letzt also doch noch das Kochrezept – endlich!

Paula Praktiker Kann ich mir nicht vorstellen, dass all das, was wir in diesem Kapitel schon gehört haben, in ein Kochrezept passt. Immerhin haben wir das systemisch-konstruktivistische Weltbild, das lösungs- und ressourcenorientierte Menschenbild und den systemisch-konstruktivistischen Projektmanagementansatz eines Projektcoaches kennen gelernt.

Theo Theoretiker Und nicht nur das, wir haben uns sogar ausführlich darüber unterhalten, wie sich diese drei Komponenten auf das praktische Verhalten – d.h. die Haltung des Projektcoaches – auswirken.

Karl Kritiker Stimmt ja eigentlich. Was war das noch einmal alles mit der Kundenhoheit für die Lösung eines Anliegens oder dieser konjunktivistischen Sprechweise oder der Annahme, dass der Kunde alle notwendigen Ressourcen und Kompetenzen für die Lösung eines Problems mit sich bringt? Jetzt frage ich mich auch, wie man das in sechs Grundsätze packen soll.

Otto Oberzwerg Ich glaube nicht, dass hier beabsichtigt wird, die ganzen Werte und Haltungen, wie sie bereits in diesem Kapitel beschrieben wurden, nun in sechs Überschriften zusammenzufassen. Vielmehr geht es darum, einem Projektcoach sechs Merkwörter an die Hand zu geben, die ihn an die grundlegenden Werte und Haltungen erinnern sollen.

Paula Praktiker So während einer Coachingsitzung zum Beispiel?

Otto Oberzwerg Das könnte ich mir durchaus vorstellen, dass man da die sechs Grundsätze wie auch immer parat hat und von Zeit zu Zeit einmal kritisch hinterfragt, ob man noch alle einhält.

Zum Abschluss dieses Kapitels wagen wir den Versuch, die erwünschten Werte und Haltungen eines Projektcoaches in Form von sechs Projektcoaching-Grundsätzen **(VALUES)** zusammenzufassen, die sich in der letzten übergeordneten Leitlinie – dem schonungslosen Respektieren – subsumieren lassen. Diese sechs Grundsätze sind:

» **V**ertraulichkeit
» **A**llparteilichkeit bzw. Neutralität
» **L**ösungs- und Ressourcenorientierung
» **U**nverzichtbare Freiwilligkeit
» **E**benbürtigkeit
» **S**chonungsloses Respektieren

Otto Oberzwerg Sagt mal jeder etwas zu einem der sechs Grundsätze, was euch dazu aus dem bisherigen Kapitel einfällt und zu dem jeweiligen Grundsatz passt.

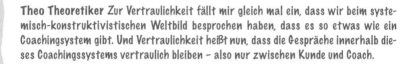

Theo Theoretiker Zur Vertraulichkeit fällt mir gleich mal ein, dass wir beim systemisch-konstruktivistischen Weltbild besprochen haben, dass es so etwas wie ein Coachingsystem gibt. Und Vertraulichkeit heißt nun, dass die Gespräche innerhalb dieses Coachingssystems vertraulich bleiben – also nur zwischen Kunde und Coach.

Otto Oberzwerg Bravo, Theo – das war gar kein leichter Grundsatz. Und es stimmt, dass der Projektcoach mit den Informationen aus dem Coachingsystem vertraulich umgehen muss. Zumindest kann er nur kommunizieren, was mit dem Kunden vereinbart wurde. Wem fällt noch etwas ein?

Paula Praktiker Zur Allparteilichkeit bzw. Neutralität kommt mir als Erstes die Kundenhoheit aus dem systemisch-konstruktivistischen Weltbild eines Projektcoaches in den Sinn. Demnach stehe ich als Projektcoach den Lösungen des Kunden neutral gegenüber. Wir wollen das Problem ja beispielsweise nicht lösen, sondern „auflösen", und ich kann nicht wissen, welche Lösung für den Kunden passt.

Karl Kritiker Ihr seid alle Streber. Ich nehme mir die Ressourcen- und Lösungsorientierung. Die ist wenigstens leicht. Ich erinnere mich, dass wir als Coach keine Defizite unserer Kunden aufspüren, um diese auszumerzen, sondern ein Ohr für Ressourcen und Kompetenzen unserer Kunden entwickeln. Und wir unterhalten uns – in dieser komischen konjunktivistischen Sprache – mit den Kunden über positive Zukunftsszenarien, anstatt die manchmal problematische Vergangenheit zu Tode zu analysieren. Das mit der unverzichtbaren Freiwilligkeit könnte ich aber jetzt ad hoc nirgends zuordnen.

Otto Oberzwerg Das hast du schön ausgedrückt, Karl. Und so leicht war das nun wieder auch nicht. (verschmitzt) Da ist wohl doch einiges hängengeblieben. Die unverzichtbare Freiwilligkeit ist ebenfalls im ressourcen- und lösungsorientierten Menschenbild begründet. Wenn wir nämlich davon ausgehen, dass wir als Coaches mit kompetenten Kunden arbeiten, dann bestimmen auch nur die Kunden und niemand anderer (zum Beispiel ein Auftraggeber), worum es im Coaching gehen kann. Wird ein Kunde zum Coaching „gezwungen", bei dem andere vorgeben, welche Schwächen des Kunden „weggecoacht" werden müssten, ist das mit dem hier beschriebenen Menschenbild nicht möglich.

Karl Kritiker Das leuchtet mir ein. Und ich glaube, mir fällt sogar zum Nächsten – der Ebenbürtigkeit – etwas ein. Weil wir es ja mit kundigen Kunden zu tun haben, stehen Kunde und Coach auf einer Ebene und kooperieren dort. Das war das doch auch mit dem Sparringspartner, Reflektor und Co-Experten aus dem Kompetenzebenenmodell.

Paula Praktiker Stimmt, ja – an das Kompetenzebenenmodell hätte ich in dem Zusammenhang gar nicht mehr gedacht. Mir gefällt das schonungslose Respektieren als abschließender, wie eine Klammer umfassender, Grundsatz. Wobei, dass wir in unserem gesamten Kundenkontakt respektvoll sind, ist mir klar, warum aber schonungslos?

Otto Oberzwerg Schonungslos deswegen, weil wir auch mit keiner Information hinter dem Berg halten, nur um den Kunden zu schonen oder weil wir einen Konflikt vermeiden wollen. Allerdings heißt schonungsloses Respektieren auch nicht, dass wir alles, was der Kunde tut und sagt, auch akzeptieren müssen.

Theo Theoretiker Stimmt, ja! Das ist mir jetzt ganz wichtig. Respektieren heißt noch lange nicht akzeptieren. Ich respektiere zum Beispiel, dass sich ein Kunde eine andere Lösung aussucht, als ich das getan hätte. Aber gleichzeitig muss ich die Lösung nicht als gut empfinden. Das Einzige, was ich da dann machen kann, ist sozusagen schonungslos respektvoll auf diesen Umstand verweisen und das damit öffentlich zu machen.

Otto Oberzwerg Na bitte, da habt ihr ja gleich eine ganze Menge, woran euch die sechs Grundsätze erinnern können. Und das war bestimmt noch nicht alles. Am besten ihr denkt heute Abend noch einmal intensiver darüber nach, womit aus diesem Kapitel ihr die sechs Grundsätze persönlich am meisten verbindet.

Wird einer dieser Grundsätze verletzt, wird ein wirkungsvoller Projektcoachingprozess gefährdet, wenn nicht überhaupt unmöglich gemacht. Die Übernahme und erfolgreiche Abwicklung von Projektcoachingaufträgen ist demnach von der Einhaltung dieser generellen Projektcoachinggrundsätze fundamental abhängig.

Immer wieder geraten wir als Projektcoaches in Situationen – sei es beispielsweise aufgrund der Eingangsbedingungen oder des Settings –, in denen Projektcoaching an seine Grenzen stößt. Wir haben zum Abschluss dieses Kapitels eine kleine Liste derartiger Projektcoachingfallen, die uns in der Praxis bereits begegnet sind, zusammengestellt.

Zu typischen Coachingfallen zählen unter anderem:
» Unklare Beauftragungsverhältnisse und die damit verbundenen meist unterschiedlichen Erwartungshaltungen aller Beteiligten.
» Projektcoaching als „Feigenblatt", sprich ein Projektcoach wird beauftragt, es wird allerdings versteckt die Übernahme einer ganz anderen Rolle erwartet, wie z. B.:
  » Projektassistent
  » Projektkontrollor oder Projektauditor
  » Projektmanager
  » Alibicoach im Sinne von „Wasch mir den Pelz, aber mach mich nicht nass."
  » usw.

» Projektcoaching ohne expliziten Coachingauftrag (z. B. „ehrenamtliches" Coaching), da hier zumeist die Rahmenbedingungen fehlen bzw. auch die Gegenleistung, sprich die Entlohnung, fehlt („Was nix kostet, ist auch nix wert.").

» Übernahme von Verantwortung als Projektcoach ohne entsprechende Kompetenzen, wie z. B.:
  » Abgabe von Leistungs-, Ergebnis- oder Erfolgsgarantien oder
  » dauerhafte inhaltliche Mitarbeit im Handlungssystem des Kunden

» Grenzverletzungen seitens des Projektcoaches, des Auftraggebers oder des Kunden, wie z. B.:
  » persönliche Übergriffe bzw. Einmischungen statt Sicherstellen der eigenen Grenzen und Respektieren der Grenzen des Kunden
  » Arbeiten im Handlungssystem statt im Projektcoachingsystem
  » einseitige Parteienstellung (Personen, Firmen, Länder …) statt Allparteilichkeit
  » Mitfiebern oder Gefühlskälte statt professioneller Empathie
  » Unaufrichtigkeit oder Unzuverlässigkeit statt Vertraulichkeit oder Integrität
  » Fehlen von Respekt zwischen Kunde und Projektcoach (wenn z. B. die „Chemie" zwischen Kunde und Projektcoach nicht passt)

4 Projektcoachingelemente

Da es heute regnet, treffen sich die Zwerge in einem Seminarraum der Technischen Universität am Karlsplatz. Otto Oberzwerg hat für heute die Elemente des Projektcoachings vorbereitet.

4.1 Projektcoachingelemente im Überblick

Im nachfolgenden Kapitel werden die wesentlichen Elemente, die einem Projektcoach für seine Arbeit zur Verfügung stehen, im Detail beschrieben und diskutiert. Unserer Erfahrung im Zusammenhang mit Projektcoaching folgend lassen sich die Anliegen, Wünsche, Fragen und Probleme der Projektcoaching-Kunden in vier thematische Hauptgruppen – die Projektcoachingelemente – zusammenfassen. Eine zusätzliche fünfte Gruppe „etwas ganz anderes …" trägt dem Umstand Rechnung, dass trotz alledem niemals 100 Prozent aller potenziellen Themenstellungen im Projektcoaching in eine der vier Hauptgruppen fallen können. Flexibilität des Projektcoaches ist demnach stets gefordert.

Folgende Projektcoachingelemente werden unterschieden:
1. Fachberatung zum Projektmanagement
2. Personal Coaching
3. Moderation von PM-Workshops
4. Starthilfe zur Projektdokumentation
5. Etwas ganz anderes

Abbildung 18: Projektcoachingelemente

Auffällig sollte in Bezug auf Abbildung 18 sein, dass die Elemente „Fachberatung zum Projektmanagement" und „Personal Coaching" bei Vergleich aller Projektcoachingelemente hervorstechen. Diese Darstellungsweise soll verdeutlichen, dass die Fachberatung zum Projektmanagement und das Personal Coaching die beiden Kernelemente von Projektcoaching bilden und aus keinem Projektcoachingauftrag wegzudenken sind. Die anderen Elemente „Starthilfe zur Projektdokumentation" sowie „Moderation von PM-Workshops" stellen hingegen zusätzliche Angebote eines Projektcoaches an den Kunden dar, die allerdings nicht notwendigerweise in jedem Projektcoachingauftrag zum Einsatz kommen müssen.

Paula Praktiker (legt das Manuskript weg) Also das überrascht mich ein wenig. Die paar Mal, wo ich mitbekommen hab, dass ein Projektcoach beteiligt ist, hat der Projektcoach Workshops moderiert und das Projekthanduch erstellt.

Karl Kritiker (verwundert) Da frag ich mich aber schon, wozu es dann noch einen Projektleiter gibt ...

Theo Theoretiker Eben, denn systemisch betrachtet wäre dann der Projektcoach Teil des Handlungssystems – sprich des Projekts, und da hat er ja nix verloren, oder?

Otto Oberzwerg Genau. Auch wenn für Außenstehende der Projektcoach primär durch die Moderation und Mitarbeit am Projekthandbuch wahrgenommen wird, liegt der Schwerpunkt zumeist in den beiden anderen Elementen: Fachberatung zum Projektmanagement und Personal Coaching.

Karl Kritiker Und welches Element ist für den Projektcoach am wichtigsten?

Paula Praktiker Grundsätzlich sollte der Projektcoach alle Elemente „drauf haben" ...

Otto Oberzwerg Denn der Kunde entscheidet, was er benötigt!

Die Abbildung eröffnet noch eine weitere Differenzierungsmöglichkeit in Bezug auf die Projektcoachingelemente. Es wird deutlich, dass die Elemente „Moderation von PM-Workshops" und „Starthilfe zur Projektdokumentation" eine größere Nähe zur „Fachberatung zum Projektmanagement" aufweisen als zum „Personal Coaching". Dies ist vor allem darauf zurückzuführen, dass bei den drei erstgenannten Elementen der Bezug zu Projektmanagement-Methoden und -prozessen in der Tendenz weitaus höher ist, als bei Personal-Coaching-Anliegen des Kunden. Im Rahmen der detaillierten Beschreibung der einzelnen Projektcoachingelemente wird diese Abstufung deutlich zur Geltung kommen.

Letztlich wird mittels Abbildung 18 versucht, die Inhalte von Projektcoaching soweit einzuengen, dass eine Abgrenzung zu anderen Disziplinen, die zwar zum Teil Ähnlichkeiten mit Projektcoaching aufweisen und dennoch von Projektcoaching zu unterscheiden sind, ermöglicht wird. Details in Bezug auf die Abgrenzung von an Projektcoaching angrenzenden Disziplinen können Kapitel 1.2 „Abgrenzung zu verwandten Disziplinen" entnommen werden.

In der Rolle Projektcoach ist es erforderlich, dass gemeinsam mit dem Kunden ein ausgewogener und passender Mix an Projektcoachingelementen basierend auf der jeweiligen Ausgangssituation und der spezifischen Zielsetzung des Kunden definiert wird. Die Festlegung, welche Projektcoachingelemente im Rahmen eines Projektcoachingauftrags zur Anwendung kommen werden, ist Teil der sogenannten „Auftragsklärung", der in Kapitel 5 ausführlich Raum gewidmet wird. Darüber hinaus ist ein Projektcoach in der Lage und flexibel genug, im Rahmen jeder einzelnen Projektcoachingeinheit – bezogen auf das Kundenanliegen und die Kundenzielsetzung – zu entscheiden, welches Projektcoachingelement am besten geeignet erscheint, das Kundenziel zu erreichen, und infolgedessen zum Einsatz kommen sollte.

4.2 Fachberatung zum Projektmanagement

Dem Ausdruck „Fachberatung zum Projektmanagement" ist der Begriff „Projektmanagement-Fachberatung" gleichzusetzen. Dieser stellt eines der Kernelemente innerhalb der meisten Projektcoachingaufträge dar. Im Rahmen der PM-Fachberatung unterstützt der Projektcoach unter anderem bei der Gestaltung der Projektorganisation, der Kommunikations- und Entscheidungsstrukturen sowie bei der Gestaltung und Umsetzung der Projektmanagementprozesse.

Der Projektcoach stellt des Weiteren sein Wissen, diverse Tipps und seine Praxiserfahrungen bei der Anwendung von Projektmanagement-Methoden und -instrumenten zur Verfügung. Die diesbezüglich stattfindenden Projektcoachingeinheiten dienen dazu, die Angebote des Projektcoaches maßgeschneidert an die Anforderungen jedes Projekts anzupassen.

In diesem Zusammenhang scheint es wichtig zu betonen, dass der Fachberatung zum Projektmanagement eine sauber gestaltete Anliegen-, Ziel- und Auftragsklärung im Rahmen einer Projektcoachingeinheit vorangeht, auf die in Kapitel 5 unter „Die Projektcoachingeinheit" noch ausführlich eingegangen wird. In der Folge bietet der Projektcoach seine Vorschläge dem Kunden keinesfalls in Form von Ratschlägen oder Handlungsanweisungen, sondern in Form von Angeboten und Handlungsalternativen in konjunktivistischer Sprache an (vgl. dazu Kapitel 3).

Zusätzlich werden im Sinne einer Perspektivenerweiterung vorhandene Ideen eingebracht und gegebenenfalls mit dem Kunden weiterentwickelt – sprich es gibt nicht die eine richtige (Projektmanagement-) Lösung, um das Problem zu beseitigen, sondern mehrere viable Wege, um das Problem aufzulösen (vgl. dazu Viabilität und Konstruktivismus in Kapitel 2). Sollte sich der vorhandene Erfahrungsschatz des Projektcoaches als für den Kunden nicht ausreichend oder hilfreich erweisen, so werden im Sinn des systemischen Coachings passende Lösungen in Kooperation zwischen Kunde und Projektcoach co-konstruiert.

In vielen Fällen orientieren sich die Gesprächsinhalte im Rahmen einer Projektcoachingeinheit, in der der Projektcoach vom Kunden dazu beauftragt wurde, sein Fachwissen zum Projektmanagement zur Verfügung zu stellen (= Fachberatung zum Projektmanagement), am generischen Projektmanagementprozess.

Zumeist sind damit die folgenden wesentlichen Projektmanagementprozesse angesprochen:

1. Projektmanagementberatung zur Projektinitiierung bzw. zur Projektbeauftragung
2. Projektmanagementberatung zum Projektstart
3. Projektmanagementberatung zur Steuerung von Projekten (= Projektcontrolling)
4. Projektmanagementberatung zu Krisensituationen in Projekten
5. Projektmanagementberatung zum Abschluss von Projekten

 Otto Oberzwerg (steht vorne bei der Tafel, und möchte schreiben) Na, meine Projektcoaching-Zwerge! Wem fallen denn so ad hoc mögliche Anliegen ein, die ein Kunde haben könnte, damit sie in die Kategorie der Fachberatung zum Projektmanagement fallen?

 Karl Kritiker Muss das sein? Ich habe gesehen, dass in Kapitel 6 eh noch eine ausführlichere Beschreibung der Anwendung von PM-Fachberatung anhand eines konstruierten Praxis-beispiels kommt.

 Paula Praktiker Sei kein Spielverderber! Also, mir würde gleich einfallen, dass ein Kunde sich Außensicht vom Projektcoach wünschen könnte, um einen klaren Projektauftrag sicherzustellen. Das heißt, der Kunde möchte mögliche Lücken und Fallen in Bezug auf seinen Projektauftrag vermeiden. Das würde dann wohl am ehesten entweder zur Projektbeauftragung oder zum Projektstart passieren.

Otto Oberzwerg (notiert) Sehr schön! Wem fällt was zum Projektcontrollingprozess ein?

 Theo Theoretiker Dazu könnten das Design und die Gestaltung des Projektcontrollingprozesses, die gemeinsame Vorbereitung von Projektcontrolling-Workshops oder von Projektauftraggebersitzungen oder praktische Tipps zum control-linggerechten Einsatz einzelner Projektmanagement-Methoden gehören.

 Karl Kritiker Eh klar, dass du wieder so tun musst, als hättest du die Weisheit mit dem Löffel gefressen, und gleich mehrere Beispiele bringen musst. Ich glaube ja persönlich, dass, wenn schon Anliegen kommen, die hauptsächlich mit Krisensituationen zu tun haben. Also zum Beispiel die Unterstützung bei der Definition von Sofortmaßnahmen zur Schadensbegrenzung oder Tipps zur Krisenkommunikation.

 Otto Oberzwerg (schreibt) Das sind gute Beispiele für PM-Fachberatungsanliegen im Krisen-management. Jetzt fehlt nur noch der Projektabschlussprozess ...

Paula Praktiker Na ja, nachdem der Projektabschlussprozess aus meiner Erfahrung in der Praxis oft vernachlässigt wird, könnte ich mir vorstellen, dass das Anliegen schon sein könnte, gemeinsam mit dem Projektcoach einen realistischen Abschlussprozess zu entwerfen.

Die Präsentation des eigenen Wissens und der eigenen Erfahrung als Projektcoach in der Form von Angeboten an den Kunden ist eine delikate Angelegenheit. Sollte ein ressourcenorientiertes Menschenbild und lösungsorientiertes Weltbild (vgl. dazu Kapitel 3) noch nicht ausreichend verankert sein, läuft man als Projektcoach nur allzu schnell Gefahr, sprachliche Ungenauigkeiten zuzulassen und den Pfad der konjunktivistischen Sprechweise zu verlassen. Eine solche Sprechweise vermeidet beispielsweise nachfolgende Formulierungen, um einem Kunden ein Angebot zu machen bzw. ihm eine eigene Idee zu präsentieren: „Ich würde Ihnen raten/empfehlen …", „Sie sollten …", „Sie müssen …", „… unbedingt", „macht man immer so …", „… wäre das Beste …" usw.

Derartige Satzkonstruktionen werden in einem systemisch-konstruktivistischen Projektcoachingzugang durch folgende Formulierungen ersetzt: „Angenommen, Sie würden …", „Was wäre, wenn Sie …", „Ich frage mich, was passieren würde, wenn …", „Ich habe in der Praxis schon mehrmals folgendes miterlebt …", „Viele Projektleiter hätten in Ihrer Situation …".

Dem Kunden wird es mit derartigen Formulierungen erleichtert, seine eigene Entscheidung darüber zu treffen, ob und welche Idee bzw. welches Angebot zu seinem Ziel passt.

Karl Kritiker (sehr überrascht) Da hätte ich aber schon noch eine Frage. Warum sollte ich nicht empfehlen dürfen?

Theo Theoretiker (überzeugt) Weil du da schon mit einem Bein im Handlungssystem stehst!

Karl Kritiker Aber die Kunden wollen ja unsere Expertise. Wenn der Projektleiter nicht weiß, wie man einen Projektstrukturplan baut, dann kann ich doch nicht fragen: „Was wäre, wenn Sie schon einen hätten?"

Otto Oberzwerg Was könnte da einen Unterschied machen?

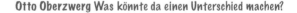

Paula Praktiker Der Kontext und die Art und Weise, wie die Empfehlung ausgesprochen wird. So kann es je nach Stimmlage, Mimik, Gestik etc. einen Unterschied machen, ob die Empfehlung als Angebot oder als Anweisung zu verstehen ist.

Theo Theoretiker Und wir sollten quasi versuchen, dass eine Aussage wie „Ich würde Ihnen empfehlen" so beim Kunden ankommt, dass es eine Empfehlung für das Coachingsystem und nicht für das Handlungssystem ist? Als Möglichkeit?

Otto Oberzwerg Genau. Wir erweitern die Handlungsoptionen für den Kunden, und er selbst entscheidet, welche für ihn die gangbarste oder beste ist.

Als passend hat sich des Weiteren der Einsatz der Coachingmethode „Meta mit mir" (vgl. dazu „Metadialog" Kapitel 10) im Zusammenhang mit Fachberatung zum Projektmanagement erwiesen. Durch die Anwendung dieser Methode ist es dem Projektcoach gestattet, während der Coachingeinheit zeitweise und für den Kunden sichtbar und nachvollziehbar seinen Projektcoachingstuhl im wahrsten Sinne des Wortes zu verlassen und in eine andere Rolle (z. B. Projektmanagement-Trainer, Projektmanagement-Guru, Allwissende Müllhalde o. Ä.) zu schlüpfen. Der für den Kunden sicht- und nachvollziehbare Rollenwechsel ist deshalb von besonderer Bedeutung, damit — sobald der Projektcoach wieder auf seinen ursprünglichen Projektcoachingstuhl zurückkehrt — Kunde und Projektcoach gemeinsam über das Gesagte und die Bedeutung oder Anwendbarkeit für den Kunden reflektieren können.

Ein weiteres oftmals in der Fachberatung zum Projektmanagement anzutreffendes Werkzeug ist das sogenannte Beobachtungspapier. Dieses Instrument eröffnet dem Projektcoach die Möglichkeit, seine subjektive (vgl. dazu Kapitel 2 „Konstruktivismus") Sichtweise auf den Projektmanagementstatus und -einsatz sowie die Projektorganisation des Kunden in schriftlicher Form darzulegen. Dem Kunden wird andererseits die Chance geboten, von der externen Sicht des Projektcoaches zu profitieren. Die Schriftform hat dabei den Vorteil, dass sie im Normalfall ausführlicher ausfällt und eine wiederkehrende Wirkung erzielen kann, da auf das Beobachtungspapier in jeder Phase des Projektcoachingprozesses von Kunde und Projektcoach zurückgegriffen werden kann. Das Beobachtungspapier enthält in seiner Struktur eine Beschreibung der Ausgangssituation für das Projektcoaching, eine ausführliche Darlegung der Beobachtungen und daraus folgenden Thesen des Projektcoaches sowie Ideen über mögliche Alternativen für die weitere Vorgehensweise.

Der Zweck und der detaillierte Aufbau des Beobachtungspapiers sind in Kapitel 10 („Methoden, Techniken, Hilfsmittel im Projektcoaching") ausführlich dargestellt. An dieser Stelle bleibt eine Reihe wichtiger Anwendungskriterien für das Beobachtungspapier im Rahmen der PM-Fachberatung zu erwähnen.

1. Ein Beobachtungspapier kann vom Projektcoach jederzeit im Verlauf des Projektcoachingprozesses verfasst werden, um die Gedanken und Beobachtungen zum Projekt zu sortieren. Die Verwendung des Beobachtungspapiers als Interventionsinstrument im Projektcoaching- oder im Handlungssystem kann jedoch nicht ohne Zustimmung des Kunden erfolgen.
2. Das Beobachtungspapier wird im ersten Schritt immer dem Kunden zur Verfügung gestellt, sollte dieser daran interessiert sein.
3. In der Folge kann gemeinsam mit dem Kunden entschieden werden, das Beobachtungspapier oder Auszüge daraus für spezifische Interventionszwecke anderen Personen oder Systemen zur Verfügung zu stellen.
4. Das Beobachtungspapier ist in konjunktivistischer Sprache verfasst und enthält neben Sichtweisen auch Ideen für mögliche weitere, viable Vorgehensweisen.

Karl Kritiker Das klingt ja auf den ersten Blick recht gut. Aber wir haben doch sicher oft Situationen, wo sich der Projektleiter nicht auskennt und wir als Projektcoach den Karren aus dem Dr.........

Theo Theoretiker Hallo, hallo! Welche Haltung kommt da zum Vorschein!

Paula Praktiker (den Kopf schüttelnd) Nicht sehr wertschätzend!

Otto Oberzwerg Deine Sorge ist zwar berechtigt, allerdings kommt das in der Praxis viel seltener vor, als man annehmen würde!

Karl Kritiker Wenn die Gefahr besteht, dass der Projektleiter das Projekt an die Wand fährt, können wir doch nicht einfach nur aus erster Reihe fußfrei dabei zuschauen? Was würde der Auftraggeber sagen? Wir machen unseren Job nicht! Ich würde da ein geschmalzenes Beobachtungspapier an den Projektauftraggeber schreiben, allein schon, um meine eigene Haut zu retten.

Theo Theoretiker Aber das würde doch die Vertraulichkeit und Neutralität im Projektcoaching total verletzen! Und wer sagt denn, dass du die Situation als Projektcoach richtig beurteilst? Ist ja eventuell nur deine Sichtweise, dass das Projekt an die Wand fährt!

Paula Praktiker Na ja, irgendwie seh ich den Punkt schon. Das ist ein ziemliches Dilemma für den Projektcoach. Wenn ich nämlich Auftraggeber wäre, würde ich mir das auch erwarten ...

Otto Oberzwerg In diesem Fall gäb's mehrere Schritte (blättert ein vorbereitetes Flipchart auf): Zuerst den Projektleiter entsprechend klar auf die eigene Sichtweise hinweisen. Sollte der Projektleiter dann nicht reagieren oder die Sichtweise überhaupt nicht teilen oder nachvollziehen können, dann scheint mir die Basis für eine konstruktive Beziehung zwischen Kunde und Projektcoach nicht mehr gegeben zu sein. Als Projektcoach könnte man dann als nächste Intervention sein Projektcoachingmandat zurücklegen.

Und ein sauberes Beobachtungspapier – denn geschmalzen sollte bestenfalls das Brot werden – könnte das passende Instrument sein, um zuerst dem Projektleiter und dann dem Auftraggeber die Beweggründe des Projektcoaches für die Beendigung des Projektcoachingauftrags darzustellen. Aber das ist wirklich schon eine heftige Intervention. Und in der Praxis kommt das, wie gesagt, glücklicherweise nicht so oft vor!

4.3 Personal Coaching

Im Rahmen des Personal Coachings bringt der Kunde projektbezogene Anliegen ein, die gemeinsam mit dem Projektcoach bearbeitet werden. Im Unterschied zur Fachberatung zum Projektmanagement stehen im Fall von Personal Coaching das Expertenwissen und die Projektmanagementkompetenz des Projektcoaches in keinem (direkten) Zusammenhang zum Anliegen des Kunden. Vielmehr stiftet der Projektcoach dadurch Nutzen, dass er durch den Einsatz entsprechender Coachingmethoden dafür Sorge trägt, den Kunden in die Lage zu versetzen, maßgeschneiderte Lösungswege, alternative Sichtweisen und neue bzw. andere praktikable Zugänge für sein Anliegen zu erarbeiten. Der Projektcoach sorgt in seiner Rolle wie in jeder Projektcoachingeinheit für einen strukturierten Ablauf und für eine klare Anliegen-, Ziel- und Auftragsklärung (vgl. Kapitel 5 „Die Coachingeinheit").

Je nach Ziel und Auftrag des Kunden und aufbauend auf dem existierenden Wissen und den vorhandenen Ressourcen hilft der Projektcoach dem Kunden anschließend, Klarheit, Struktur und Orientierung zu schaffen, Entscheidungen zu erleichtern, Konflikte aufzulösen etc. Dies geschieht beispielsweise durch Sammeln von Ideen, Visualisieren von Teilergebnissen, Einbringen von alternativen Sichtweisen, bei Bedarf Zurverfügungstellen einer Außensicht, kritisches Hinterfragen existierender Lösungsansätze und gemeinsame Reflexion mit dem Kunden.

 Karl Kritiker Wenn jetzt Otto wieder danach fragt, welche Beispiele uns dazu einfallen – also ich hätte da eines: der Umgang mit Konflikten innerhalb der Projektorganisation. Da nützt mir oft das ganze Wissen über PM-Methoden und -prozesse gar nix.

 Theo Theoretiker Die ganze Sparte von Führung und Motivation von Projektmitgliedern und anderen Projektbeteiligten könnte da auch noch darunter fallen.

 Paula Praktiker Also ich könnte mir vorstellen, dass da auch Themenstellungen eingebracht werden, die schon ein bisschen am Privatleben kratzen. Was ist zum Beispiel, wenn die Arbeitsbelastung bei meinem Kunden so hoch ist, dass dadurch sein Privatleben unter die Räder kommt?

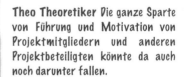 **Otto Oberzwerg** Solange noch ein Projektbezug in Bezug auf das Anliegen vorhanden ist, ist das tatsächlich eine mögliche Fragestellung, die ein Kunde in eine Personal-Coaching-Einheit einbringen könnte.

In der Praxis hat sich gezeigt, dass dieses Element für Kunden zu Beginn von Projektcoachingaufträgen am schwersten fassbar ist. Es wird daher oftmals zunächst auf die Fachexpertenrolle zum Projektmanagement des Projektcoaches positiv reagiert. Im weiteren Verlauf der Zusammenarbeit wird allerdings in steigendem Maße auf Personal Coaching zurückgegriffen, sobald der Kunde dieses Element ausprobiert, sich an den Ablauf gewöhnt und die Möglichkeiten dieses Herangehens an unterschiedliche Problemstellungen erlebt hat.

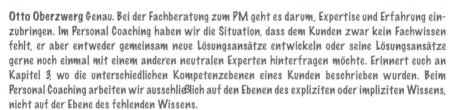

Theo Theoretiker Hab ich das jetzt richtig verstanden, dass es hier weniger um Wissensvermittlung geht als um Reflexion?

Otto Oberzwerg Genau. Bei der Fachberatung zum PM geht es darum, Expertise und Erfahrung einzubringen. Im Personal Coaching haben wir die Situation, dass dem Kunden zwar kein Fachwissen fehlt, er aber entweder gemeinsam neue Lösungsansätze entwickeln oder seine Lösungsansätze gerne noch einmal mit einem anderen neutralen Experten hinterfragen möchte. Erinnert euch an Kapitel 3, wo die unterschiedlichen Kompetenzebenen eines Kunden beschrieben wurden. Beim Personal Coaching arbeiten wir ausschließlich auf den Ebenen des expliziten oder impliziten Wissens, nicht auf der Ebene des fehlenden Wissens.

Paula Praktiker Aber die Entscheidung für den eingeschlagenen Weg bleibt wie immer beim Kunden!

Es werden im Rahmen dieser Projektcoachingeinheiten potenziell alle zur Verfügung stehenden Coachinginstrumente eingesetzt. Dazu zählen insbesondere folgende Methoden: systemisch-konstruktivistische Fragetechniken, Beziehungs- bzw. Systembrett, Metadialog, Reflecting Team, Reframing, Komplimente, Metaphern und diverse Aufgabenstellungen wie Beobachtungsaufgaben, Rituale, Symptomverschreibungen usw. Für eine kurze und prägnante Zusammenfassung der wichtigsten Coachingmethoden verweisen wir auf Kapitel 10.

4.4 Moderation von PM-Workshops

Es kann mit dem Kunden vereinbart werden, dass der Projektcoach eine Moderatorenrolle im Rahmen von projektspezifischen Workshops einnimmt. In diesem Fall übernimmt der Projektcoach als Moderator die Gestaltung und Führung von Workshops und/oder sonstigen Besprechungen. Der Projektcoach sorgt in diesem Zusammenhang sowohl für Struktur während der Veranstaltung als auch für die Vereinbarung und Einhaltung von Spielregeln. Wie bereits am Beginn dieses Kapitels erwähnt, stellt das Element der Moderation von PM-Workshops ein optionales Element im Projektcoaching dar. Sollte dieses Element in einen Projektcoachingauftrag aufgenommen werden, so ist auf eine entsprechend klare Definition der Erwartungen an die Rolle des Moderators zu achten, da der Projektcoach für dieses Element seine Rolle für die Dauer des zu moderierenden Workshops verlässt und in die Rolle als Moderator schlüpft.

Aus der Praxis gesprochen lassen sich für Projektcoachingaufträge folgende Moderationsvarianten unterscheiden:

(1) Der Projektcoach fungiert als reiner Moderator.

Es werden rein die Moderationsfähigkeiten des Projektcoaches für den betroffenen Workshop benötigt und in Anspruch genommen. Typischerweise handelt es sich es in diesen Fällen um Besprechungen zur Erarbeitung inhaltlicher Projektergebnisse, in denen der Projektcoach für Struktur und für die Einhaltung von Spielregeln sorgt (z. B. ein „Spezifikations-Workshop" im Rahmen eines IT-Projekts).

(2) Der Projektcoach fungiert als Moderator und Projektmanagementexperte.

Es werden die Moderationsfähigkeiten des Projektcoaches sowie sein Expertenwissen zum Thema Projektmanagement in Anspruch genommen. Das Projektmanagementwissen wird als zusätzliche Hilfestellung für die Strukturierung des Workshops eingesetzt. Typische Beispiele für diese Art der Workshopmoderation sind die Gestaltung von Projektstart-, Projektcontrolling- oder Projektabschluss-Workshops sowie die Moderation von Projektauftraggebersitzungen oder Projektlenkungsausschüssen. Der Projektcoach sorgt für die Einhaltung von Spielregeln und den strukturierten Ablauf des Workshops auf Basis von Projektmanagement-Methodik. Zusätzlich gibt der Projektcoach Tipps oder lenkt die Aufmerksamkeit auf mögliche Fallstricke bezogen auf die Planung und Steuerung des Projekts (z. B. Moderation des Projektstart-Workshops, bei dem der Projektcoach in seiner Rolle als Moderator das Projektteam methodisch, strukturell bei der Erarbeitung der passenden Projektpläne begleitet).

Paula Praktiker Aber Otto, wie ist das denn aus Sicht des Projektleiters, wenn da der Projektcoach moderiert und sich auch noch zum Projektmanagement einbringt? Kann das nicht dem Standing des Projektleiters im Projektteam schaden?

Otto Oberzwerg Das ist ein guter Punkt. Die Rolle des Projektcoaches sollte unbedingt im Vorfeld abgestimmt werden, auch hinsichtlich dieser Gefahr. Aber das ist nicht die einzige ...

Karl Kritiker Ist es nicht auch für den Projektcoach schwierig, diese beiden Rollen gleichzeitig wahrzunehmen?

Theo Theoretiker Der Projektleiter hätte ohne Projektcoach diese beiden Rollen und auch noch die inhaltliche Steuerung im Workshop zu erfüllen, also um eine Rolle mehr!

Otto Oberzwerg Genau. Der Projektcoach kann den Projektleiter in diesen Meetings sehr gut entlasten. Zusätzlich kann es auch wertvoll sein, dass für das Thema Projektmanagement ein externer Experte zur Verfügung steht und sich das Team so die eine oder andere Methodendiskussion erspart.

(3) Der Projektcoach fungiert als Moderator und inhaltlicher Experte.

In seltenen Fällen kann das fachliche Expertenwissen des Projektcoaches auf einem gewissen Gebiet von Interesse für den Kunden sein. Es empfiehlt sich in diesen Fällen, sich für eine der beiden alternativen Rollen zu entscheiden und sie nicht gleichzeitig während ein und desselben Workshops wahrzunehmen, da die inhaltliche Expertenrolle zu Interessenskonflikten mit anderen Workshopteilnehmern führen kann und somit eine neutrale bzw. allparteiliche Moderation der Besprechung nicht mehr gewährleistet ist. Generell raten wir von der gleichzeitigen Wahrnehmung einer Moderations- und einer inhaltlichen Expertenrolle ab, da die große Gefahr für den Moderator besteht, ins Handlungssystem gezogen zu werden.

Während die erste und die dritte beschriebene Variante äußerst selten als Teil von Projektcoachingaufträgen vorzufinden sind, wird die Moderation von Projektmanagement-Workshops (Variante 2) von Kunden häufig als nutzbringend wahrgenommen, da sie allen im Workshop Anwesenden eine Möglichkeit eröffnet, sich auf die Projektinhalte und -ergebnisse zu konzentrieren. Sollte im Rahmen des gesamten Begleitprozesses während eines Projektcoachingauftrages allerdings ausschließlich auf die Moderation von Projektmanagement-Workshops zurückgegriffen werden, ohne weitere Projektcoachingelemente zu integrieren, kann in diesem Fall nicht mehr von einem Projektcoachingauftrag gesprochen werden.

4.5 Starthilfe zur Projektdokumentation

Für kurze Dauer bzw. für Notfälle kann es hilfreich sein, wenn der Projektcoach den Kunden aktiv bei der Erstellung der Projektdokumentation unterstützt (z. B. bei der Ausarbeitung von Erstansätzen des Projekthandbuchs, des Projektstrukturplanes, des Balkenplanes, der Projektorganisation, der Projektumweltanalyse u. Ä.). Mittelfristig kann das Ziel im Rahmen von Projektcoachingaufträgen jedoch nur sein, den Kunden in die Lage zu versetzen, alle operativen und administrativen Tätigkeiten selbst innerhalb der Projektorganisation erledigen (lassen) zu können, um keine Abhängigkeit vom Projektcoach entstehen zu lassen. Der Projektcoach ist kein Projektassistent!

Der Grat dessen, wie viel Starthilfe zur Projektdokumentation im Rahmen eines Projektcoachingauftrags noch akzeptabel ist, ist schmal. Um die Arbeit des Projektcoaches mit seinem Kunden in diesem Zusammenhang noch als Starthilfe zur Projektdokumentation bezeichnen zu können, müssen jedoch zwei Grundvoraussetzungen erfüllt sein: (1) Der Kunde muss zumindest bereits in theoretischer Form über das Know-how zur Erstellung der Projektdokumentation verfügen. Es fehlt dem Kunden lediglich Praxiserfahrung in der Umsetzung dieses theoretischen Wissens. (2) Es muss im Rahmen der Starthilfe zur Projektdokumentation direkt mit dem Kunden gearbeitet werden, der die Dokumentation auch während des weiteren Projektverlaufs erstellen wird. Sollte die erste Voraussetzung nicht erfüllt sein, empfiehlt es sich, ein Trainingselement außerhalb des Projektcoachingauftrags durchzuführen, um das fehlende Wissen zu ergänzen. Bei Fehlen der zweiten Grundvoraussetzung ist zu klären, ob grundsätzlich eine Rolle innerhalb der Projektorganisation besetzt ist, die sich um die Projektdokumentation kümmern soll. Wenn ja, kann diese Person gegebenenfalls die Starthilfe zur Projektdokumentation in Anspruch nehmen. Wenn nein, ist zu klären, wer diese Rolle übernehmen soll und ob eventuell ein Projektassistent in die Projektorganisation integriert werden sollte. Ausgeschlossen bleibt in jedem Fall, dass der Projektcoach die Rolle eines Trainers für die Erstellung von Projekthandbüchern oder die Rolle eines Projektassistenten, der die Projektdokumentation führt, übernimmt.

Karl Kritiker Also ich kenne mich ganz gut, und ich glaub, ich würde dazu neigen, dass ich gleich das ganze Ding selber schreib, bevor ich alles erkläre ...

Paula Praktiker Nein, danke, das wär mir zu viel Arbeit!

Theo Theoretiker Außerdem wärst du wieder mit einem Fuß im Handlungssystem, von der mäßigen Nachhaltigkeit deiner Unterstützung ganz zu schweigen.

Otto Oberzwerg Genau! Ich merke, ihr habt das Rollenverständnis schon ganz gut drauf!

Paula Praktiker Aber das mit „Etwas ganz anderes?" Ist das nur ein Marketing-Gag?

Otto Oberzwerg Na, das schauen wir uns gleich an ...

4.6 Oder etwas ganz anderes

Nachdem die ersten vier Elemente im Zuge dieses Kapitels bereits detailliert erläutert wurden, soll an dieser Stelle noch auf das fünfte Element „Etwas ganz anderes" Bezug genommen werden. Auf Basis unserer systemisch-konstruktivistischen Zugangsweise zum Thema Projektcoaching erscheint es uns unwahrscheinlich zu behaupten, sämtliche Themenstellungen eines Kunden ließen sich einem der vier definierten Elemente von Projektcoaching zuordnen. Das fünfte Element „Etwas ganz anderes" schafft jenen kreativen Freiraum für sowohl Kunden als auch Projektcoach, der erforderlich ist, um mit der Einzigartigkeit von Kundenanliegen zielführend, flexibel und nützlich umzugehen, sollten diese keinem der ersten vier Projektcoachingelemente entsprechen. Gleichzeitig wollen wir betonen, dass das fünfte Element keineswegs der Beliebigkeit und Grenzenlosigkeit im Projektcoaching Tür und Tor öffnen soll. Insbesondere die bereits in Kapitel 3 diskutierten Werthaltungen und das damit zusammenhängende Menschenbild besitzen für „Etwas ganz anderes" im gleichen Ausmaß Gültigkeit wie für jedes andere Projektcoachingelement. Auch die Grenzen der Begriffsdefinition von Projektcoaching (vgl. Kapitel 1) sind für „Etwas ganz anderes" einzuhalten.

Karl Kritiker Das bedeutet aber, dass man sich auf Projektcoaching kaum vorbereiten kann!

 Otto Oberzwerg Jedenfalls nicht in der klassischen Art und Weise wie für ein Training oder eine Beratung. Der Kunde bestimmt das Ziel, das kann sich auch mitten in der Projektcoachingeinheit ändern. Der Projektcoach sollte daher viel Flexibilität und eine umfassende Fachexpertise mitbringen, die er quasi auf Knopfdruck verfügbar hat.

 Paula Praktiker Und genau das ist ja das Spannende!

 Karl Kritiker Na ja, das klingt ja nach Wunderwuzzi! Die gibt's ja gar nicht ...

 Otto Oberzwerg Wart nur ab, im Kapitel 9 wird darauf noch einmal genauer eingegangen!

5 Projektcoachingprozesse – vom Interventionsdesign zur Projektcoachingeinheit

Die Zwerge haben beschlossen, heute den Wiener Prater zu besuchen. Zum Thema Prozesse im Projektcoaching lasse es sich leichter im Gehen diskutieren, argumentierte Otto Oberzwerg. So nützen die vier Zwerge den sonnigen Samstagnachmittag für einen Spaziergang durch die Prater-Hauptallee und einen anschließenden Besuch des Vergnügungsparks. Theo weint vor Freude über die Hochschaubahn mit den wilden Loopings.

5.1 Zyklisches Projektcoaching – der Metaprozess

Der Projektcoach ist verantwortlich, ziel- und lösungsorientierte Prozesse in der Zusammenarbeit mit dem Kunden zu gestalten. Diese Verantwortung besitzt ihre Gültigkeit sowohl auf der Ebene der Gestaltung des gesamten Begleitprozesses über einen längeren Zeitraum (der Makroebene) als auch auf der Ebene der Gestaltung einer einzelnen Projektcoachingeinheit (der Mikroebene). Dieses Kapitel ist der ausführlichen Beschreibung dieser Prozessebenen im Projektcoaching gewidmet.

Bevor auf den Projektcoachingprozess und die Projektcoachingeinheit im Detail eingegangen wird, wird zunächst der Metaprozess des zyklischen Projektcoachings beschrieben, der sowohl für die Makro- als auch für die Mikroebene Gültigkeit besitzt.

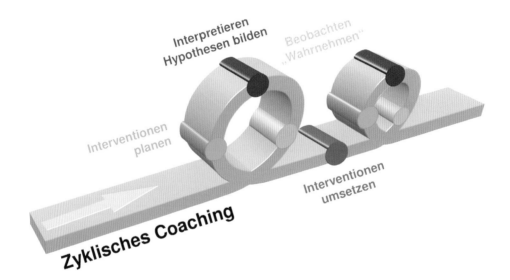

Abbildung 19: Zyklisches Projektcoaching – der Metaprozess

Abbildung 19 zeigt aufeinander folgende Schleifen einer zyklischen Vorgangsweise, die sämtlichen Projektcoachingprozessen zugrunde liegt. Jeder Zyklus beginnt mit dem Schritt „Beobachten", wird dann mit dem Schritt „Hypothesen bilden" fortgesetzt, bevor der Schritt „Intervention(en) planen" vorgenommen wird, der in den letzten Schritt „Intervention(en) umsetzen" mündet. Mit Beendigung eines solchen Coachingzyklus beginnt eine neue Schleife – wieder mit dem Schritt „Beobachten" – zu laufen, wobei in der neuerlichen Beobachtung die Wirkungen der gesetzten Interventionen mit eingeschlossen sind.

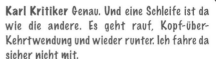

Theo Theoretiker Schaut einmal, da drüben sehe ich schon eine ganz coole Hochschaubahn. Die hat zwei, nein, sogar drei Loopings!

Karl Kritiker Genau. Und eine Schleife ist da wie die andere. Es geht rauf, Kopf-über-Kehrtwendung und wieder runter. Ich fahre da sicher nicht mit.

Paula Praktiker Komm, Karl, sei kein Spielverderber. Das ist wie im Coachingprozess. Da musst du als Coach auch mit. Du weißt vor einer Schleife nicht, wie es nachher weitergeht. Das macht es ja so spannend und aufregend!

Otto Oberzwerg Bevor wir uns dem Vergnügen zuwenden, haben wir noch eine Menge zu diskutieren. Auf dem Rückweg könnt ihr dann eine Runde fahren.

Alle drei Jungzwerge Nicht IHR, sondern WIR gemeinsam! Du musst natürlich auch mitfahren!

5.1.1 Beobachtung

Als Beobachtung bezeichnet man die Unterscheidung und anschließende Bezeichnung des im Zentrum der Beobachtung stehenden „Subjekts". Sie unterscheidet sich damit von der reinen Betrachtung eines Gegenstandes, eines Verhaltens, einer Interaktion usw. dadurch, dass sie in den Kontext einer Theorie mit entsprechenden Beobachtungskriterien eingebunden ist und einem Prozess der Grenzziehung oder Unterscheidung unterliegt. Systemisch gesehen existiert eine beobachterunabhängige Beobachtung damit nicht, da bereits die Auswahl der Beobachtungskriterien auf Basis des Wissens, der Erfahrungen, der Werte und Haltungen – sprich der eigenen „inneren Landkarte" – des Projektcoaches erfolgt. Zusätzlich löst jede Beobachtung eines Systems bereits Änderungen im System selbst aus, weswegen jede Beobachtung für sich genommen zugleich eine Intervention darstellt.

Karl Kritiker Man kann nicht nicht intervenieren, frei nach Watzlawick.[17]

Paula Praktiker Pssst. Stör nicht!

Theo Theoretiker Schon passiert!

Dennoch haftet Beobachtungen das Merkmal der Neutralität an, indem sie das Beobachtete im Sinne neutraler Wahrnehmungsaussagen anstelle von Interpretationen beschreiben. Beobachtungen formulieren (bezeichnen) somit, was beobachtet wurde, ohne daraus bewusst weitere Schlüsse zu ziehen oder auf Basis der eigenen „Landkarte" Aussagen über mögliche Konsequenzen dieser Beobachtungen zu treffen. Sie beschreiben somit Wahrnehmungen (schauen, riechen, hören, schmecken, fühlen) auf Basis individueller Beobachtungskriterien.

Beispielweise sagt die Beobachtung „Die dem Projektcoach zur Verfügung gestellte Projektplanung enthält keinen Projektstrukturplan" etwas über die vom Beobachter angelegten Beobachtungskriterien – in diesem Fall die Vollständigkeit der Projektplanung basierend auf einer spezifischen Projektmanagementtheorie – aus, aber nichts über die Bedeutung oder die möglichen Konsequenzen, die der Beobachter seiner Beobachtung beimisst.

Innerhalb von Projektcoachingaufträgen stehen dem Projektcoach neben den einzelnen Projektcoachingeinheiten typischerweise auch noch Einzel- oder Gruppeninterviews, Dokumentenanalysen oder die Beobachtung von Arbeitssequenzen inklusive Besprechungen und Workshops als Beobachtungsquellen zur Verfügung. Zudem werden sehr häufig Beobachtungskriterien, die dem Projektmanagement entstammen, angelegt.

Einige mögliche und aus unserer Praxis hilfreiche Beobachtungskriterien für einen Projektcoach sind in Form des nachstehend abgebildeten Themenfeldsuchrasters zusammengefasst.

Suchraster	Thema
Projektmanagement-Methoden	» Projektstrukturplan oder Leistungsplanung » Terminplanung » Kosten-, Ressourcenplanung » Projektauftrag, Projektzieleformulierung » Abgrenzung und Kontextanalyse » …
Projektmanagementprozesse	» Gestaltung der Projektbeauftragung » Gestaltung des Projektstart-Prozesses » Gestaltung des Projektcontrolling-Prozesses » Gestaltung des Projektabschluss-Prozesses » Gestaltung des Projektkrisen-management-Prozesses » …
Vision, Strategie und Taktik	» Entwicklung der Projektvision » Vorgehensmodelle/Projektarchitektur » Abwicklung als Projekt, Programm oder Projektkette » Projektstrategien bzw. taktisches Konzept » …

Suchraster	Thema
Projektorganisation, -kommunikation und -dokumentation	» Gestaltung der Projektorganisation » Teamzusammensetzung » Kommunikationsstrukturen im Projekt » Spielregeln » Reporting/Berichtswesen » Ablage » …
Führungs- und Rollenverhalten	» Rolle Projektauftraggeber » Rolle Projektleiter » Teamarbeit, Stimmung im Projektteam » Projektkultur » …
Umfeld, Akzeptanz, Risiko	» Umgang mit „Politik" und „Macht" » Einbettung des Projekts in seinen Kontext » Risikomanagement » Umweltanalyse » Projektmarketing » …

Tabelle 1: Themenfeldsuchraster Projektcoaching

Die Zwerge sind auf eine kleine Rast im Lusthaus eingekehrt. Sie haben den letzten Tisch im Freien ergattert.

 Karl Kritiker (ungeduldig) Also, was ich beobachten kann, ist jedenfalls kein Ober …

Theo Theoretiker Ober…was?

 Karl Kritiker Oberkellner!

Paula Praktiker Woran erkennst du das?

 Karl Kritiker Na, wenn einer da wäre, hätten wir schon etwas bestellen können.

Theo Theoretiker Aus deiner subjektiven Sicht ist also keiner da. Aus meiner subjektiven Sicht schon. Da drüben! Da sieht man wieder, dass Beobachten stets subjektiv ist.

Karl Kritiker Und warum lässt er uns dann warten?

Paula Praktiker Er wird schon seine Gründe haben!

Karl Kritiker Ich finde, manche glauben, sie sind die Vorgesetzten der Gäste. Zitat Karl Kraus, glaub ich.

Theo Theoretiker Seitdem du den Ober suchst, wirkst du besonders nervös!

Paula Praktiker Interessante Beobachtung.

Karl Kritiker Aber sehr subjektiv! Ich habe ganz einfach Hunger!

Otto Oberzwerg (kommt zum Tisch) So, Leute, ich hab dem Ober Bescheid gesagt.

Karl Kritiker Gott sei Dank!

Otto Oberzwerg ... dass wir nur vier kleine Mokkas trinken wollen und dann wieder gehen.

Karl Kritiker Was?! Ich bin doch soo hungrig!

Otto Oberzwerg Kleiner Scherz, ich wollte dir nur zeigen, wie das mit den Annahmen ist.

Theo Theoretiker Wann reden wir heute über Projektcoaching?

Paula Praktiker Das tun wir doch schon die ganze Zeit!

5.1.2 Hypothesenbildung

Als eine Hypothese (altgriechisch: die Unterstellung) bezeichnet man eine Aussage, deren Gültigkeit bloß vermutet wird, die aber im Gegensatz zu einer Spekulation auch begründet werden kann. Hypothesen formulieren (bezeichnen) somit, welche Schlüsse aus den vorangegangenen Beobachtungen gezogen werden können. Sie sind direkt an das Wissen, die Erfahrung sowie die Werte und Haltungen (siehe dazu Kapitel 3) des Beobachters und Hypothesenbildners gekoppelt. Darüber hinaus sind die Hypothesen von dem zugrunde gelegten Projektmanagementansatz, den Erfahrungen aus anderen Projekten bzw. Projektcoachingaufträgen beeinflusst.

Setzen wir unser Beispiel, das wir mit der Beobachtung „Die dem Projektcoach zur Verfügung gestellte Projektplanung enthält keinen Projektstrukturplan" begonnen haben, fort, so könnte eine Hypothese für diese Beobachtung lauten: „Eine integrierte Planung von Leistungen, Terminen und Ressourcen ist im Projekt nicht möglich."

Hypothesen sind somit Interpretationen und Schlussfolgerungen des Projektcoaches auf Basis seiner Wirklichkeitslandkarte. Erst dadurch, dass der Projektcoach seinen Beobachtungen mittels der Bildung von Hypothesen eine gewisse Bedeutung beimisst oder mögliche begründbare Konsequenzen für beobachtete Systeme, Verhaltensweisen, Situationen, Interaktionen usw. darstellt, ist es möglich, zielgerichtete Interventionen zu planen, vorzubereiten und zu platzieren.

Theo Theoretiker Muss ich dem Kunden eigentlich sagen, dass ich mir meine Hypothesen bilde?

Karl Kritiker Dann wird er vielleicht fragen, ob das ansteckend ist ...

Otto Oberzwerg (lacht) Ich möchte diese Möglichkeit nicht ausschließen. Das wäre eine Variante, eine Intervention zu setzen, deine Hypothesen öffentlich zu machen. Die Regel ist das aber nicht. Es geht eher darum, dem Kunden deine Außensicht oder andere mögliche Sichtweisen anzubieten. Und zwar in annehmbarer Form.

Karl Kritiker Wieso unbedingt „annehmbar"? Ein Projektleiter sollte das schon aushalten, oder?

Theo Theoretiker Schon, aber die Entscheidungskompetenz gehört einerseits in das Projekt und andererseits können wir durch annehmbare Formulierungen meist verhindern, dass unsere Kunden unsere guten Ideen und Außensichten abtun oder als Angriff ansehen.

Paula Praktiker Das haben wir doch auch schon im Kapitel mit den Werten und Haltungen eines Projektcoaches besprochen. Es geht um Respekt. Es geht um die zielgerichtete Zusammenarbeit von Experten und um Wertschätzung.

Karl Kritiker Und wenn ich mich einfach nicht auskenne, wovon der Kunde spricht, was kann ich ihm dann anbieten? Ich kann ihm doch nicht sagen, dass ich mich nicht auskenne?

Otto Oberzwerg Oh ja. Genau das ist es, was du ihm zurückspielen kannst: Dass dir noch nicht klar ist, wovon er spricht, aber natürlich respektvoll! Das kann bedeuten, dass er es noch einmal mit anderen Worten versucht, oder ...

Paula Praktiker ... dass er darüber nachdenkt, warum er das nicht klarer darstellen kann.

Theo Theoretiker Könnte ja ein Indiz dafür sein, dass es ihm selber noch nicht klar ist.

Otto Oberzwerg Das heißt, öffentlich machen, damit allen Beteiligten im Prozess transparent ist, wo jeder steht.

5.1.3 Interventionsplanung

„Intervenire" bedeutet „sich einmischen", „sich einschalten" oder „dazwischenkommen". Sobald man in Kontakt mit einem System tritt, kann jedes Handeln oder sogar Nicht-Handeln zu Veränderungen in dem entsprechenden System führen. Somit kann beinahe alles als eine Intervention im Sinne des Einmischens oder Einschaltens verstanden werden – in Anlehnung an Paul Watzlawick: „Man kann nicht nicht intervenieren."

Allerdings scheint uns diese weit gefasste Begriffsinterpretation von Interventionen für ein Agieren als Projektcoach zu unspezifisch. Aus diesem Grund betrachten wir ausschließlich bewusste – sprich auf Beobachtungen und Hypothesen basierende – Kommunikationen als Interventionen des Projektcoaches. Es mag sein, dass in der Praxis die eine oder andere unbewusste oder manchmal sogar unbeabsichtigte Handlung zu einer zielgerichteten Veränderung innerhalb des in Frage stehenden Systems führt. Diese „zufälligen" Erfolge sollten jedoch zunächst nicht als Intervention betrachtet werden. Für zukünftige Projektcoachingaufträge wäre es allerdings denkbar, die zunächst unbeabsichtigte Handlung im Sinne einer Intervention, wie sie hier gebraucht wird, einzusetzen.

Für die Zwecke von Projektcoaching sind Interventionen somit die Werkzeuge des professionellen Projektcoaches, um Impulse in das Projektcoachingsystem zu geben und so den Projektcoachingprozess beabsichtigt positiv und zielgerichtet zu beeinflussen. Diese bewussten und zielgerichteten Interventionen beruhen auf vorangegangenen Beobachtungen und Hypothesen.

Der Schritt der Interventionsplanung stellt sicher, dass eine Intervention bewusst und zielgerichtet – und nicht wie soeben erwähnt zufällig bzw. unbeabsichtigt – umgesetzt werden kann. Der Projektcoach beantwortet sich daher beim Schritt der Interventionsplanung drei Fragen:

Frage 1: Basierend auf den vorangegangenen Beobachtungen und zugehörigen Hypothesen, wohin möchte ich den Kunden führen – und warum? Ist die von mir eingeschlagene Richtung auch die des Kunden?

Frage 2: Welches ist die passende Interventionstechnik, um diesen Steuerungsimpuls zu setzen?

Frage 3: Wie sieht die genaue Umsetzung dieser Intervention (z. B. die Formulierung einer Skalierungsfrage) aus?

Erst nach Beantwortung dieser drei Fragen sind alle Schritte getan, um die geplante Intervention tatsächlich umzusetzen. An dieser Stelle noch ein wichtiger Hinweis: Wir haben bereits sowohl in Kapitel 2 als auch in Kapitel 3 dargestellt, dass Intervenieren im Sinne einer systemisch-konstruktivistischen Zugangsweise zu Projektcoaching keine direkte Steuerung des Kunden bedeuten kann. Die Intervention stellt vielmehr lediglich eine bewusste, zielgerichtete Kommunikation dar, von der sich der Projektcoach eine gewisse Reaktion oder Entwicklung verspricht. Die Bedeutung der Intervention und die tatsächliche Richtung, die in der Folge eingeschlagen wird, bestimmt jedoch einzig und allein der Kunde. Somit gilt folgendes, von Kurt Ludewig beschriebenes, Dilemma für jeden Projektcoach: „Handle wirksam, ohne je im Voraus wissen zu können, wie eine Maßnahme wirkt oder wohin sie führen wird."

Unser bisheriges Beispiel zur Darstellung des Metaprozesses für zyklisches Projektcoaching lässt sich nun folgendermaßen fortsetzen:

Beobachtung: „Die dem Projektcoach zur Verfügung gestellte Projektplanung enthält keinen Projektstrukturplan."

Hypothese: „Eine integrierte Planung von Leistungen, Terminen und Ressourcen im Projekt ist nicht möglich."

Der Schritt der Interventionsplanung könnte nun wie folgt aussehen: Der Projektcoach möchte hinterfragen, wie der Kunde im Falle von Planabweichungen die wechselseitigen Auswirkungen dieser Abweichungen auf Leistungen, Termine, Ressourcen und Kosten transparent machen würde (= Beantwortung von Frage 1). Der Projektcoach entscheidet sich dafür als Intervention, seine Hypothese in Form einer offenen Frage öffentlich zu machen (= Beantwortung von Frage 2), und formuliert diese Frage aus (= Beantwortung von Frage 3).

 Karl Kritiker Und wie sollte so eine Frage an den Kunden nun konkret lauten? „Wie wollen Sie eigentlich Planabweichungen im magischen Dreieck darstellen ohne Projektstrukturplan?"

 Paula Praktiker Klingt das annehmbar für den Kunden? Für mich ist das schon pure Kritik und kommt von oben herab. So ist das jetzt bei mir angekommen. Ich würde das eher so formulieren: „Wenn wir jetzt annehmen, das Projekt läuft bereits und Sie wollen im Rahmen eines Controllingzyklus Planabweichungen darstellen, wie gehen Sie da vor?"

 Theo Theoretiker Oder: „Was haben Sie bereits in der Planung für ein integriertes Projektcontrolling vorgesehen? Und was könnte noch verbessert werden?"

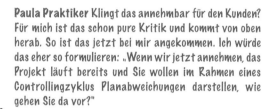 **Otto Oberzwerg** Ja, so in dieser Art kann ich mir die Frage ganz gut vorstellen. Es geht nicht darum, einen Fragenkatalog einzustudieren, den man dann anwenden kann. Vielmehr müsst ihr lernen, aus der Situation heraus Fragen zu formulieren, die dem Ziel dienen und annehmbar sind.

5.1.4 Interventionsumsetzung

Im Rahmen der Interventionsumsetzung wird die letzte Konsequenz aus der bisherigen Schrittfolge gezogen, indem die geplante Intervention auch umgesetzt wird. Dabei können die Interventionen sowohl auf der Mikroebene, sprich innerhalb einer Projektcoachingeinheit, als auch auf der Makroebene, d.h. dem länger andauernden Begleitprozess über mehrere Projektcoachingeinheiten hinweg, gesetzt werden. Die Realisierung der geplanten Intervention signalisiert des Weiteren den Beginn eines neuen Zyklus des beschriebenen Metaprozesses.

In unserem Beispiel für zyklisches Projektcoaching würde der Projektcoach als Intervention nun seine Hypothese in folgender Art und Weise öffentlich machen: „In dem Projektmanagementansatz, mit dem ich arbeite, wird der Projektstrukturplan als Integrationsinstrument zwischen Leistungen, Terminen, Ressourcen und Kosten verwendet. Wie stellen Sie in Ihrem Projekt sicher, dass diese Abhängigkeiten, vor allem bei Planabweichungen, transparent nachvollziehbar sind?"

Dieser Schritt klingt einfacher, als er oftmals in der Praxis tatsächlich durchzuführen ist. Genau das umzusetzen, was zunächst geplant worden ist, bedarf hoher Konzentration und Aufmerksamkeit. Zieht man zusätzlich noch in Betracht, dass die Zyklen des Metaprozesses häufig im Bruchteil einer Sekunde in unseren Gehirnen ablaufen – z. B. von der Antwort eines Kunden in einer Projektcoachingeinheit bis zum Stellen der nächsten Frage durch den Projektcoach –, scheint dies nur allzu verständlich.

Dieser letzte Absatz verweist darauf, dass Beobachtung, Hypothesenbildung, Interventionsplanung und Interventionsdurchführung in der Praxis in vielen Fällen zeitlich derart zusammenfallen, dass sie meist nicht bewusst auseinanderzuhalten sind. Trotzdem hat jeder professionelle Projektcoach für jede Intervention eine nachvollziehbare Antwort auf die nachstehenden Fragen:
» Was habe ich beobachtet?
» Welche Hypothese(n) habe ich dazu?
» Mit welcher Intention habe ich die Intervention gesetzt?

Eine jener Methoden, die im Projektcoaching häufig zum Einsatz kommt und den Prozess des Beobachtens, Hypothesenbildens, Planens und Durchführens von Interventionen nachvollziehbar aufschlüsselt, ist das Beobachtungspapier. Details zum Aufbau und zur Anwendung des Beobachtungspapiers sind in Kapitel 10 zu finden, während in Kapitel 6 Auszüge aus einem praxisnahen Beobachtungspapier abgebildet sind.

Da die Umsetzung von Interventionen generell eng mit dem Thema Interventionstechniken verknüpft ist, wollen wir an dieser Stelle generell auf Kapitel 10 verweisen, in dem die für Projektcoaching gebräuchlichsten Instrumente und Hilfsmittel dargestellt sind.

Otto Oberzwerg Vergesst also nie, dass es bei Interventionen stets darum geht, eine Zielrichtung zu geben. Dabei kann genau das Gewünschte eintreten, das Gegenteil, es kann nichts passieren oder etwas ganz anderes. Das heißt, es geht immer um Führen und Schritt halten.

Paula Praktiker Karl, was machst du da? Warum fuchtelst du so mit der Hand in der Luft?

Karl Kritiker Ich habe dem Ober „Zahlen" gedeutet. Aber erst hat er mich ignoriert, und jetzt weigert er sich, herzukommen, obwohl er doch zustimmend genickt hat. Ich glaube, der mag mich nicht.

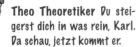

Theo Theoretiker Du steigerst dich in was rein, Karl. Da schau, jetzt kommt er.

Ober So, bitte sehr. Hier noch mal eine Runde kleine Mokka, wie bestellt.

Karl Kritiker Nein, das ist ein Missverständnis! Ich habe Ihnen „Zahlen" gedeutet. Alles zusammen. (Wiederholt eine kreisende Bewegung in der Luft.)

Ober Und genau so bedeutet das „noch eine Runde" ...

5.2 Projektcoachingprozess – vom Erstkontakt bis zum Abschluss des Projektcoachingauftrags

Der Projektcoachingprozess besteht aus einer bis mehreren Coachingeinheiten. Es wird dabei davon ausgegangen, dass nicht mehr Coachingeinheiten als erforderlich durchgeführt werden, allerdings wird in den meisten Fällen bereits zu Beginn des Projektcoachingauftrags die Begleitung des Kunden über einen längeren Zeitraum festgelegt. Sollte auf der Ebene dieses längerfristigen Begleitprozesses der Einsatz der Projektcoachingelemente im Sinne bewusst gesetzter Interventionen geplant werden, so spricht man vom so genannten „Interventionsdesign", auf das noch im Detail eingegangen wird.

Die Durchführung der geplanten Projektcoachingeinheiten – meist auf Basis des bereits erwähnten Interventionsdesigns – bildet das Herzstück jedes Projektcoachingprozesses. Dieses ist zwischen den vorbereitenden Teilprozessen des Erstkontakts sowie der Auftragsklärung und dem abschließenden Teilprozess des Abschlusses des Projektcoachingauftrags eingebettet. Parallel zur Umsetzung des Interventionsdesigns läuft der Teilprozess zum Controlling des Interventionsdesigns.

Somit besteht der gesamte Projektcoachingprozess aus den Teilprozessen Erstkontakt, Auftragsklärung, Umsetzung des Interventionsdesigns, Controlling des Interventionsdesigns sowie Abschluss des Projektcoachingauftrags. Die Zusammenhänge dieser Teilprozesse sind in Abbildung 20 überblicksmäßig dargestellt und werden im Rahmen dieses Kapitels detailliert erläutert.

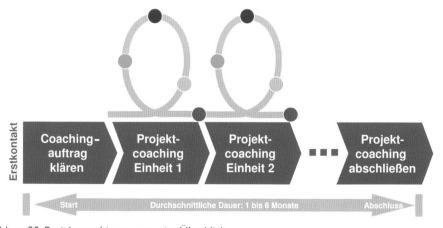

Abbildung 20: Projektcoachingprozesse im Überblick

5.2.1 Der Erstkontakt

Der Erstkontakt markiert jenen Zeitpunkt, zu dem der Projektcoach das erste Mal mit dem Kunden in Bezug auf den Projektcoachingauftrag Kontakt aufnimmt. Dies ist nicht unbedingt der gleiche Zeitpunkt, zu dem der Projektcoach über den potenziellen Projektcoachingauftrag informiert wurde, da wir darauf Wert legen möchten, die Akquisition oder Anbahnung eines Projektcoachingauftrags von den Teilprozessen des Erstkontakts sowie der Auftragsklärung zwischen Kunde und Projektcoach zu trennen. In diesem Kapitel werden rein jene Prozesse beschrieben, die sich auf das Verhältnis zwischen Kunde und Projektcoach beziehen, wobei nicht unerwähnt bleiben soll, dass Erstkontakt und Akquisition in der Praxis auch häufig zusammenfallen, beispielsweise, wenn der Kunde den Projektcoach direkt bezüglich einer Projektcoachinganfrage kontaktiert.

In jedem Fall markiert der Erstkontakt das erstmalige direkte Gespräch zwischen Projektcoach und Kunde, wobei die Quellen für den potenziellen Projektcoachingauftrag – je nach Akquisitionsprozess – unterschiedlich sein können. Typischerweise gelangen Projektcoachingaufträge von einer der folgenden Personen an den Projektcoach: (1) Kunde (z. B. Projektleiter), (2) Auftraggeber oder Vermittler des Projektcoaches, (3) Vorgesetzter des Kunden im Projekt (z. B. Projektauftraggeber), (4) Linienvorgesetzter des Kunden, (5) Vertreter der Personalabteilung im Unternehmen des Kunden, (6) Projektmanagementverantwortlicher im Unternehmen des Kunden.

Der Erstkontakt, der häufig telefonisch erfolgt, dient in erster Linie dazu, all das zu klären, was nötig ist, um ein sinnvolles und zielführendes Auftragsklärungsgespräch führen zu können, und dieses Auftragsklärungsgespräch mit dem Kunden zu vereinbaren. Dafür sind folgende Informationen von besonderer Bedeutung für den Projektcoach:

1. **Welchen Leidensdruck gibt es?** Diese Frage dient dazu, einen ersten Eindruck davon zu erhalten, welche Anliegen oder Problemstellungen hinter der Anfrage stehen und welche Erwartungen an das Projektcoaching in diesem Zusammenhang gestellt werden. Der Projektcoach sollte kritisch hinterfragen, ob der Kunde tatsächlich Projektcoachingbedarf hat bzw. ob Projektcoaching das geeignete Mittel ist, um die gestellten Anforderungen zu erfüllen (z. B. für den Fall, dass ein als Projektcoach getarnter Projektmanager aus zweiter Reihe eingekauft werden soll).
2. **Aus welchem Grund wurde der Projektcoach ausgewählt und wieso jetzt?** Die Frage nach dem Überweisungskontext kann aufschlussreiche Informationen darüber geben, wer den Projektcoach eventuell empfohlen hat und was die Beweggründe waren, Projektcoaching genau jetzt anzufragen. Zusätzlich ist es an dieser Stelle möglicherweise nötig, einen ersten Kompetenzbeweis als Projektcoach zu erbringen, indem der Coach beispielsweise einen kurzen Überblick über seinen Coachingzugang, seine Erfahrung sowohl im Projektcoaching als auch im Projektmanagement und eventuell seine vorhandenen Branchenkenntnisse gibt.
3. **Wer soll gecoacht werden?** Da es sich um den Erstkontakt zum Kunden handelt, ist noch nicht gesichert, wer aller im Rahmen des Projektcoachingauftrags gecoacht werden soll. Es ist daher von äußerster Wichtigkeit, herauszufinden, wer (welche Person[en], Teams, Gruppen, Organisationen etc.) aus Sicht des potenziellen Kunden dem zukünftigen Projektcoachingsystem angehören sollen. Die Informationen, die der Projektcoach an dieser Stelle erhält, dienen dazu, einschätzen zu können, wer in den nachfolgenden Teilprozess der Auftragsklärung eingebunden werden muss.

4. **Wer ist eventuell noch in die Auftragsklärung zu involvieren?** Je nach Komplexität des Projekt-coachingauftrags kann es erforderlich sein, noch weitere Personen in die Auftragsklärung zu involvie-ren, sei es aus dem Akquisitionsprozess des Projektcoachingauftrags heraus, sei es bezogen auf die Unternehmenshierarchien, in die der Kunde eingebunden ist. Es sollte daher möglichst schon beim Erstkontakt geklärt werden, inwieweit ein solcher Bedarf besteht, um zusätzliche Abstimmungsschleifen im Rahmen der Auftragsklärung möglichst zu vermeiden. Die meisten, für Projektcoaching typischen, Beauftragungssituationen sind in Abbildung 21 dargestellt.

5. **Gibt es spezifische Anforderungen an den Projektcoach?** Es kann vorkommen, dass vom Projekt-coach eine gewisse Zugangs- oder Arbeitsweise, Branchenerfahrung, spezifisches Know-how oder Ähnli-ches mehr gefordert wird. Diese Erwartungen sollten möglichst schon im Erstgespräch angesprochen wer-den, um späteren Enttäuschungen vorzubeugen, falls der Projektcoach nicht alle Kriterien erfüllt.

6. **Was muss der Projektcoach an dieser Stelle (unbedingt) noch wissen, um ein möglichst ziel-dienliches Coaching durchführen zu können?** Diese Frage stellt sicher, dass wichtige Punkte aus Sicht des Kunden in jedem Fall zur Sprache kommen, die meist noch wichtige Hinweise für den Projektcoach über die Situation und Rahmenbedingungen des potenziellen Projektcoachingauftrags enthalten.

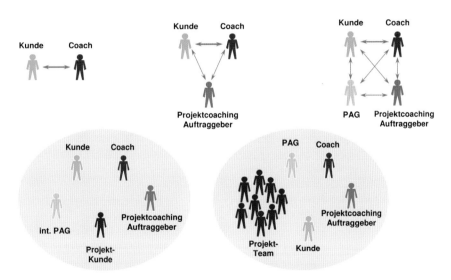

Abbildung 21: Typische Beauftragungssituationen im Projektcoaching

Sobald diese ersten, richtungsweisenden Fragen geklärt sind, können Dauer, Termin, Teilnehmer und Ort für das Auftragsklärungsgespräch vereinbart werden. Die Komplexität des potenziellen Projekt-coachingauftrags kann es erforderlich machen, dass sogar mehrere Auftragsklärungsgespräche mit unter-schiedlichen Adressatenkreisen geführt und vereinbart werden. In den meisten Fällen wird allerdings ver-sucht, den Kunden und mögliche andere relevante Stakeholder in ein gemeinsames Auftragsklärungs-gespräch zu integrieren, um Missverständnisse und Fehlkommunikationen möglichst zu vermeiden.

Bevor wir auf die Auftragsklärung im Detail eingehen, noch der abschließende Hinweis, dass der Erstkontakt auch die Möglichkeit für den Projektcoach bietet, an gewünschter Stelle auf rechtliche und formale Rahmenbedingungen für die Abwicklung des Projektcoachingauftrags Bezug zu nehmen. Darunter können beispielsweise Hinweise auf die Vertraulichkeit, Terminvereinbarungs- und Absagemodi, Zahlungsmodalitäten, Verantwortung des Coaches und vieles mehr fallen.

 Paula Praktiker Also, ich finde das ziemlich mühsam, was da alles abgeklärt werden muss, bevor es wirklich losgehen kann. Aus meiner Erfahrung werden Kunden da oft schon nervös. Die wollen einfach sofort inhaltlich einsteigen.

 Karl Kritiker Kann man das Abklären des Kontexts nicht überspringen und das nächste Mal nachholen? Also, ich würde mich schön bedanken, wenn ich mit einer Platzwunde zum Arzt komme und der will alles über Hintergrund und Ursachen für die Verletzung wissen, bevor er mich näht oder sonstwie verarztet ...

 Theo Theoretiker Ich glaube nicht, dass dies ein passender Vergleich ist. Das klingt mehr nach „Hilfsbedürftiger sucht Experten". Um genau solche Situationen und damit einhergehende Enttäuschungen zu vermeiden, ist eine Abklärung zu Beginn so wichtig.

 Otto Oberzwerg Es ist aber durchaus wichtig, auf den Kunden und dessen Erwartungshaltung „dass es gleich losgehen soll" einzugehen. Diese Abklärung zu Beginn ist schon Teil des Coachings. Indem man diese Notwendigkeit transparent macht, gelingt es üblicherweise, den Kunden wertzuschätzen und die entsprechenden Kontextinformationen zu bekommen.

 Paula Praktiker Dann ist das ähnlich wie in einem Startworkshop bei einem Projekt: Da wollen auch manche schon in die Inhalte eintauchen und nicht die Planung des Projekts diskutieren.

 Otto Oberzwerg Richtig! Auch hier geht es um die Steuerung der Erwartungen. So, nun aber los! Es erwartet uns noch ein netter Spaziergang durch die Praterauen.

5.2.2 Die Auftragsklärung

Die Art, die Dauer bzw. der Umfang der gewünschten Unterstützung und Begleitung werden vor Beginn der ersten Coachingeinheit zwischen Projektcoach, Kunde und gegebenenfalls weiteren in die Auftragsklärung involvierten Personen in Form eines Projektcoachingauftrags vereinbart.

Das im Rahmen des Erstkontakts vereinbarte Auftragsklärungsgespräch dient daher der Gewinnung relevanter Informationen über das Kundensystem, der Einführung von Informationen in das Projektcoachingsystem sowie der Herstellung einer tragfähigen Beziehung zum Kunden. Das Gespräch sollte demgemäß folgende Punkte aufweisen, die im Anschluss in Form des Projektcoachingauftrags schriftlich festgehalten werden:

1. **Kundeninformationen/-kontext einholen**

   Informationen über den Kunden und seinen Kontext einzuholen verfolgt drei Absichten: Erstens sollen die für die Arbeit als Projektcoach relevantesten Informationen über den Kunden generell und das Projekt des Kunden gewonnen werden. Die Betonung liegt auf „relevantesten", da unserer Erfahrung nach Kunden teilweise dazu neigen, den Projektcoach mit einer schier unbegrenzten Menge an Detailinformationen über das Projekt zu überschütten. Zweitens geht es darum, Informationen über die Vorstellungen des Kunden zum Begriff „(Projekt-)Coaching" zu erhalten. Drittens können jene Themen, die im Rahmen des Projektcoachingprozesses behandelt werden sollen, bzw. die Ziele des Kunden, die er mittels Projektcoaching zu erreichen versucht, vereinbart werden.

2. **Eigene Informationen/Kontext einbringen**

   Primäres Ziel, eigene Informationen und eigenen Kontext im Auftragsklärungsgespräch einzubringen, ist es, sich selbst als Projektcoach zu positionieren. Dazu zählen die Demonstration von Kompetenz, Auftreten und Glaubwürdigkeit sowie die Darstellung dessen, was Projektcoaching ist und leisten kann. Zusätzlich kann der Projektcoach, etwas detaillierter als im Erstkontakt, einbringen, was er über das Projekt, die involvierten Personen, das Unternehmen etc. bereits weiß.

3. **Projektcoachingsystem festlegen**

   Das eigens für den Projektcoachingauftrag zu bildende, temporäre und intermediäre Projektcoachingsystem setzt sich – wie in Abbildung 22 dargestellt – aus dem Kunden und dem Projektcoach zusammen. Der temporäre Charakter des Projektcoachingsystems ist darauf zurückzuführen, dass es nur für die Dauer des Projektcoachingauftrags besteht und bei dessen Beendigung wieder aufgelöst wird. Die Beschreibung „intermediär" bezieht sich auf den zwischen den Systemen des Kunden und jenen des Projektcoaches liegenden und damit vermittelnden Charakter des Projektcoachingsystems. Die strichlierte Linie rund um das Projektcoachingsystem soll ausdrücken, dass es lediglich dann aktiv ist, wenn Kommunikation zwischen Projektcoach und Kunde stattfindet. Die Abgrenzung jedoch, wer Teil des Projektcoachingsystems ist und wer nicht, wird im Rahmen der Auftragsklärung fixiert, und eine Änderung der Zusammensetzung (sei es von Kunden- oder von Projektcoachseite) bedarf einer Zustimmung von sowohl Kunden als auch Projektcoach.

   Zu beachten gilt, dass das Projektcoachingsystem losgelöst vom Handlungssystem des Kunden existiert. Der Projektcoach kann demgemäß Interventionen im Projektcoachingsystem, aber nicht direkt im Handlungssystem (d.h. im Projekt) setzen.

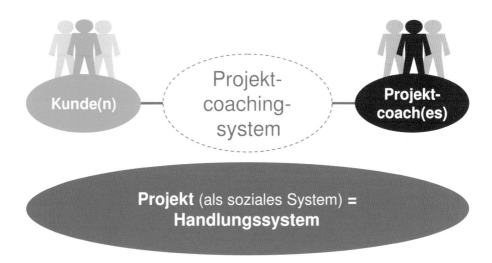

Abbildung 22: Projektcoachingsystem

Während des Auftragsklärungsgesprächs ist kritisch zu hinterfragen, ob das im Rahmen des Erstkontakts angedachte Projektcoachingsystem geeignet ist, die Zielerreichung für den gesamten Begleitprozess sicherzustellen. Gegebenenfalls werden an dieser Stelle Änderungen des Projektcoachingsystems vorgenommen.

4. **Interventionsdesign vereinbaren**

Nach Vorstellung und Auswahl der Projektcoachingelemente werden Häufigkeit bzw. Frequenz der Projektcoachingeinheiten vereinbart. Dazu stehen zwei Varianten zur Verfügung. In der einfacheren Variante werden lediglich die Häufigkeit und Frequenz der Projektcoachingeinheiten vereinbart, wobei erst im Rahmen der einzelnen Einheit entschieden wird, ob das eingebrachte Anliegen beispielsweise mittels Fachberatung zum Projektmanagement oder mittels Personal Coaching bearbeitet wird. Eine solche Vereinbarung könnte im Projektcoachingauftrag wie folgt aussehen:

» Ausgewählte Projektcoachingelemente: Fachberatung zum Projektmanagement,
  Starthilfe zu Projektdokumentation
» Frequenz: 8 Projektcoachingeinheiten, jeden 2. Dienstag um 15.00 Uhr
» Dauer je Projektcoachingeinheit: 1 bis 1,5 Stunden

Für komplexere Aufträge empfehlen wir, ein so genanntes Interventionsdesign zu entwickeln. Dabei wird der Einsatz der Projektcoachingelemente bereits vorab strategisch und in Form von bewussten Interventionen geplant und vereinbart. Es wird somit transparenter und planbarer, wann welches Projektcoachingelement zur Anwendung kommt. Das Interventionsdesign ist damit eine zeitliche, sachliche, soziale und räumliche Abgrenzung des Projektcoachings und bestimmt den roten Faden über die einzelnen Projektcoachingeinheiten hinweg. Eine Detailplanung in Form eines Interventionsdesigns ist vor allem in komplexeren Aufträgen sinnvoll, wobei wir folgende Anlassfälle unterscheiden:

» komplexes Projektcoachingsystem (sprich „der Kunde" besteht aus mehr als einer Person) wie beispielsweise Teamcoaching, Gruppencoaching oder Coaching der Projektorganisation
» mehrere Projektcoaches in unterschiedlichen Projektcoachingelementen
» unterschiedliche Projektcoachingelemente in Kombination und gekoppelt an den laufenden Projektmanagementprozess
» oder eine Kombination der vorherigen Punkte

Durch die Detailbeschreibung der notwendigen Projektcoachingelemente und der wohlüberlegten zeitlichen Anordnung von Coachingeinheiten entlang des dahinterliegenden Projektmanagementprozesses unter Berücksichtigung der möglichen Coachingthemen wird das Grundgerüst zum Interventionsdesign erarbeitet, dessen schematische Darstellung in Abbildung 23 zu sehen ist.

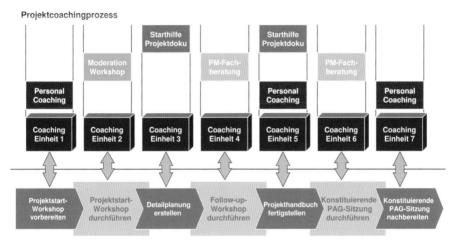

Abbildung 23: Schematische Darstellung eines Interventionsdesigns anhand des Projektstartprozesses

Das Grundgerüst zum Interventionsdesign wird im weiteren Verlauf des Projektcoachingauftrags mit dem Kunden verfeinert, sprich mit Detaildaten wie Termine, Orte usw. versehen bzw. an geänderte Rahmenbedingungen angepasst. In der Praxis hat sich der Entwurf des Interventionsdesigns im Rahmen der Projektauftragsklärung auf Flipchart oder in einer anderen Form visualisiert bewährt.

Es kann erforderlich sein, je Projektcoachingauftrag mehr als ein Interventionsdesign zu entwerfen, da im Falle der Begleitung von mehr als einem Projektmanagement-Teilprozess die Darstellung in Form eines einzigen Interventionsdesigns meist zu komplex ist. Es wird daher in der Praxis für jeden begleiteten Projektmanagement-Teilprozess (Beauftragung, Start, Controlling usw.) ein eigenes Interventionsdesign entworfen. Im Kapitel 6 sind Beispiele derartiger Interventionsdesigns anhand konstruierter Fälle abgebildet.

5. Projektcoachingthemen/-ziele zusammenfassen und vereinbaren

Einen besonders wichtigen Teil des Auftragsklärungsgesprächs stellt die Vereinbarung der Ziele für den gesamten Projektcoachingauftrag dar, wobei dieses „Ziele" im Gegensatz zu den Zielen einer Projektcoachingeinheit eher in der Form von zu bearbeitenden Themenstellungen im Rahmen des Projektcoachingauftrags bzw. von Erwartungen an das Projektcoaching formuliert werden. Nichtsdestotrotz sollten die Ziele bzw. Themen des Projektcoachingauftrags den allgemeinen Zielkriterien im Projektcoaching, die im Rahmen des Ablaufs einer einzelnen Coachingeinheit detailliert dargestellt sind, entsprechen. Im Wesentlichen beantworten die Ziele bzw. Themen des Projektcoachingauftrags die Frage, woran der Kunde merken wird, dass sich das Projektcoaching gelohnt hat.

6. Contracting: Organisatorisches klären

Zum Abschluss des Auftragsklärungsgesprächs sind im Rahmen des Contracting noch folgende organisatorische Punkte zu klären: Ort der Projektcoachingeinheiten, Absagemodus, Vertraulichkeitsregeln, der Budgetrahmen, die Art der Dokumentation, der Controllingrhythmus des Interventionsdesigns etc.

Der erarbeitete Projektcoachingauftrag, dessen Struktur in Kapitel 10 ausführlich dargestellt ist, wird im Nachgang zum Auftragsklärungsgespräch in schriftlicher Form zusammengefasst und dem Kunden zur Verfügung gestellt. Der Projektcoachingauftrag enthält in Ahnlehnung an das Auftragsklärungsgespräch folgende Punkte: (1) Ziele/Themen des Projektcoachings, (2) Abgrenzung bzw. Ausgrenzung, (3) Projektcoachingsystem, (4) Projektcoachingelemente, (5) Anzahl und Frequenz der Projektcoachingeinheiten bzw. Interventionsdesign, (6) Sonstige Rahmenbedingungen und Vereinbarungen.

In diesem Zusammenhang sei erwähnt, dass Kunde nicht gleich Kunde ist (siehe dazu „Die vier Kundenarten" am Ende dieses Kapitels) und sich der Prozess bis zu einem fertigen Projektcoachingauftrag unterschiedlich einfach/schwierig gestalten kann.

5.2.3 Die Auftragsabwicklung = Umsetzung des Interventionsdesigns

Unter Auftragsabwicklung wird im Rahmen von Projektcoaching die Durchführung der einzelnen vereinbarten Projektcoachingeinheiten anhand des vereinbarten Interventionsdesigns verstanden. Diese können gemäß des zur Anwendung gebrachten Projektcoachingelements Fachberatungseinheiten zum Projektmanagement, Personal-Coaching-Einheiten, Moderationen von PM-Workshops oder Einheiten zur Starthilfe bei der Projektdokumentation sein. Nachstehend sind zwei Beispiele für ein einfaches und ein komplexes Interventionsdesign dargestellt.

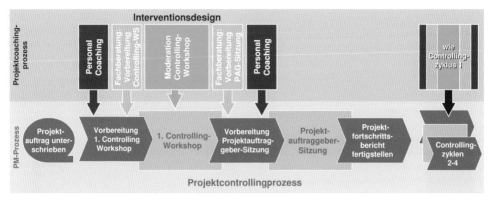

Abbildung 24: Beispiel einfaches Interventionsdesign

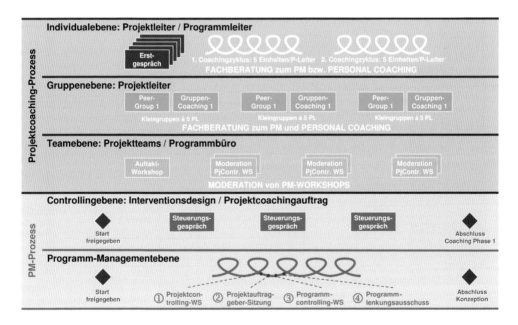

Abbildung 25: Beispiel komplexes Interventionsdesign

5.2.4 Controlling des Interventionsdesigns

Das Thema „Controlling des Interventionsdesigns" teilt sich in zwei Aspekte. Einerseits ist das im Rahmen der Auftragsklärung grob entworfene Interventionsdesign in Bezug auf seine zeitliche, sachliche, soziale und räumliche Komponente zu verfeinern und andererseits ist regelmäßig in Frage zu stellen, ob das Interventionsdesign auch tatsächlich dazu beiträgt, sich an die Projektcoachingziele anzunähern. Diese Zwischenevaluationen können gegebenenfalls zu Veränderungen oder Anpassungen des Inter-ventionsdesigns führen. Aus der allgemeinen Zielsetzung von Coaching heraus gesprochen, macht sich der Projektcoach im besten Fall früher „überflüssig", als dies ursprünglich angedacht war.

Wie bereits bei der Auftragsklärung erwähnt, grenzt das Interventionsdesign die Projektcoachingeinheiten mittels einer zeitlichen, sachlichen, sozialen und örtlichen Komponente ab. Wurden bei der Auftragsklärung beispielsweise die Gesamtdauer des Begleitprozesses bestimmt (= zeitliche Abgrenzung), die zum Einsatz kommenden Projektcoachingelemente festgelegt (= sachliche Abgrenzung), das Projektcoachingsystem definiert (= soziale Abgrenzung) sowie der Treffpunkt (= örtliche Abgrenzung) bestimmt, werden diese Aspekte im Rahmen des Controllings für jede einzelne Projektcoachingeinheit abgestimmt und – wie in Abbildung 26 dargestellt – im Interventionsdesign ergänzt.

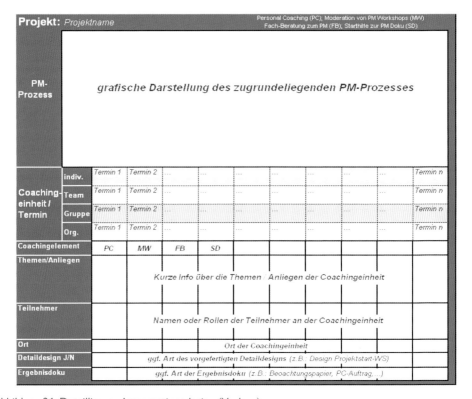

Abbildung 26: Detaillierung Interventionsdesign (Vorlage)

Den zweiten Aspekt des Controllings des Interventionsdesigns stellt die Sicherstellung der Effektivität desselben für die Projektcoachingziele dar. Es ist aus diesem Grund regelmäßig mit dem Kunden zu hinterfragen, ob das Interventionsdesign die erwarteten Ergebnisse und Veränderungen unterstützt oder welche Änderungen gegebenenfalls notwendig sind, um die Wirkung des Interventionsdesigns zu erhöhen. Dieser Schritt kann entweder als vor- oder nachgelagerter Teil einer Projektcoachingeinheit oder in Form einer separaten Controllingbesprechung mit dem Kunden erfolgen. Wir empfehlen, die Controllingzyklen bereits im Rahmen der Klärung des Projektcoachingauftrags anzukündigen und zu vereinbaren (z. B. am Ende jeder dritten Projektcoachingeinheit). Zusätzlich kann ein Controllinggespräch bei Bedarf jederzeit vom Kunden oder vom Projektcoach anberaumt werden.

Paula Praktiker Wo sind wir eigentlich? Ich sehe vor lauter Bäumen den Wald nicht mehr!

Theo Theoretiker Tja, wir haben diesen kleineren Weg abseits von der Hauptallee genommen, sind dann über eine Wiese schließlich auf diesem schmalen Waldweg gelandet. Wo wollen wir eigentlich hin?

Karl Kritiker Du wolltest doch unbedingt Hochschaubahn fahren. Das heißt, wir müssen zum Wurstelprater. Aber ich habe keine Ahnung, wie wir dort hinkommen.

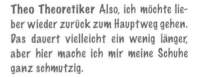

Otto Oberzwerg Seht mal geradeaus, dort kann man schon das Riesenrad erkennen. Es ist nicht mehr weit. Wollen wir zurückgehen oder schlagen wir uns querfeldein durch? Wie kommen wir besser ans Ziel?

Theo Theoretiker Also, ich möchte lieber wieder zurück zum Hauptweg gehen. Das dauert vielleicht ein wenig länger, aber hier mache ich mir meine Schuhe ganz schmutzig.

Paula Praktiker Das habe ich mir zwar schon gedacht, aber schön, dass du es ausgesprochen hast.

Karl Kritiker Gut. Lasst uns umdrehen. Besser, wir können nebeneinander gehen und miteinander reden, als dass wir ein paar Minuten schneller am Ziel sind.

5.2.5 Der Abschluss des Projektcoachingauftrags

Dieser letzte Schritt des Projektcoachingprozesses hat einen sowohl formalen als auch emotionalen Abschluss des gesamten Begleitprozesses zum Ziel. In diesem Rahmen werden die Wirkung und der Verlauf des Projektcoachingprozesses gemeinsam mit dem Kunden reflektiert und das Projektcoachingsystem wird aufgelöst. Im Mittelpunkt des Projektcoaching-Abschlussprozesses steht das sogenannte Abschlussgespräch, das genutzt wird, um den Erreichungsgrad der Ziele aus dem Projektcoachingauftrag und den Ablauf der Projektcoachingeinheiten (Elemente und Aufbau des Interventionsdesigns) Revue passieren zu lassen. Auch die Passung von Projektcoachingsystem, das Budget und die Einhaltung der vereinbarten organisatorischen Regeln wie Absagemodus, Vertraulichkeit etc. werden abschließend einer Bewertung unterzogen. Die Ergebnisse des Abschlussgesprächs werden in Form eines Abschlussprotokolls zusammengefasst und dem Kunden zur Verfügung gestellt.

Das Abschlussprotokoll zum Projektcoaching enthält die Reflexionsergebnisse zu folgenden Aspekten:

1. **zu den Projektcoachingzielen:**

   „Wie gut wurden die Ziele aus dem Projektcoachingauftrag erfüllt?"

2. **zu den Projektergebnissen:**

   „In welchen Situationen wurde das Projektcoaching zur Erreichung der Projektziele bzw. des Projekterfolgs nützlich empfunden? In welchen weniger?"

3. **zu den Projektcoachingelementen/dem Interventionsdesign:**

   „Welche Projektcoachingeinheiten/Projektcoachingelemente waren besonders hilfreich? Welche weniger?"

4. **zu den Rahmenbedingungen:**

   „Wie gut hat das Budget für die Projektbegleitung gepasst?" „Inwiefern habe ich als Coach bei Bedarf zur Verfügung gestanden?" usw.

Wie aus den genannten Fragestellungen ersichtlich werden sollte, soll das Abschlussgespräch vor allem auch für den Projektcoach von Nutzen sein und diesem die Chance geben, das Kundenfeedback für zukünftige Projektcoachingaufträge zu nutzen.

5.2.6 Grundformen des Projektcoachingsystems

Wenden wir uns nun den vier wesentlichen Grundformen des Projektcoachingsystems – Individualcoaching, Teamcoaching, Gruppencoaching, Coaching der Projektorganisation – zu. Wie bereits im Rahmen der Klärung des Projektcoachingauftrags beschrieben, ist in Bezug auf das Projektcoachingsystem festzulegen, wer diesem in welcher Form angehören soll und somit Kunde bzw. Coach für den jeweiligen Projektcoachingauftrag wird.

Mit der Zugehörigkeit einer Person zu einem Projektcoachingsystem sind diverse Konsequenzen verbunden. Dazu zählen unter anderem das Recht auf Mitbestimmung in Bezug auf Ziele und Vorgehensweise im Projektcoaching, die Einbindung in etwaige Eskalationsstrukturen innerhalb des Coachingsystems bzw. die Verpflichtung zur Vertraulichkeit.

Das Projektcoachingsystem kann – je nach Komplexität des Projektcoachingauftrags – sowohl seitens des Kunden als auch seitens des Coaches eine oder mehrere Personen umfassen. Die vier unterschiedlichen Ausprägungen des Projektcoachingsystems werden beschrieben, ohne damit zu präjudizieren, dass diese für einen spezifischen Projektcoachingauftrag in ihrer jeweiligen Reinform angewandt werden müssen.

Vielmehr kann ein Projektcoachingauftrag sogar beinhalten, dass für einzelne Projektcoachingeinheiten mit einer Einzelperson, in einem anderen Rahmen beispielsweise mit dem Projektkernteam und in einem dritten beispielsweise mit einem Subteam gearbeitet werden soll. Je komplexer die Anforderungen sind, umso genauer und klarer muss die Auftragsklärung erfolgen, damit dem Kunden gegenüber Transparenz gewahrt bleibt.

1. **Individualcoaching**

   Im Rahmen des Individualcoachings wird eine Einzelperson (z. B. der Projektleiter oder der Projektauftraggeber) begleitet. Im Mittelpunkt solcher Projektcoachingaufträge stehen häufig Themen wie

   » die Begleitung in der Entwicklung neuer Verhaltensweisen in der aktuellen Rolle oder

» die Erweiterung der individuellen Kompetenzen für den Einsatz innerhalb des Projekts, z. B. fachliche, soziale oder Managementkompetenz.

Folgende Projektcoachingelemente können im Individualcoaching in Form einzelner Projektcoachingeinheiten zum Einsatz kommen:
» Fachberatung zum Projektmanagement
» Personal Coaching
» Starthilfe zur Projektdokumentation

2. Projektteamcoaching

Begleitet wird im Rahmen des Projektteamcoachings ein definiertes Team innerhalb eines Projekts (z. B. das Projektkernteam, der Projektlenkungsausschuss, ein Projektsubteam). Dabei wird ein Team als eine Gruppe von Personen definiert, die in koordinierter Art und Weise an der Erreichung eines gemeinsamen Ziels arbeiten. Diese Zusammenarbeit ist verbindlich und durch Aufgabenteilung im Team charakterisiert. Typische Themen oder Fragestellungen im Projektteamcoaching umfassen:
» die Unterstützung des Teamentwicklungsprozesses
» die Reflexion von Rollenverständnis, Beziehungen und Verhalten im Projektteam
» die gemeinsame Erarbeitung von Projektstrukturen

Innerhalb von Aufträgen zum Projektteamcoaching können sämtliche Projektcoachingelemente zum Einsatz kommen, wobei das Element „Starthilfe zur Projektdokumentation" im Team eher ungewöhnlich ist. Die Fachberatung zum Projektmanagement wird in der Praxis meist im Rahmen der Moderation eines PM-Workshops eingeflochten.

In Personal-Coaching-Einheiten mit einem Team geht es häufig um Konfliktsituationen, Teamentwicklungsprozesse, Rollenunklarheiten und vieles mehr. Der Ablauf einer Teamcoachingeinheit entspricht dabei einer „normalen" Coachingeinheit bis auf die Zeitansätze. Dauert eine Coachingeinheit für eine Einzelperson zwischen einer und eineinhalb Stunden, dehnt sich der Zeitbedarf beim Teamcoaching für den gleichen Prozess auf drei bis vier Stunden aus. Es empfiehlt sich, in der Praxis auch im Teamcoaching mit zwei Coaches zu arbeiten, um lückenlose Aufmerksamkeit während der Coachingeinheit sicherstellen zu können. Zusätzlich ist bei jeder Teamcoachingeinheit auf ein gemeinsames Anliegen und Ziel des gesamten Teams für die einzelne Coachingeinheit zu achten und gesteigerter Wert auf die Vereinbarung und Einhaltung von Spielregeln durch den oder die Projektcoaches zu legen. Folgende Spielregeln sollten dabei vereinbart werden:
» Vertraulichkeit/Verschwiegenheitspflicht der Projektcoaches
» Respektvoller Umgang miteinander
» Offene Kommunikation: Jede Meinung hat Platz
» Arbeit mit „subjektiven Sichtweisen" und nicht mit „objektiven Wahrheiten"
» Beiträge möglichst konkret formulieren (möglichst keine Verallgemeinerungen)
» Jeder hat etwas beizusteuern
» Wille zum Kooperieren
» Zeit und Raum zum Reflektieren
» Coach sorgt für die Einhaltung der Regeln

3. Projekt(leiter)gruppencoaching

Eine weitere sehr spezifische Form des Projektcoachings ist das Projekt(leiter)gruppencoaching. In dieser Form begleitet der Projektcoach eine Gruppe von Personen über eine definierte Anzahl von Coachingeinheiten, wobei die Gruppe im Gegensatz zum Team dadurch charakterisiert ist, dass die Personen, die der Gruppe angehören, unterschiedlichen (Projekt-)Teams und Systemen angehören. Diese Gruppe findet sich zu einem gemeinsamen Thema – in diesem Fall „Projektmanagement" – zusammen, ohne ein gemeinsames Ziel wie ein Team anzustreben. In der Praxis werden Gruppencoachings meist für Projektleiter durchgeführt, wobei nicht auszuschließen ist, dass diese Art des Projektcoachingsystems auch für andere Gruppen im Zusammenhang mit Projekten zur Anwendung kommen kann. In der Folge wollen wir allerdings das Gruppencoaching anhand des Beispiels „Projektleitergruppencoaching" (= Gruppe von Projektleitern) weiter vertiefen.

Im Projektleitergruppencoaching werden in jeder einzelnen Coachingeinheit projektbezogene Anliegen je eines Projektleiters bearbeitet, wobei die anderen Projektleiter einerseits von den Analogien der diversen eingebrachten Anliegen zu ihren eigenen Projektsituationen und andererseits durch die einsetzende Entlastung profitieren, vor allem wenn erkannt wird, dass andere Projektleiter mit ähnlichen Schwierigkeiten kämpfen, und diese Probleme somit „normalisiert" werden. Meist entspricht die Anzahl der Projektcoachingeinheiten bei Gruppencoachings der Anzahl der Gruppenmitglieder (zwischen fünf und zehn Personen).

Besonders bewährt hat sich diese Arbeitsform in der Praxis im Rahmen von Pilotierungen neuer Projektmanagementrichtlinien als Teil von Projektmanagement-Professionalisierungen. Die betroffenen Projektleiter können dabei erste Erfahrungen mit den neuen Methoden und Prozessen austauschen und vertiefen, was eine raschere Verankerung des neuen PM-Standards unterstützt.

Aus Sicht des Projektcoaches läuft das Gruppencoaching wie eine „normale" Coachingeinheit ab, wobei ein Gruppenmitglied (d.h. ein Projektleiter) vom Projektcoach gecoacht wird, während die restlichen Projektleiter als Teil des sogenannten „Reflecting Teams" (siehe dazu Kapitel 10) an der Coachingeinheit teilhaben. In dieser Struktur werden die Ideen, Anregungen, Perspektiven des Projektleiters (Kunde), des Projektcoaches und auch der anderen Projektleiter in drei Stufen gemeinsam reflektiert.

Die Unterschiede zu einer „normalen" Coachingeinheit manifestieren sich primär durch eine standardisierte Einstiegssequenz, in der der gecoachte Projektleiter sein Projekt mittels folgender Inhalte vorstellt:
» Projektauftrag, Projektabgrenzung und Projektkontext
» Projektleistungsplanung (Ergebnisplanung, Projektstrukturplan)
» Terminplanung
» Projektorganisation und -kommunikationsstrukturen
» Kosten- und Ressourcenplanung
» Risikomanagement, Projektmarketing

In den ersten drei bis vier Projektcoachingeinheiten bewährt es sich, dieser Einstiegssequenz noch eine Feedbacksequenz durch den Projektcoach und die anderen Projektleiter anzuschließen, um deren Beobachtungen, Hypothesen und Ideen zur Projektstruktur und -organisation offenzulegen. Dieser Schritt eröffnet einerseits die Möglichkeit, eine einheitliche Sichtweise auf Projektmanagement-Methoden und -prozesse in der Gruppe zu entwickeln, und gibt andererseits dem gecoachten Projektleiter die Chance, eventuell erste Ansatzpunkte für Veränderungen im Projekt mitzunehmen.

Nach den ersten drei bis vier Coachingeinheiten wurden erfahrungsgemäß allerdings meist die wesentlichsten Fragestellungen zu den betroffenen Methoden und Prozessen ausführlich genug diskutiert, sodass für die weiteren Coachingeinheiten diese Feedbackrunde entfallen kann. In der eigentlichen Projektcoachingsequenz nach diesem Einstieg werden typischerweise spezifische Anliegen aus der konkreten Projektsituation des Projektleiters – meist eher im Sinne eines Personal Coaching – bearbeitet. Zum Abschluss wird zwischen Projektcoach und Kunden festgehalten, was die nächsten konkreten Schritte des Kunden sein werden.

Vor der ersten Projekt(leiter)gruppencoachingeinheit erfolgt, wie bei jedem Projektcoachingauftrag, eine Auftragsklärungssequenz – in diesem Fall in der Gruppe und mit dem Schwerpunkt, den konkreten Ablauf zu erläutern und Spielregeln für die Zusammenarbeit festzulegen. Spielregeln für die Zusammenarbeit können beispielsweise wie folgt aussehen:
» Offenheit bedingt Vertraulichkeit im Team
» Respekt
» Kooperation (Zusammenarbeit Coach und Team bzw. im Team)
» Feedbackkultur (zuhören, „Sichtweisen" – keine Urteile)
» Fragen (sind erwünscht!)
» Eigeninitiative

Zusätzlich sollte im Rahmen dieses Auftragsklärungsgesprächs organisiert werden, in welcher Coachingeinheit welcher Projektleiter gecoacht wird. Idealerweise orientiert sich diese Einteilung an den Projektmanagement-Teilprozessen der vertretenen Projekte, sodass sich das jeweilige Projekt eines Projektleiters zum Zeitpunkt der Coachingeinheit im vorgesehenen Projektmanagementprozess befindet.

Letztendlich werden im Auftragsklärungsgespräch die organisatorischen Rahmenbedingungen im Sinne des Contracting besprochen. In der Regel läuft das Projekt(leiter)gruppencoaching innerbetrieblich, das bedeutet alle Teilnehmer arbeiten im gleichen Unternehmen. Im überbetrieblichen Kontext sind Aspekte wie Vertraulichkeit und die professionelle Homogenität der Gruppenmitglieder besonders wichtig.

4. Coaching der Projektorganisation
Im Rahmen von Projektcoachingeinheiten kann definiert werden, ob ein einzelnes der bisher genannten Projektcoachingsysteme oder eine Kombination derselben zur Anwendung kommt, wobei nicht alle Mitglieder der Projektorganisation in das Projektcoachingsystem eingebunden werden.

Im Fall von Coaching der gesamten Projektorganisation ist sicherzustellen, dass sämtliche beteiligte Personen entweder als Einzelperson oder im Team eines Projekts – meist in unterschiedlicher Intensität – mit dem Projektcoach arbeiten und somit Teil des Projektcoachingsystems sind. Die Einbindung kann in Form von Einzelcoachingeinheiten im Sinn des Individualcoachings, Teamcoachingeinheiten und Gruppencoachingeinheiten erfolgen.

Der Fokus des Coachings einer gesamten Projektorganisation liegt meist auf:
» der Unterstützung der Projektorganisation beim Erreichen der vereinbarten Projektziele bzw. Lieferung der Projektergebnisse
» der Sicherstellung einer gemeinsamen Sichtweise
» der Qualität des Projektmanagements

Der Einsatz mehrerer Projektcoaches für solche, in der Praxis meist umfangreiche, Aufträge für komplexere Projekte oder Programme ist beinahe unumgänglich. Das Projektcoachingsystem wird daher aus allen Beteiligten eines Projekts und mehreren Projektcoaches gebildet. Eine komplexe Auftragsklärung sowie Auftragsabwicklung sind die Folge, wobei fast immer sämtliche Projektcoachingelemente zum Einsatz kommen und komplexe Interventionsdesigns entwickelt werden.

 Theo Theoretiker Ich stelle mir das mit dem Teamcoaching und dem Projektleiter-Gruppencoaching nicht so einfach vor. Aber dafür kann man zu zweit „guter Bulle, böser Bulle" spielen.

 Paula Praktiker Aber das ist doch kein Spiel! Man hat zu zweit schon die Möglichkeit, Unterschiede zu repräsentieren. Die Annahme oder Ablehnung einer Idee oder These durch den einen Projektcoach bzw. den anderen. Und was natürlich schon stimmt, ist, dass es zu zweit einfacher ist, mitzubekommen, was sich gruppendynamisch tut. Und man kann sich beim Handeln und Beobachten abwechseln und ergänzen.

 Karl Kritiker Und wenn sich die beiden nicht einig sind? Verwirrt das nicht die Kunden?

 Otto Oberzwerg Üblicherweise nicht. Solange man die Zielsetzung und Erwartungshaltung der Kunden im Auge behält. Natürlich ist es einfacher, wenn die beiden Projektcoaches schon öfter gemeinsam gearbeitet haben. Man könnte sogar soweit gehen, sich die Rollen beim Beginn der Coachingeinheit aufzuteilen. Da man aber im weiteren Verlauf der Coachingeinheit nie weiß, wie sich diese entwickelt, wäre eine zu genaue Aufteilung zu einschränkend. Da ist es besser, die Methode des Metadialogs zu nutzen, die für eine Abstimmung der Coaches während der Einheit sorgen kann. Das ist dann ja auch in Kapitel 10 beschrieben.

 Karl Kritiker Klingt ja nach „einen Sack Flöhe hüten"! Das benötigt die volle Konzentration.

 Paula Praktiker Apropos Konzentration, sind wir noch auf dem richtigen Weg?

5.3 Die Projektcoachingeinheit – von der Anliegen-klärung bis zum Abschluss der Coachingeinheit

Zum Abschluss des Themas Projektcoachingprozesse gehen wir nun noch auf die Mikroebene der Prozesse ein, also den Ablauf einer einzelnen Projektcoachingeinheit. Abbildung 27 zeigt im Überblick den Ablauf einer solchen Projektcoachingeinheit.

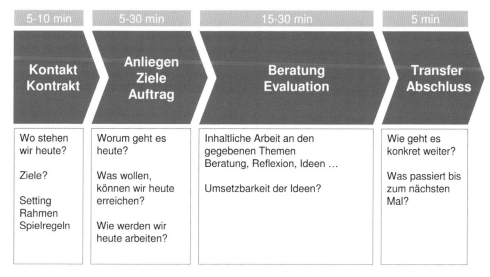

Abbildung 27: Projektcoachingeinheit

Dabei ist dieser generelle Aufbau davon unabhängig, ob es sich um eine Einheit zur PM-Fachberatung oder zum Personal Coaching handelt. Diese beiden Projektcoachingelemente bilden – wie bereits in Kapitel 4 eingehend beschrieben – das Herzstück eines jeden Projektcoachingauftrags. Deutlich erkennbar wird der Unterschied, ob es sich um eine PM-Fachberatungseinheit oder eine Personal-Coaching-Einheit handelt, während des Hauptteils der Projektcoachingeinheit – dem Teil „Beratung & Evaluation". Im Falle einer Fachberatung zum Projektmanagement im Gegensatz zur Personal-Coaching-Einheit wird der Projektcoach nämlich an dieser Stelle sein vorhandenes Wissen bzw. seine gesammelte Erfahrung zum Projektmanagement zielgerichtet einsetzen und dem Kunden zur Verfügung stellen.

Die beiden Zusatzelemente des Projektcoachings (Moderation von PM-Workshops und Starthilfe zur Projektdokumentation) unterscheiden sich in Bezug auf den Mikroprozess im Sinne des Ablaufs dieser Projektcoachingelemente von Abbildung 27 dadurch, dass sie einer vorab mit dem Kunden entworfenen und abgestimmten Agenda folgen. Diese Agenda (auch Detaildesign genannt), bestehend aus einem bis mehreren Tagesordnungspunkten, ist je nach PM-Workshop bzw. je nach Unterstützungsbedarf des Kunden zur Projektdokumentation unterschiedlich zu gestalten. Die Erarbeitung einer solchen Agenda gemeinsam mit dem Kunden kann Thema einer Projektcoachingeinheit im Sinne von Fachberatung zum Projektmanagement sein. In Kapitel 6 sind mögliche Designs für diese beiden Zusatzelemente des Projektcoachings auf Basis eines konstruierten Beispiels abgebildet. In der weiteren Folge werden wir uns jedoch auf den Ablauf einer Projektcoachingeinheit konzentrieren.

Die in der Abbildung angeführten Dauern je Prozessschritt verstehen sich als Richtwerte, sollte es sich um eine Einzelcoachingeinheit (z. B. Projektleiter mit Projektcoach) handeln. Damit wird deutlich, dass derartige Einzelcoachingeinheiten ein bis eineinhalb Stunden in Anspruch nehmen. Es sei an dieser Stelle erwähnt, dass für Team- oder Gruppencoachingeinheiten der generelle Ablauf der Projektcoachingeinheit ident zu dem einer Einzelcoachingeinheit ist, allerdings dehnt sich der Zeitbedarf für eine Team- oder Gruppencoachingeinheit auf drei bis vier Stunden aus.

5.3.1 Kontakt/Kontrakt

Zu Beginn der Projektcoachingeinheit steht das Andocken an den Kunden und die (Wieder-)Herstellung einer tragfähigen Beziehung zwischen Projektcoach und Kunde im Vordergrund. Neben der Klärung von Fragestellungen wie „Was ist eventuell vorab zu klären, bevor wir losstarten können?", „Wo stehen wir heute?" bzw. „Was hat sich Relevantes zwischen der letzten und der heutigen Projektcoachingeinheit ereignet?" wird im Rahmen dieses Prozessschrittes auch die Gelegenheit genutzt, mit dem Kunden das sogenannte Setting noch einmal durchzugehen. Mit der Bezeichnung Setting werden im Rahmen von Projektcoaching die Umgebung (örtlich), das Umfeld (sozial) und die Rahmenbedingungen für die Projektcoachingeinheit umschrieben.

Folgende Punkte können in diesem Zusammenhang von Bedeutung sein:
> » Wie wir sitzen (Stuhl des Kunden, Stuhl des Projektcoaches, evtl. sonstige Stühle im Raum)
> » Eventuell Vorstellung der sonstigen Anwesenden, sollte beispielsweise mit einem Reflecting Team gearbeitet werden
> » Hinweis auf den zeitlichen Rahmen und den groben Ablauf der Projektcoachingeinheit
> » Vorstellung des Verständnisses von Projektcoaching bzw. Hinweis auf „ungewöhnliche" Methoden, die im Rahmen der Projektcoachingeinheit eingesetzt werden könnten
> » Vertraulichkeitscharakter des Gesprächs
> » Dokumentation, zum Beispiel: Der Projektcoach schreibt mit. Alle Mitschriften gehören dem Kunden und können am Ende der Einheit vom Kunden mitgenommen werden.

Der Prozessschritt Kontakt/Kontrakt wird mit der Frage an den Kunden abgeschlossen, ob für den Kunden noch Fragen offengeblieben sind, um diese gegebenenfalls noch zu klären.

Mit zunehmender Dauer der Zusammenarbeit zwischen Projektcoach und Kunde wird die Länge der Settingerklärung im Normalfall abnehmen, da nicht alles jedes Mal im Detail wiederholt werden muss.

Karl Kritiker Wie ist das eigentlich mit der Kontrolle beim Projektcoaching? Muss ich nicht zu Beginn jeder Projektcoachingeinheit überprüfen, ob der Kunde alles erfüllt hat, was beim letzten Mal vereinbart wurde?

Paula Praktiker Also, ich würde nur nachfragen, was mit den Ergebnissen vom letzten Mal passiert ist bzw. was davon noch relevant ist.

Theo Theoretiker Genau. Was geht mich der Schnee von gestern an! Ich würde nur das aufgreifen, was jetzt für den Kunden aktuell wichtig und relevant ist.

Karl Kritiker Aber wenn der Kunde seine Hausaufgaben nicht macht, kommen wir doch nie weiter mit dem Coaching! Geschweige denn mit der Zielerreichung ...

Otto Oberzwerg Das ist ein ganz wichtiger Unterschied zu Training und Wissensvermittlung. Der Kunde entscheidet jeweils, was für ihn hilfreich ist und was er benötigt. Wir haben es mit Experten zu tun. Als Coaches helfen wir mit, die Ressourcen des Kunden zu aktivieren, damit er sein Ziel erreichen kann. Es ist nicht unsere Aufgabe, To-dos einzufordern.

5.3.2 Anliegen/Ziel/Auftrag

Dem Prozessschritt der Anliegen-, Ziel- und Auftragsklärung kommt innerhalb der Projektcoachingeinheit ganz besondere Bedeutung zu. Hier entscheidet sich nämlich, wie die verbleibende Zeit der Projektcoachingeinheit zielorientiert und nützlich für den Kunden gestaltet werden kann. Der gesamte Prozessschritt ist wiederum in Detailschritte untergliedert, die in Abbildung 28 dargestellt sind.

Abbildung 28: Anliegen-, Ziel- und Auftragsklärung

Zunächst werden die Anliegen des Kunden gesammelt, die dieser zur Projektcoachingeinheit mitgebracht hat. Aus möglicherweise mehreren Anliegen (manchmal einem ganzen Anliegenwald), die strukturiert herausgearbeitet werden, ist im Anschluss jenes Anliegen auszuwählen, das dem Kunden für die Bearbeitung in dieser Projektcoachingeinheit am vordringlichsten erscheint.

Anliegen eines Kunden sind dadurch erkennbar, dass sie meist noch unscharfe ziel- oder aufgabenartige Formulierungen des Kunden sind, die zum präzisen Kundenziel führen können. Sie stellen eine durch den Kunden wahrgenommene Abweichung zwischen dem Ist-Status zu einem gewünschten Soll-Zustand dar und werden meist in Form von allgemeinen Themenstellungen, Fragen, Problemen, Herausforderungen, Schwierigkeiten, Wünschen oder Interessen ausgedrückt. Da, wie bereits erwähnt, vom Kunden zu Beginn einer Projektcoachingeinheit oft mehr als ein Anliegen genannt wird, empfiehlt es sich, sämtliche Anliegen schriftlich (beispielsweise auf Metaplankärtchen) festzuhalten und damit zu visualisieren.

Typische Fragestellungen im Rahmen der Anliegensichtung und -priorisierung sind:
- » Womit möchten Sie beginnen?
- » Worüber sprechen wir heute? Worum soll es heute gehen? Was ist Ihr Anliegen für diese Projektcoachingeinheit?
- » Was/Welches Anliegen/Welches Thema haben Sie mitgebracht?
- » Woran möchten Sie heute gerne arbeiten?
- » Was könnte die Überschrift für Ihr heutiges Thema sein?
- » Das war das eine Anliegen. Gibt es auch noch andere?
- » Welches der Anliegen ist für Sie derzeit das wichtigste?

Für das ausgewählte Anliegen werden dann sowohl das „große" Ziel des Kunden, das er in seinem Handlungssystem zu erreichen versucht, als auch das Ziel für die Projektcoachingeinheit gemeinsam erarbeitet. Die Aufgabe des Projektcoaches ist es einerseits, dafür zu sorgen, dass beide Ziele den Zielkriterien für systemisches Coaching entsprechen (vgl. Abbildung 29). Andererseits muss darauf geachtet werden, dass sowohl das große Ziel als auch das Ziel für die Einheit in den Rahmen des Projektcoachingauftrags fallen. Sollte der Kunde ein Ziel definieren, das außerhalb der vereinbarten Grenzen des Projektcoachingauftrags liegt, gehört es zu den Aufgaben eines professionellen Projektcoaches, dies öffentlich zu machen. Der Kunde kann in diesem Fall entweder sein Ziel verändern oder es besteht der Bedarf, den Projektcoachingauftrag im Rahmen des Controllings des Interventionsdesigns anzupassen.

Zielkriterium			Schlüsselwort
	Positiv	Positiv formuliert (was soll sein, anstelle was soll nicht (mehr) sein)	„stattdessen" „wie" – Verbform
	Umsetzungs- / verhaltens- bezogen	Eine Handlung beschreibend („Was soll dann möglich sein?" / „Ich möchte in der Lage sein …")	Wofür
	Unmittelbar / direkt	Eine im Hier und Jetzt zu beobachtende Veränderung beschreibend	„Kleine Schritte"
	Konkret wahrnehmbar	Konkret für den Kunden und andere wahrnehmbar	wahrnehmbar
	Im Kontroll- bereich des Kunden	Eher „klein" und vom Kunden direkt realisierbar (Nicht: Jemand anderer muss sich ändern!)	„Sie werden / können"
	Kunden- formulierung	In der Sprache des Kunden	Worte des Kunden verwenden

Abbildung 29: Kriterien für eindeutig definierte Ziele

Die Entwicklung von „großem" Ziel und Ziel für die Projektcoachingeinheit kann mehrere Schleifen erfordern, bis die beiden Ziele auch tatsächlich allen Zielkriterien entsprechen, und bedarf in vielen Fällen liebevoller Hartnäckigkeit in Form von konkretisierendem Nachfragen seitens des Projektcoaches.

Eine Unterscheidung zwischen dem „großen" Ziel des Kunden und dem Ziel für die Projektcoachingeinheit kann folgendermaßen getroffen werden: Das „große" meist mittelfristige Ziel beschreibt vom Kunden als wünschenswert empfundene Veränderungen im Handlungssystem und beantwortet Fragen im Sinne von „Was soll zukünftig ermöglicht werden?" oder „Was kann der Kunde in Zukunft anders als jetzt?". Das Ziel für die Projektcoachingeinheit bezieht sich hingegen auf bereits am Ende der Projektcoachingeinheit beobachtbare Veränderungen und/oder Ergebnisse.

Typische Fragestellungen im Rahmen der Klärung des „großen" Ziels sind:
» Angenommen, Sie haben Ihre Ziele erreicht, was hätte sich dann für Sie verändert? Was wäre dann anders?
» Woran würden Sie es (zuerst) merken, wenn Ihr Problem weg wäre? Woran würden es andere merken?

Typische Fragestellungen im Rahmen der Klärung des Ziels für die Projektcoachingeinheit sind:
» Angenommen, die Einheit hätte sich für Sie als nützlich erwiesen, woran würden wir das erkennen? Was würden Sie sich dann am Ende der Einheit mitnehmen?
» Was können wir uns davon für diese Coachingeinheit vornehmen?
» Wozu möchten Sie am Ende dieser Stunde in der Lage sein?

Wie auch schon beim Anliegen empfiehlt es sich, beide Ziele schriftlich festzuhalten. Um sicherzugehen, dass sie in den Worten des Kunden formuliert sind, kann man dabei sogar soweit gehen, die ersten Worte der Zielformulierung anzudeuten und den Kunden dieses Ziel dann fertig ausformulieren zu lassen.

Nach Klärung des großen Ziels und des Ziels für die Projektcoachingeinheit wird der Auftrag für die Projektcoachingeinheit des Kunden an den Projektcoach festgelegt. Der „Auftrag für heute" drückt aus, wie im weiteren Verlauf der Projektcoachingeinheit vorgegangen werden soll und in welcher Form sich der Projektcoach für den Kunden als nützlich erweisen kann, um das Ziel der Projektcoachingeinheit zu erreichen.

Typische Fragestellungen im Rahmen der Auftragsklärung für die Einheit sind:
» Was können wir gemeinsam tun, um Ihr Ziel zu erreichen?
» Was wäre hilfreich, dass wir hier tun, damit wir das Ziel für heute erreichen können?
» Wie gehen wir nun vor?

In einigen Fällen empfinden es Kunden als schwierig, den Auftrag für die Projektcoachingeinheit an den Projektcoach zu formulieren. In solchen Fällen kann und soll der Projektcoach Vorschläge unterbreiten, wie seine Unterstützung aussehen könnte. Der Kunde kann in der Folge entweder einen der Vorschläge auswählen oder wird angeregt, diese Vorschläge gemäß den eigenen Vorstellungen anzupassen bzw. einen eigenen Auftrag an den Projektcoach einzubringen.

Nachdem Anliegen gesammelt und das „große" Ziel und das Ziel samt dem Auftrag für die Projektcoachingeinheit definiert wurden, wird ein sogenannter letzter „Cockpit Check" durchgeführt, in dem Ziel und Auftrag für die Projektcoachingeinheit nochmals beim Kunden rückversichert werden. Im Anschluss daran geht die Projektcoachingeinheit in den eigentlichen Hauptteil der Beratung und Reflexion über.

Im Rahmen der Anliegen-, Ziel- und Auftragsklärung entscheidet sich somit, ob es sich um eine Projektcoachingeinheit mit Fachberatung zum Projektmanagement oder um eine Personal-Coaching-Einheit handeln wird.

5.3.3 Beratung/Evaluation

Wie bereits im Rahmen des vorangegangenen Prozessschrittes erwähnt, kann je nach Ziel und Auftrag des Kunden für die Projektcoachingeinheit die Fachexpertise zum Projektmanagement des Projektcoaches mehr oder weniger gefragt sein. Im ersten Fall würde es sich um eine Fachberatungseinheit zum Projektmanagement handeln, im zweiten Fall um eine Personal-Coaching-Einheit.

Speziell für den Fall der Fachberatung zum Projektmanagement ist es wichtig, zu betonen, dass sich die Vorgehensweise und Grundhaltung des Projektcoaches dadurch nicht verändert. Dem Kunden werden keine direkten Ratschläge oder Handlungsanweisungen erteilt beziehungsweise werden weder die Arbeit noch die Rolle des Kunden vom Projektcoach übernommen. Vielmehr werden das Fachwissen und die Erfahrungen des Projektcoaches in Form von Ideen und konjunktivistischen Angeboten eingebracht. Demgemäß werden unabhängig davon, ob es sich um Personal Coaching oder Fachberatung zum Projektmanagement handelt, die gleichen Zugangsformen für den weiteren Verlauf der Projektcoachingeinheit gewählt. Dazu zählen beispielsweise zielorientiertes Führen und Schritthalten, Erarbeiten von Alternative und neuen Perspektiven (mit oder ohne Projektmanagementbezug), Einbringen der Außensicht des Projektcoaches in Form von Angeboten (mit oder ohne Projektmanagementbezug), behutsames „Verstören" und (kritisches) Hinterfragen, Aufzeigen von Ambivalenzen, Reflektieren, Durchspielen, Filtern, Priorisieren, Zusammenfassen.

Für die Gestaltung dieser Zugangsformen ist der Einsatz sämtlicher Projektcoachingtechniken, die in Kapitel 10 detailliert beschrieben sind, denkbar. Im Rahmen von PM-Fachberatungseinheiten werden diese sogar noch durch den maßgeschneiderten Einsatz von PM-Instrumenten, -prozessen und -hilfsmitteln ergänzt.

Den Abschluss des gesamten Prozessschrittes nimmt die Evaluationssequenz ein. Diese soll sicherstellen, dass die erarbeiteten Lösungsansätze und Ergebnisse im Handlungssystem für den Kunden auch umsetzbar sind. Die Evaluierung läutet auch bereits den letzten Schritt einer Projektcoachingeinheit, den Transfer und Abschluss, ein. Sie beginnt häufig mit dem Hinweis an den Kunden, dass nun noch ca. 10 bis 15 Minuten bis zum Ende der Coachingeinheit zur Verfügung stehen. Anschließend wird geklärt, ob es eventuell noch etwas (eine Idee, einen Lösungsansatz oder Ähnliches) bezogen auf das Ziel der Projektcoachingeinheit gibt, das noch nicht angesprochen wurde. Es werden die erarbeiteten Lösungsansätze und Ergebnisse vom Projektcoach möglicherweise noch einmal zusammengefasst und in jedem Fall auf ihre Umsetzbarkeit überprüft, indem hinterfragt wird, was der Kunde konkret tun würde, um die Ideen und Lösungsansätze zu realisieren. Im Sinne des Kundenservice bietet es sich oftmals an, die gemeinsam mit dem Kunden erarbeiteten Lösungsansätze schon während der Beratungssequenz mitzuschreiben und sie während der Evaluation zusammenzufassen, zu ergänzen und zu konkretisieren.

Typische Fragestellungen für die Evaluation sind:
  » Was könnte Sie eventuell noch an der Umsetzung Ihrer Lösungsansätze hindern?
  » Was könnten Sie für die Umsetzbarkeit Ihrer Lösungsansätze noch brauchen?
  » Wer könnte Sie in welcher Form bei der Umsetzung Ihrer Lösungsansätze unterstützen?
  » Was fehlt Ihnen eventuell noch an Ressourcen, um Ihre Lösungsansätze umzusetzen?

5.3.4 Transfer/Abschluss

Der abschließende Schritt einer Projektcoachingeinheit beinhaltet die Festlegung der ersten, ganz konkreten Umsetzungsschritte nach der Projektcoachingeinheit, eventuell die Vergabe von Aufgaben an den Kunden, die Erledigung etwaiger Formalitäten sowie die Abschlussformulierung, damit beiden Seiten klar ist, dass die Projektcoachingeinheit nun zu Ende ist und ab diesem Zeitpunkt nicht mehr weiter am Ziel der Projektcoachingeinheit gearbeitet wird.

Da der Abschluss der Projektcoachingeinheit bereits ca. 10 bis 15 Minuten vorher im Rahmen der Evaluation angekündigt wurde, wird die eigentliche Abschlusssequenz kurz und bündig gehalten. Dazu möchten wir festhalten, dass der Unterschied zwischen Evaluation und Transfer darin liegt, dass in der Evaluation die Umsetzbarkeit der gemeinsam erarbeiteten Lösungsansätze sichergestellt wird, während im Transfer ganz konkrete nächste Schritte definiert werden, die für den Kunden die unmittelbar ersten Handlungen auf dem Weg zur angestrebten Lösung markieren.

Typische Fragestellungen im Rahmen der Klärung konkreter Umsetzungsschritte sind:
» Was sind die nächsten Schritte?
» Welchen ersten Schritt werden Sie morgen setzen, damit diese Lösung verwirklicht wird?
» Was passiert konkret bis zur nächsten Coachingeinheit (falls es eine gibt)?

Die Vergabe von Aufgaben an den Kunden im Rahmen einer Projektcoachingeinheit ist kein Muss, oftmals bietet sie sich jedoch förmlich an und sollte daher vom Projektcoach auch genutzt werden. Es existieren unterschiedlichste Kategorisierungsarten für Aufgabenstellungen an den Kunden, wie beispielsweise die Einteilung in (1) direkte und klare Hausaufgaben, (2) Beobachtungs- und Nachdenkaufgaben und (3) Botschaften, Anekdoten und Geschichten in Anlehnung an Steven Friedman oder die Ableitung von Aufgaben aus der Zentralkarte nach Steve de Shazer, die am Ende dieses Kapitels dargestellt ist. Auch Kapitel 10 bietet einen weiteren Überblick über unterschiedliche Aufgabenarten.

Möglichkeiten zur Beendigung einer Projektcoachingeinheit sind:
» „Können wir hier einen Punkt machen?"
» „Machen wir Schluss?"
» Durch Mimik und Gestik!

Nach jeder Projektcoachingeinheit wird vom Projektcoach ein Projektcoachingprotokoll verfasst, dessen Struktur in Kapitel 10 genauer beschrieben ist.

Mögliche Reflexionsfragen in diesem Zusammenhang könnten beispielsweise sein:
» Was würde ich wieder so tun? Was nicht?
» Welche Frage hätte ich noch gerne gestellt?
» Wie geht es mir mit dem Thema des Kunden?

Wir wollen abschließend darauf hinweisen, dass es unserer Erfahrung nach das Beste ist, das Coachingprotokoll unmittelbar nach der Projektcoachingeinheit zu verfassen, um zu gewährleisten, dass man sich später an die Details der Einheit erinnert, da die Kunden meist die gesamten Mitschriften mitnehmen.

Paula Praktiker Ganz einleuchtend finde ich das mit der Mitschrift nicht gerade. Warum soll ich dem Kunden meine ganzen Notizen geben und dann anschließend von Neuem ein Coachingprotokoll verfassen?

Theo Theoretiker Wir haben ja schon zu Beginn der Coachingeinheit mit dem Kunden besprochen, dass alles, was wir mitschreiben, grundsätzlich ihm gehört. Das ist ein wesentlicher Baustein für Vertraulichkeit im Coaching, damit der Kunde nicht das Gefühl bekommt, vom Projektcoach „analysiert" und bewertet zu werden. Abgesehen davon stehen hoffentlich auf unseren Mitschriften die gemeinsam erarbeiteten Lösungsansätze für den Kunden, und ich bin mir sicher, dass der Kunde diese unbedingt haben will, wenn wir professionell gearbeitet haben!

Paula Praktiker Und warum verfasse ich dann ein Coachingprotokoll?

Karl Kritiker Na, vielleicht hilft das zur eigenen Reflexion und Orientierung.

Otto Oberzwerg Als Projektcoach durchläuft man diese zyklischen Coachingschleifen, von denen wir eingangs gesprochen haben. Das Coachingprotokoll dient primär als Selbstreflexion und Weiterentwicklung für den Projektcoach und sichert weiters auch ein wenig die Anschlussfähigkeit für die nächste Coachingschleife.

Paula Praktiker Ich muss Karl dieses Mal direkt beipflichten! Ich kann mir vorstellen, dass es Kunden gibt, die ihre Situation nur negativ ohne jeden Lichtblick sehen. Wenn ich mal die Wertschätzung kurz beiseite lassen würde, würde ich sagen – richtige Raunzer.

Karl Kritiker Ich habe jetzt noch eine ganz andere Frage! Das mit dem Ablauf der Coachingeinheit klingt ja ganz gut, aber was mache ich eigentlich, wenn ich meinem Gegenüber kein Stundenziel und keinen Auftrag entlocken kann?

Theo Theoretiker Ich hab mal was von verschiedenen Kundenarten gehört. Das könnte eventuell zu deiner Frage passen, Karl.

Vier Arten von Kunden

In Anlehnung an Steve de Shazer („Der Dreh") werden in diesem Abschnitt vier grundsätzliche „Arten von Kunden" umrissen, die einem Projektcoach im Rahmen von Projektcoachingeinheiten begegnen können. Gleich vorweg sei betont, dass man im Rahmen von Coaching oftmals mit Konzepten zur Typisierung von Charakteren konfrontiert wird, wobei diese aus unserer Sicht niemals zur Stigmatisierung der Kunden herangezogen werden dürfen. All diese Modelle dienen daher maximal als ein möglicher Anhaltspunkt, ein anwendbares Differenzierungsschema, auf Basis dessen Beobachtungen interpretiert und so in Hypothesen umgewandelt werden können, die in weiterer Folge in zielgerichtete Interventionen münden.

Auch das nachfolgend beschriebene Modell soll keineswegs dazu dienen, Personen in Schubladen zu stecken und ihnen damit beispielsweise den Stempel eines „Klagenden" aufzudrücken. Vielmehr wollen wir darauf hinweisen, dass sich Kunden während des Projektcoachingprozesses und oftmals sogar während einer einzelnen Projektcoachingeinheit wandeln und mehr als eine Kundenart repräsentieren können.

Der Besucher

Der Besucher fällt in einer Projektcoachingeinheit dadurch auf, dass er kein Problem wahrnimmt oder vorgibt, keines zu haben. Er weiß auch gar nicht, aus welchem Grund er eigentlich hier ist, und kann sich maximal vorstellen, dass jemand anderer ein Problem hat. Häufig trifft man als Projektcoach ein Besucherverhalten an, wenn es sich um einen „geschickten" Kunden handelt, sprich einen Kunden, dessen Teilnahme an der Projektcoachingeinheit nicht auf Freiwilligkeit beruht. So kann es einem Projektcoach mit einem Besucher passieren, dass die gesamte Projektcoachingeinheit über kein wirkliches Kundenanliegen gefunden wird, von einer Ziel- und Auftragsklärung ganz zu schweigen. In einer zweiten Variante bringt der Besucher eventuell ein „Pseudoanliegen" in die Projektcoachingeinheit ein, wobei die geringe Relevanz des Anliegens für den Kunden einem professionellen Projektcoach nicht entgeht. Es kann jedoch sein, dass der Kunde diese Besucherphase benötigt, um den Projektcoach zu testen, und erst, sobald der Kunde Vertrauen gefasst hat, bringt er seine brennenden Anliegen ein.

Der Konsument

Der Konsument lässt sich daran erkennen, dass er zwar ein Problem hat, allerdings erwartet, dass dieses von anderen gelöst wird. Er verhält sich selbst distanziert und eher passiv. Die Erwartungshaltung an den Coach durch den Konsumenten ist, dass der Coach die 100%ig passende Lösung aus dem Hut zaubert und der Konsument diese lediglich mitnehmen muss. Der Konsument lehnt sich also zurück und möchte sich die fertige Lösung am Präsentierteller servieren lassen. Die Herausforderung ist es, einen Konsumenten in den Coachingprozess „hineinzuholen" und zum eigenverantwortlichen Mitarbeiten zu motivieren.

Der Klagende

Der Klagende hat (ein) Problem(e), macht andere für dieses Problem verantwortlich. Er glaubt daher gar nicht an eine Lösung. Charakteristischerweise sieht der Klagende nur Negatives und ist permanent unzufrieden. Versuche, den Klagenden aus der Klage heraus zu Ziel und Auftrag zu führen, enden häufig in einer erneuten Schleife der Schilderung des als großes Problem empfundenen Anliegens oder der Hinzufügung neuer problematischer Anliegen und damit der Vertiefung der Klage und Ohnmacht. In diesem Fall ist die Herausforderung, den Kreislauf „Problem-Sumpf" in Richtung „Lösungs-Welt" zu durchbrechen und den Klagenden auf eine Zielstraße der eigenen Möglichkeiten zu führen.

Der Kunde

Der Kunde ist jenes Gegenüber, das wir uns als Projektcoaches wünschen. Er hat ein konkretes Anliegen, kann sein(e) Ziel(e) (relativ) genau formulieren und erkennt seine eigenen Möglichkeiten und seinen Handlungsspielraum. Der Kunde ist somit ein Experte für sein(e) Anliegen, der Interesse hat, dass ihm der Projektcoach bei seiner Zielerreichung behilflich ist.

Karl Kritiker Genau so einen Typ „Klagender" wie hier beschrieben habe ich vorhin gemeint. Nur, was ich in einer solchen Situation in einer Coachingeinheit jetzt konkret machen soll, weiß ich immer noch nicht!

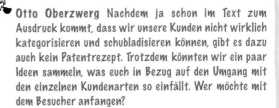

Otto Oberzwerg Nachdem ja schon im Text zum Ausdruck kommt, dass wir unsere Kunden nicht wirklich kategorisieren und schubladisieren können, gibt es dazu auch kein Patentrezept. Trotzdem könnten wir ein paar Ideen sammeln, was euch in Bezug auf den Umgang mit den einzelnen Kundenarten so einfällt. Wer möchte mit dem Besucher anfangen?

Paula Praktiker Ich könnte mir vorstellen, dass es für einen Besucher wichtig ist, dass der Coach Struktur und Klarheit in Bezug auf das Vorgehen im Projektcoaching schafft, damit der Kunde Vertrauen fassen kann, dass hier kein Hokuspokus passiert. Eventuell könnte ich mir sogar vorstellen, dass man die Interventionen – speziell die sehr ungewöhnlichen – ausführlich erklärt.

Theo Theoretiker Alternativ könnte es auch um das Thema „Awareness" gehen, das bedeutet, dass dem Besucher selbst noch nicht bewusst ist, dass etwas auch für ihn problematisch werden kann. Und dass er selber für die Lösung verantwortlich ist, nicht etwa andere ...

Otto Oberzwerg Das sind schon erste gute Ansätze. Karl, was könntest du dir im Zusammenhang mit einem Konsumenten vorstellen?

Karl Kritiker Na ja, ich weiß nicht so recht. Der mag sich ja nur die fertige Lösung von mir abholen. Vielleicht könnte es helfen, ihm unser Coachingverständnis zu erklären, ohne Systemtheorie und Konstruktivismus in epischer Breite auszurollen. Außerdem sollte ich mit einem Konsumenten ja zumindest bis zu einem Ziel kommen, dann könnte ich in einem „Meta mit mir" (siehe Kapitel 10) ein paar Ideen einbringen und diese nach dem Metadialog dann gemeinsam mit dem Kunden weiterentwickeln.

Paula Praktiker Mir wäre bei einem Konsumenten schon auch wichtig, zu klären, wer im Projektcoaching die Verantwortung wofür hat. Für die inhaltliche Lösung bzw. für das Projekt bleibt immer der Kunde in der Verantwortung. Der Projektcoach sorgt für einen passenden Prozess, der konsequent verfolgt wird.

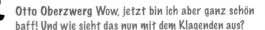

Otto Oberzwerg Wow, jetzt bin ich aber ganz schön baff! Und wie sieht das nun mit dem Klagenden aus?

Karl Kritiker Da fühle ich mich beinahe bemüßigt, mir was einfallen zu lassen. Mal sehen. Ich könnte mir vorstellen, dass es für den Klagenden besonders wichtig ist, dass seine Klage anerkannt wird und er viele Komplimente bekommt. Vielleicht versetzt ihn das ja in eine bessere Stimmung, die es ihm ermöglicht, in Richtung Lösung zu schauen.

Paula Praktiker Wichtig erscheint mir auch, dass man sich mit einem Klagenden auf kleine Schritte konzentriert und trotz allem auf die Suche nach Ausnahmen geht, auch wenn diese noch so klein und unbedeutend erscheinen. Denn Ressourcen hat er ja wohl jede Menge, wenn er in der Lage ist, tagtäglich diese problematische Situation zu überstehen. Andererseits könnte aber vielleicht auch eine paradoxe Frage wie die Verschlimmerungsfrage etwas bewirken.

Otto Oberzwerg Jetzt haben wir also doch erste Ideen für alle drei Kundenarten gefunden, die sich noch nicht als kundige Kunden einbringen. Aber was ist eigentlich mit dir, Theo, du hast noch gar nichts gesagt. Bist du krank?

Theo Theoretiker Nein, ich mag nur nicht wieder als Streber erscheinen.

Otto Oberzwerg Wie kommst du denn auf die Idee?

Theo Theoretiker Da kommt im Manuskript jetzt noch eine Beschreibung der Zentralkarte für eine Coachingeinheit von Steve de Shazer. Und die ist auf die unterschiedlichen Kundenarten zugeschnitzt.

Paula Praktiker Lass mal sehen (nimmt Theo das Manuskript aus der Hand).

Zentralkarte nach Steve de Shazer

Steve de Shazer definierte in seiner Zentralkarte den Ablauf einer Coachingeinheit, der auch für Projektcoaching seine Gültigkeit besitzt. In Abhängigkeit davon, welche Art von Kunde anwesend ist, gibt es für den Projektcoach unterschiedliche Möglichkeiten, vorzugehen. Zum Start der Einheit hinterfragt der Projektcoach das Anliegen des Kunden. Tritt der Kunde als „Besucher" auf und kann kein Anliegen konstruieren, so ist die Aufgabe des Projektcoaches, durch Anerkennung und Komplimente die Situation des Kunden zu würdigen und mit dem Prozess quasi von „vorne" zu beginnen.

Ist ein Anliegen eine Beschwerde bzw. Klage, sprich der Kunde tritt als „Klagender" auf, sucht der Coach nach Ausnahmen, um die Unterschiede zwischen Ausnahme und Beschwerde zu identifizieren. Ist keine Ausnahme identifizierbar, versucht der Coach, einen Perspektivenwechsel durch hypothetische Lösungen zu konstruieren. Ist dieser Versuch für den Kunden erfolgreich, wird der Prozess entlang der Zentralkarte mit der Suche nach Unterschieden zwischen der hypothetischen Lösung und der Beschwerde fortgesetzt. Ist eine hypothetische Lösung nicht mehr möglich, bleibt noch der Weg, über Re- oder Deframing den Rahmen oder die Beschwerde zu dekonstruieren.

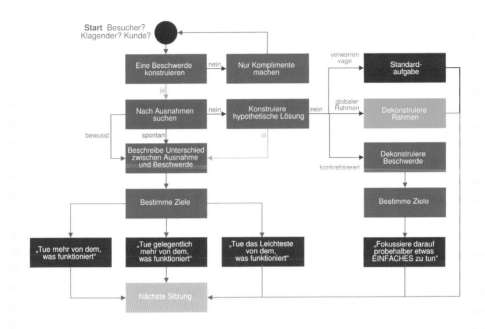

Abbildung 30: Zentralkarte nach Steve de Shazer

Paula Praktiker Der Konsument ist da aber jetzt nicht dabei. Und alle Ideen, die wir schon gehabt haben, sind auch nicht komplett abgebildet.

Theo Theoretiker Siehst du, Otto, deswegen wollte ich das zuerst auch gar nicht einbringen.

Karl Kritiker Bist du aber heute empfindlich! Ich finde diese Zentralkarte schon hilfreich, wenn dich das freut.

Otto Oberzwerg Das ist in jedem Fall eine fundierte und hilfreiche Ergänzung unserer Diskussion. Ich glaube aber, für heute ist es genug. Ihr braucht jetzt wirklich ein wenig Ablenkung.

Theo Theoretiker Dann fahren wir jetzt endlich mit der Hochschaubahn. Alles einsteigen. Ich freu mich schon auf die Loopings!

6 Projektcoaching anhand ausgewählter Projektmanagement-Kernprozesse

Heute steht die Anwendung von Interventionsdesigns in der Praxis auf dem Programm. Die Zwerge haben beschlossen, einen Ausflug nach Schönbrunn zu machen und die heutige Einheit dort in der schönen Parkanlage stattfinden zu lassen. Ziel ist es, typische Themenstellungen des Projektcoachings entlang der Projektmanagement-Kernprozesse zu diskutieren. Abschließend sollen zwei anonymisierte Fallbeispiele, in denen typische Projektcoachingaufgaben verdichtet dargestellt sind, besprochen werden.

6.1 Der betrachtete Projektmanagementprozess

Projektcoaching bezieht sich auf die Begleitung und Unterstützung von Personen oder Gruppen in einem singulären Projekt. Daher sind vor allem die Prozesse des Einzelprojektmanagements für die Gestaltung des Projektcoachingprozesses relevant.

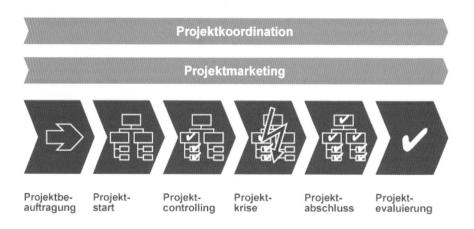

Abbildung 31: Betrachtete Projektmanagementprozesse

Die Prozesse des Einzelprojektmanagements beinhalten die Projektmanagementprozesse, die zur erfolgreichen Durchführung eines einzelnen Projekts notwendig sind. Sie reichen vom Projektstart über zyklisches Projektcontrolling, kontinuierliche Projektkoordination und begleitendes Projektmarketing bis zum Projektabschluss. Der Krisenbewältigungsprozess hat im Einzelprojektmanagement eine Sonderstellung – er kann, muss aber nicht in jedem Projekt vorkommen, das heißt, wir gehen nicht davon aus, dass sich jedes Projekt planmäßig (z. B. nach drei Monaten) in einer Krise befindet.

Die Projektmanagementprozesse sind „Metaprozesse", für die es unternehmensspezifische Vorlagen geben kann, die jedoch für das individuelle Projekt hinsichtlich Dauer, Umfang usw. angepasst werden müssen. Der Projektleiter ist beispielsweise zum Projektstart für die Auswahl geeigneter Projektmanagement-Methoden und die Anpassung des Prozesses in Form eines Detaildesigns basierend auf den Ergebnissen einer Situationsanalyse verantwortlich.

Die Prozesse Beauftragung und Projektevaluierung sind Prozesse des Multiprojektmanagements. Häufig beginnt jedoch ein Projektcoachingauftrag bereits in der Beauftragung eines Projekts, daher ist dieser Prozess ebenfalls für das Projektcoaching relevant und in diesem Kapitel beschrieben.

Auf die Begleitprozesse Projektmarketing und Projektkoordination wird in der Folge nicht separat eingegangen. In der Betrachtung möglicher Projektcoachingthemen werden die Punkte aus der Projektkoordination im Rahmen des Projektcontrollings aufgelistet. Die Themen zum Projektmarketing sind den einzelnen Projektmanagementprozessen (Start, Controlling, Bewältigung von Krisen bzw. dem Projektabschluss) zugeordnet.

6.2 Themen im Projektcoaching

In der Folge sind die Projektmanagement-Kernprozesse Projektbeauftragung, Projektstart, Projektcontrolling und Projektabschluss bzw. Bewältigung von Projektkrisen überblicksmäßig beschrieben. Dieser Überblick ist auf keinen Fall vollständig (für weiterführende Beschreibungen siehe „Let your projects fly", Sterrer, Winkler 2006). Der kurze Überblick wird durch für den Projektmanagementprozess typische Anliegen und Themenstellungen, deren Konsequenzen für das Projektcoaching und mögliche Aufträge zur Gestaltung der jeweiligen Projektcoachingeinheit in Tabellenform ergänzt.

Allgemeine Themen
Hier finden sich übergreifende Themen, die im Projektcoaching entweder in jedem Prozess in gleicher oder ähnlicher Form vorkommen können oder die sich nicht eindeutig einem Projektmanagementprozess zuordnen lassen.

Allgemeine Themen/Anliegen					Mögliche Projektcoachingelemente	
Allgemeine Themen (**X**), Themen in der Beauftragung (**B**), im **S**tart (**S**), im **C**ontrolling (**C**), in **K**risen (**K**), im **A**bschluss (**A**)					Personal Coaching (**PC**), **M**oderation von PM-**W**orkshops (**MW**), Fach-**B**eratung zum PM (**FB**), **S**tarthilfe zur Projekt**d**okumentation (**SD**)	
NR	typische Anliegen/Themen	PC	MW	FB	SD	mögliche Aufträge
X01	Allgemeine Fragestellungen zum Projekt » Identifikation mit dem Projekt bzw. den Projektzielen » Rolle im Projekt » Einbringen von Erfahrungen und Kompetenzen » Erfahrungen mit vergleichbaren Projekten	x				» Reflektieren, Abwägen, Hinterfragen … » Entwickeln von Lösungen zur Weiterentwicklung, Karriereplanung (nach Projektabschluss)
X02	Persönliche Situation des Kunden » Eigene Werte, Haltungen » Distanz zur Familie/zu Freunden » Umstände der Reisetätigkeit(en) » Umstellung Lebensqualität vs. Beitrag zur Weiterentwicklung					» Reflektieren, Abwägen, Hinterfragen … » Entwickeln von Ideen/Lösungswegen passend zur Situation des Kunden für die Dauer des Projekts

NR	typische Anliegen/Themen	PC	MW	FB	SD	mögliche Aufträge
X03	Persönliche Herausforderung für den Projektleiter bzw. für Projektbeteiligte » Arbeiten in temporären Organisationen » Linientätigkeit versus Projekttätigkeit » Erfolg des Projekts versus Erfolg des Projektleiters	x		x		» Entwickeln eines Rollenverständnisses (im Team) » Reflexion über Rollen und damit verbundene Erwartungshaltungen » Erarbeiten individueller Lösungsansätze im Fall von Rollenkonflikten
X04	Laufende Führungsaufgaben des Projektleiters » Rollenverständnis » Führen ohne Macht » Umgang mit schwierigen Situationen/Mitarbeitern » Konflikte im Team	x	(x)	x		» Information über Methoden zur Rollen-/Konfliktklärung, Gestaltung von temporären Organisationen … » Reflexion der eigenen Situation und Identifikation von Verbesserungsansätzen … » Optional: Moderation in Konfliktsituationen im Team, als reiner Moderater
X05	Stakeholder- und Beziehungsmanagement Umgang mit » Entscheidern, Budgetverantwortlichen, Ressourcenbereitstellern » Umsetzern, Experten, Informationsquellen, Projektpartnern » Politik (Unternehmens-, Partei-, Landespolitik) » …	x	x	x	x	» Etablierung der Methode „Projektumweltanalyse" im Projekt inkl. Visualisierung » Unterstützung bei der Dokumentation und Aufbereitung der Projektumweltanalyse » Reflexion der Situation und Abwägen/Priorisieren/Identifizieren von Maßnahmen … » Moderation beim Erarbeiten der Ergebnisse im Team
…	…					…

Die Aufstellung ist nicht vollständig, sondern soll ausgewählte mögliche Projektcoachingthemen zum Aufbau von Interventionsdesigns bzw. zur Gestaltung von Projektcoachingeinheiten auflisten.

Karl Kritiker Also, das ist wirklich eine super strukturierte Checkliste. Das heißt, wenn ich diese Themen drauf habe, kann ich im Coaching von nichts mehr überrascht werden.

Theo Theoretiker Das ist eine Auswahl von Coachingthemen. Steht eh da. Und nicht eine vollständige Erfassung aller möglichen Ausprägungen.

Paula Praktiker Ich finde das gut, wenn wir uns erst mal auf die typischen und häufigsten Themen konzentrieren. Die Spezial- und Sonderfälle können wir ja später betrachten. So eine strukturierte Vorgehensweise entlang der Projektmanagementprozesse finde ich auch sehr nützlich zur Orientierung. Wobei ich schon glaube, dass es gerade bei diesen „allgemeinen" Themen schwierig ist, festzustellen, was davon die typischen Themen sind. Man weiß ja nie, womit der Kunde daherkommt.

6.3 Coaching in der Projektbeauftragung

6.3.1 Beschreibung eines idealtypischen Beauftragungsprozesses

In der Beauftragung geht es vor allem um die Entscheidung, ob das Projekt durchgeführt werden soll oder nicht, und wenn ja, in welcher Form. Der Projektbeauftragungsprozess reicht von der Projektidee über die Beschreibung des Projekts und die inhaltliche Entscheidung zur Projektdurchführung bis zum eigentlichen Projektauftrag. Das heißt, das Projekt entsteht formal durch Unterzeichnung des Projektauftrags zwischen Projektauftraggeber und Projektleiter.

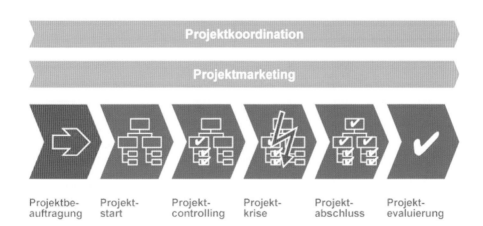

Abbildung 32: Projektbeauftragung

6.3.2 Die Situation in der Beauftragung

In der Praxis beginnt der Projektleiter bereits während der Beauftragung mit den ersten Aufgaben zum Projektmanagement. Je Situation ist er vielleicht schon in der Entstehung der Projektidee oder erst am Ende des Projektbeauftragungsprozesses eingebunden. In dieser Phase werden die Eckpfeiler zum Projekt „eingeschlagen". Es existiert eventuell noch kein Projektteam, und die Unsicherheit in Bezug auf das Projekt und bezüglich der Erwartungen bzw. Rollen der beteiligten Personen ist hoch.

6.3.3 Die Konsequenz für das Projektcoaching

Die Projektbeauftragung ist bei vielen in der Praxis vorkommenden Projektcoachingfällen zu Beginn des Projektcoachings noch nicht abgeschlossen. Die Ungewissheit/Unklarheit in der Projektbeauftragung führt oft dazu, dass sich diese auf die Erstellung des Projektcoachingauftrags überträgt.

6.3.4 Mögliche Projektcoachingthemen in der Projektbeauftragung

Themen/Anliegen in der Beauftragung von Projekten					Mögliche Projektcoachingelemente			
Allgemeine Themen (**X**), Themen in der **B**eauftragung (**B**), im **S**tart (**S**), im **C**ontrolling (**C**), in **K**risen (**K**), im **A**bschluss (**A**)					**P**ersonal **C**oaching (**PC**), **M**oderation von PM-**W**orkshops (**MW**), **F**ach-**B**eratung zum PM (**FB**), **S**tarthilfe zur Projekt**d**okumentation (**SD**)			
NR	**typische Anliegen/Themen**	**PC**	**MW**	**FB**	**SD**	**mögliche Aufträge**		
B01	Beauftragungsprozess » Gestaltung des Beauftragungsprozesses » Dokumentation des Prozesses	x		x	x	» Stärkung der Kompetenz/des Know-how des Projektleiters/Kunden » Reflexion im Rahmen von PC-Einheiten		
B02	Formen der Projektidee » Abgrenzung des Projekts » Dokumentation der Projektidee(n) » Aufbau eines Projektantrags	x		x	x	» Stärkung der Kompetenz in der Methodenanwendung » Abklopfen, Hinterfragen mit Projektcoach » Reflexion über Projektinhalte		
B03	Entscheidung PM-Ansatz » Festlegen des anzuwendenden PM-Standards (Kunde/Intern/Beteiligte Organisationen/…)	(x)	(x)	x		» Einholen einer Expertenmeinung » Reflexion der Möglichkeiten » Moderation der Entscheidungsfindung		
B04	Projektwürdigkeitsanalyse » Unternehmensspezifische Projektdefinition/PM-Richtlinien » Bewertung des potenziellen Projekts			x		» Einholen einer Expertenmeinung » Reflexion der Möglichkeiten » Moderation der		

	» Bewertung der Komplexität » Durchführung einer Situationsanalyse » Abstimmen mit relevanten Personen und Bereichen					Entscheidungsfindung » Achtung: bei fehlenden Standards liegt der Versuch nahe, im Rahmen von Fachberatung Ratschläge zu erteilen
B05	Planung eines potenziellen Projekts zur Beauftragung » Erstansatz Projektplanung (Leistungs-, Terminplanung, Ressourcen) » Kontextanalysen » Erstansatz Projektorganisation » Erstansätze sonstiger relevanter Pläne » Dokumentation der Erstansätze zur Projektplanung » Entscheidungsvorbereitung	x	x	x	x	» Einbringen einer Außensicht » Stärkung der Kompetenz bei der Methodenanwendung » Abklopfen, Hinterfragen, Reflexion mit Projektcoach » Unterstützung zur Visualisierung » Dokumentation im Rahmen der Starthilfe zur Projektdokumentation
B06	Entwicklung Business Case » Konkrete und umsetzbare Ziele » Ergebnisse/Erfolgsfaktoren » Risiken » Kosten-/Nutzen-Relation » Entscheidungsvorbereitung » Argumentationslinien	x		x		» Achtung: Die Entwicklung des Business Case ist unternehmensspezifisch unterschiedlich » Abklopfen, Hinterfragen, Reflexion mit Projektcoach » Eventuell: Stärkung der Kompetenz bei der Methodenanwendung
B07	Bereitstellung von Ressourcen » Identifizieren relevanter Bereiche » Klärung Ressourcenbedarf » Erste Gespräche mit den betroffenen Bereichen » Vorreservierung der notwendigen Ressourcen	x	(x)	x		» gemeinsame Ableitung von der Abgrenzung und Kontextanalyse bzw. einem Erstansatz zur Ressourcenplanung » Reflexion von Strategien/Taktiken zur Beschaffung und Sicherung der Ressourcen » Einbringen einer Außensicht

NR	typische Anliegen/Themen	PC	MW	FB	SD	mögliche Aufträge
B08	Auftragsklärung mit dem Top-Management » Abstimmung mit den relevanten Bereichen » Entscheidungsvorbereitung für Projektesteuerkreis » Endgültige Festlegung des Projektauftraggebers, Projektleiters » Evtl. Adaptierung des Projektauftrags	x	(x)	x	x	» Gemeinsame, effiziente Aufbereitung und Vorbereitung der Entscheidung » Die eigentliche Entscheidung ist meist nicht Bestandteil von Projektcoachingaufträgen (evtl. Moderation der Entscheidungsfindung) » Reflexion von Alternativen, Abwägen, Priorisieren von Themen » Teilweise Starthilfe zur Projekt-Doku bei der Adaptierung des Projektauftrags (> dieser Teil wird besser vom Projektleiter selbst übernommen)
B09	Konstituierende Projektauftraggebersitzung » Projektauftrag unterschreiben » Relationale Rollendefinition	(x)	(x)	x		» Einbringen einer Außensicht und Expertise zum PM » Evtl. Moderation der PAG-Sitzung » Selten als PC-Einheit – eher in kritischen Situationen bei Projektcoaching der gesamten Projektorganisation » Evtl. Reflexion der PAG-Sitzung mit dem Kunden nach der eigentlichen Sitzung
B10	Überarbeitung der Projektdokumentation			x	x	» Sicherstellung einer effizienten Überarbeitung durch den Kunden
...	...					...

Die Aufstellung ist nicht vollständig, sondern soll ausgewählte mögliche Projektcoachingthemen zum Aufbau von Interventionsdesigns bzw. zur Gestaltung von Projektcoachingeinheiten auflisten.

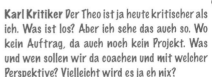

Theo Theoretiker Wieso gehört die Beauftragung eigentlich zum Projektcoaching? Da gibt es das Projekt per Definition ja noch gar nicht. Und es liegt auch noch gar kein Auftrag vor.

Karl Kritiker Der Theo ist ja heute kritischer als ich. Was ist los? Aber ich sehe das auch so. Wo kein Auftrag, da auch noch kein Projekt. Was und wen sollen wir da coachen und mit welcher Perspektive? Vielleicht wird es ja eh nix?

Paula Praktiker Ich finde schon, dass es sehr nützlich sein kann, den Kunden bereits in der Entstehung eines Projekts zu begleiten. Mir ist es sogar schon einmal passiert, dass in der Beauftragung ganz andere Leute am Werk waren als dann später im Projekt selbst. Aber was würde denn dagegen sprechen, zuerst den einen und dann den anderen Kunden zu coachen? Auf alle Fälle gibt es auch in der Beauftragung genügend Unsicherheiten und Bedarf, Komplexität zu reduzieren.

Theo Theoretiker Einerseits Komplexität reduzieren, aber auch Komplexität aufbauen und Dinge einbringen, die nicht bedacht wurden, bzw. diesbezügliche Fragen stellen. Der Fokus liegt vor allem darauf, den Kunden, der eventuell der zukünftige Projektleiter ist, bei der Erarbeitung eines Projektantrags und ggf. auch Projektauftrags zu unterstützen.

Otto Oberzwerg Und was notwendig ist und wo es Bedarf an Projektcoaching gibt, entscheidet wieder der Kunde.

6.4 Coaching im Projektstart

6.4.1 Beschreibung eines idealtypischen Projektstartprozesses

Durch den unterschriebenen Projektauftrag erhält der Projektleiter die formale Befugnis, alle erforderlichen Maßnahmen zu ergreifen, um das Projekt aufzusetzen. Im Startprozess liegt der Schwerpunkt der Arbeit in der Formung des Projektteams und der Erstellung bzw. Verfeinerung der Projektpläne mit dem Projektteam. Am Ende des Projektstartprozesses stehen alle notwendigen Pläne zur Abwicklung und Steuerung des Projekts zur Verfügung und es liegt eine mit allen relevanten Beteiligten abgestimmte und freigegebene Projektdokumentation vor.

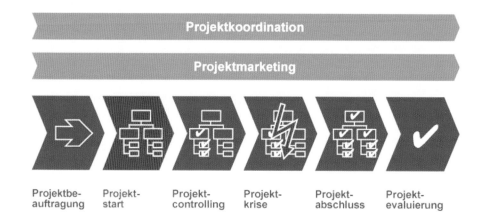

Abbildung 33: Projektstart

6.4.2 Die Situation im Start

In der Startphase wird die „temporäre Organisation" des Projekts aufgebaut. Die Herausforderung liegt in der gemeinsamen Planung und in der Etablierung eines echten „Projektteams". Teilweise ist der Informationsstand zum Projekt bzw. das Projektmanagement-Know-how der Beteiligten recht unterschiedlich. Der Projektstartprozess ist daher für eine erfolgreiche Projektabwicklung enorm wichtig, da hier implizite Spielregeln der Zusammenarbeit festgelegt werden. Das wird in der Praxis leider oft unterschätzt.

6.4.3 Die Konsequenz fürs Projektcoaching

Erst im Startprozess wird der Umfang des Projekts in aller Komplexität sichtbar. Aufgrund der eventuell „offenen" Themen im Projekt (mangelndes Know-how der Beteiligten, fehlende oder unzureichende inhaltliche Abgrenzung des Projekts usw.) kann die Versuchung für den Projektcoach sehr groß sein, andere Arbeitsformen wie Training, Management auf Zeit oder Beratung statt Projektcoaching zu „importieren". Wenn das Projektcoaching nicht gerade erst mit der Startphase beginnt, sondern auch der Beauftragungsprozess begleitet wurde, empfiehlt es sich, den Projektcoachingauftrag samt Interventionsdesign noch einmal zum Thema zu machen und gegebenenfalls zu konkretisieren bzw. zu adaptieren, um eine klare Abgrenzung im Sinne des Projektcoachings sicherzustellen.

6.4.4 Mögliche Projektcoachingthemen im Projektstartprozess

Themen/Anliegen im Projektstart — Allgemeine Themen (**X**), Themen in der Beauftragung (**B**), im **S**tart (**S**), im **C**ontrolling (**C**), in **K**risen (**K**), im **A**bschluss (**A**)					Mögliche Projektcoachingelemente — Personal **C**oaching (**PC**), **M**oderation von PM-**W**orkshops (**MW**), **F**ach-**B**eratung zum PM (**FB**), **S**tarthilfe zur Projekt**d**okumentation (**SD**)
NR	**typische Anliegen/Themen**	**PC**	**MW**	**FB**	**SD**	**mögliche Aufträge**

NR	typische Anliegen/Themen	PC	MW	FB	SD	mögliche Aufträge
S01	Situationsanalyse und Definition Startprozess » Ergebnisse Projektstartprozess, Projektorganisation, Stakeholder, Festlegung Projektmanagementmethoden/Hilfsmittel » Dokumentenanalyse » Design des Startprozesses	x		x	x	» Stärkung Kompetenz bei der Methodenanwendung » Abklopfen, Hinterfragen mit Projektcoach » Reflexion über Inhalte des Startprozesses
S02	Grundverständnis zum Projektmanagement im Projektteam » Akzeptanz für und Verständnis der Projektplanung im Projektteam » Vorgehensweise in der Projektplanung (top-down, bottom-up, zyklisch) im Team » Projektmanagement-Methoden als Kommunikations-/Integrationsinstrumente » Etablierung PM-Bewusstsein	x		x		» Stärkung der Kompetenz bei der Methodenanwendung » Einbringen von externer Erfahrung » Reflexion über die erstellten Pläne (> Dieses Element sollte bei unerfahrenen Kunden/Projektleitern fix im Interventionsdesign eingeplant werden)
S03	Vorbereitung Projektstart-Workshops » Führen von Einzelgesprächen mit den Teammitgliedern » Erstansatz zu den Projektplänen » Design des Startworkshops » Einladung » Organisation des Workshops (Infrastruktur usw.)	x		x	x	» Stärkung Kompetenz bei der Methodenanwendung » Einbringen von externer Erfahrung » Reflexion, Abwägen der Vorgehensweise

NR	typische Anliegen/Themen	PC	MW	FB	SD	mögliche Aufträge
S04	Durchführung Projektstart Workshop » Gemeinsame Sicht auf die Ziele/Ergebnisse des Projekts » Abgrenzung und Kontextanalysen » Erarbeitung der Leistungs-, Termin-, Kosten- und Ressourcenplanung im Team » Erstellung sonstiger relevanter Projektpläne » Entwickeln eines Risikobewusstseins		x	(x)		» Sicherstellung Einhaltung, effiziente Abwicklung etc. des Prozesses » Einbringen von PM-Expertise
S05	Aufbau Projektorganisation und Kommunikationsstrukturen » von der Gruppe zum Team » Auswahl Kernteammitglieder » Aufbau von Vertrauen » Reflexion der wechselseitigen Erwartungen an die Zusammenarbeit » Entscheidungsstrukturen (strategisch, operativ) » Einbeziehung der Linie » Auswahl/Festlegung Projekt-Abwicklungsorte » Entwickeln von Kommunikationsstrukturen » Eskalationsmechanismen	x		x	(x)	» Einbringen von Erfahrung und Know-how » Stärkung von Methoden- und Prozesskompetenz » Reflexion der Situation und Erarbeitung von Strategien und Maßnahmen (z. B. Teambuilding) » Evtl. Teamcoachingeinheiten zur Teamentwicklung, Konfliktlösung etc.
S06	Projektmarketing » Definition von Zielgruppen » Identifizieren von Marketinginstrumenten » Aufbau eines Projektmarketingplans » Durchführung erster Projektmarketingaktivitäten	x		x		» Einbringen von Erfahrung und Know-how » Stärkung von Methoden- und Prozesskompetenz » Reflexion der Situation und Erarbeitung von Strategien und Maßnahmen (z. B. Teambuilding)
S07	Vorbereitung auf potenzielle Kulturthemen » Identifikation kultureller Besonderheiten (Gemeinsamkeiten, Unterschiede) und Entwicklung von Ideen für Maßnahmen (z. B.: Cultural Agent) » Spezifische Zusammensetzung von Arbeitsgruppen » Etablierung Projektkultur	x		x		» Einbringen von Erfahrung und Know-how » Stärkung von Methoden- und Prozesskompetenz » Reflexion der Situation (z. B. Sensibilisierung für das Thema) und Erarbeitung von Strategien und Maßnahmen

NR	typische Anliegen/Themen	PC	MW	FB	SD	mögliche Aufträge
S08	Dokumentation der Ergebnisse – Aufbau Projekthandbuch	x		x	x	» Maßnahmen werden getroffen, damit der Projektleiter die Dokumentation selbst übernehmen kann
S09	Vorbereitung der PAG-Sitzung » Vorbereitung der Unterlagen » Design, Einladung zum Workshop » Organisation des Workshops (Infrastruktur usw.)	x		x		» Einbringen der externen Expertise » Abklopfen der Unterlagen, des Ablaufs usw. » Reflektieren und Erarbeitung von möglichen Taktiken, Ergebnissen der PAG-Sitzung
S10	Durchführung der PAG-Sitzung » Vorstellung der relevanten Pläne » Freigabe der Projektpläne » Evtl. nochmalige Unterschrift Projektauftrag	(x)	(x)	x		» Als teilnehmender Beobachter » Moderation » Einbringen der Projektmanagementexpertise
…	…					…

Die Aufstellung ist nicht vollständig, sondern soll ausgewählte mögliche Projektcoachingthemen zum Aufbau von Interventionsdesigns bzw. zur Gestaltung von Projektcoachingeinheiten auflisten.

Karl Kritiker Das kommt sicher am häufigsten vor, dass Projektleiter sich in der Startphase coachen lassen, oder?

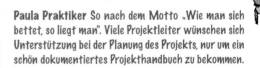

Paula Praktiker So nach dem Motto „Wie man sich bettet, so liegt man". Viele Projektleiter wünschen sich Unterstützung bei der Planung des Projekts, nur um ein schön dokumentiertes Projekthandbuch zu bekommen.

Otto Oberzwerg Und manch andere wollen in der Startphase einen Reflexionspartner für das Besprechen und Abstimmen der passenden Vorgehensweise.

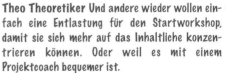

Theo Theoretiker Und andere wieder wollen einfach eine Entlastung für den Startworkshop, damit sie sich mehr auf das Inhaltliche konzentrieren können. Oder weil es mit einem Projektcoach bequemer ist.

Karl Kritiker Und um sich abzusichern: „Es war eh ein Projektcoach in der Startphase dabei. Was hätten wir denn sonst noch machen sollen?"

Otto Oberzwerg Genau. Da gibt es eine große Bandbreite an Möglichkeiten. Daher ist der Projektcoachingauftrag ja auch so wichtig.

6.5 Coaching im Projektcontrolling

6.5.1 Beschreibung des Projektcontrollingprozesses

Projektcontrolling ist die Summe der Tätigkeiten zur Steuerung des Projekts und zur Adaptierung der Pläne im Team. Projektcontrolling ist ein zyklischer Prozess, wobei Häufigkeit und Dauer projektspezifisch sind. Auf Basis des Projektstatus werden aktuelle Problemstellungen besprochen und steuernde Maßnahmen im Team vereinbart. Jeder einzelne Projektcontrollingprozess endet mit einer Projektauftraggebersitzung, in der anhand eines Projektfortschrittsberichts der Status zum Projekt bzw. der notwendige Steuerungsbedarf zwischen Projektauftraggeber und Projektleiter (als Vertreter des Projektteams) besprochen und abgestimmt wird. Am Ende jedes Projektcontrollingzyklus liegt ein abgestimmtes Projekthandbuch vor.

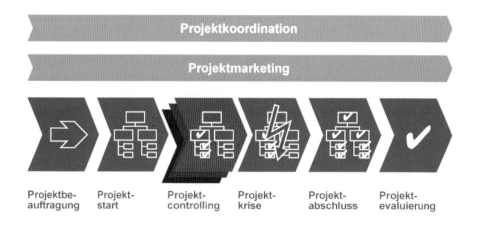

Abbildung 34: Projektcontrolling

6.5.2 Die Situation im Projektcontrolling

Für die ersten Projektcontrollingzyklen ist typisch, dass erste inhaltliche Phasen im Projekt abgewickelt wurden und das Projektteam erste Erfahrungen in der Zusammenarbeit gemacht hat. In späteren Zyklen ist der inhaltliche Fortschritt weiter gediehen und die Muster der Zusammenarbeit im Projektteam haben sich etabliert. Teilweise kann es durch externe oder interne Einflüsse zu Veränderungen des Projektumfangs kommen. Die Situation in den einzelnen Controllingzyklen kann recht unterschiedlich sein. Die Herausforderung im Team liegt im Wechsel von den Details der inhaltlichen Arbeit hin zur Steuerung des Projekts auf der Metaebene.

6.5.3 Die Konsequenz für das Projektcoaching

Die Anforderungen des Kunden an das Projektcoaching können sich während des Projekts verändern. Während in den ersten Projektcontrollingeinheiten häufig die effiziente (und sichere) Anwendung der Projektcontrollingmethoden im Vordergrund steht, wird es in späteren Einheiten vielleicht eher um takti-sche/strategische Fragestellungen aus der Sicht des Kunden gehen. Das könnte bedeuten, dass die Fachberatung zum Projektmanagement und die Moderation von Controllingworkshops bzw. die Starthilfe zur Projektdokumentation in den Hintergrund rücken und eher das Personal Coaching in den Vorder-grund tritt. Daher ist der Projektcoachingauftrag inklusive dem Interventionsdesign erneut zu hinterfra-gen und hinsichtlich des Aufwands (insgesamt und vor Ort) der zum Einsatz kommenden Projekt-coachingelemente und des betrachteten Projektcoachingsystems gegebenenfalls zu adaptieren.

6.5.4 Mögliche Projektcoachingthemen im Projektcontrollingprozess

Themen/Anliegen im Projektcontrolling					Mögliche Projektcoachingelemente	
Allgemeine Themen (**X**), Themen in der Beauftragung (**B**), im **S**tart (**S**), im **C**ontrolling (**C**), in **K**risen (**K**), im **A**bschluss (**A**)					Personal Coaching (**PC**), Moderation von PM-Workshops (**MW**), Fach-Beratung zum PM (**FB**), Starthilfe zur Projektdokumentation (**SD**)	
NR	**typische Anliegen/Themen**	**PC**	**MW**	**FB**	**SD**	**mögliche Aufträge**
C01	Definition Controllingprozess » Design Controllingprozess	x		x	(x)	» Stärkung der Kompetenz/des Know-hows des Projektleiters » Reflexion von Anpassungs-möglichkeiten des Controlling-prozesses
C02	Vorbereitung Controlling-Workshop » Führen von Einzelgesprächen mit den Teammitgliedern » Einholen von Ist- und Restwerten » Design des Controlling-Workshops » Einladung » Organisation des Workshops (Infrastruktur usw.)	x		x	(x)	» Einbringen von externer Expertise und gemeinsame Erarbeitung von Ideen zur Gestaltung des Workshops » Starthilfe zur Dokumentation bzgl. Design und Einladung (Anteil von SD sollte von Einheit zu Einheit zurückge-nommen werden.) » Bei erfahrenen Projektleitern kann die gesamte Vorbereitung über PC erfolgen: Gemeinsame Reflexion der Ist-Daten, Durchführen einer Abwei-chungsanalyse, Erarbeiten/

NR	typische Anliegen/Themen	PC	MW	FB	SD	mögliche Aufträge
						Abwägen von Alternativen, Strategien und Maßnahmen
C03	Durchführung Controlling-Workshop » Durchführung Leistungs-, Termin-, Kosten- und Ressourcencontrolling » Durchführung von Kontextanalysen » Soziales Controlling » Erstansatz des Fortschrittsberichts » Entscheidungsaufbereitung für die PAG-Sitzung » Planung der weiteren Vorgehensweise		x	(x)		» Achtung: Klärung Rolle Projektcoach im Workshop! » Moderation des Workshops » Einbringen einer externen Sicht » Einbringen von Erfahrungswerten aus anderen Projekten » Zu Beginn eher: Stärkung der Methodenkompetenz im Team » Gefahr: Projektcoach wird ins Handlungssystem gezogen!
C04	Weiterentwicklung des Projektteams » Gruppenbewusstsein – Wir-Gefühl » Umgang mit Projektänderungen im Team » Schwierige Entscheidungen » Erfolge, Schwierigkeiten – Tal der Tränen » Disziplin, Einhalten Spielregeln, Motivation	x		(x)		» Reflexion der Situation im Team, Abwägen von Prioritäten • Identifikation/Bewerten/Bearbeiten von Konflikten » Entwickeln von Strategien und Maßnahmen zu …
C05	Projektmarketing im Controlling » Controlling zu den durchgeführten Maßnahmen » Adaptierung der Zielgruppen » Adaptierung des Projektmarketingplans » Durchführung von Projektmarketingaktivitäten	x		x		» Im methodischen Teil eher FB » Bei der Durchführung von ersten Marketingaktivitäten können PC-Einheiten sinnvoll sein.
C06	Projektdokumentation im Controlling » Adaptierung der Projektpläne » Reporting » Kommunikation	x		x	(x)	» Der Schwerpunkt liegt in der FB und im PC » Optional: bei den ersten Controlling-Einheiten SD
C07	Vorbereitung PAG-Sitzung » Vorbereitung der Unterlagen » Design, Einladung zum Workshop » Organisation des Workshops (Infrastruktur usw.)	x		x	(x)	» Über FB oder PC » Optional bei der ersten PAG-Sitzung SD
C08	Durchführung PAG-Sitzung » Vorstellung der relevanten Pläne » Status im Projekt » Entscheidungen im Projekt	(x)	(x)	x		» Größtenteils in der FB, wobei der Projektcoach meist als teilnehmender Beobachter fungiert » Optional: Moderation der

NR	typische Anliegen/Themen	PC	MW	FB	SD	mögliche Aufträge
	» Freigabe des Fortschrittberichts und der adaptierten Projektpläne					PAG-Sitzung, wobei der Projektcoach als Moderator und Projektmanagement-experte agiert » Selten als PC-Einheit – eher in kritischen Situationen bei Projektcoaching der gesamten Projektorganisation
…	…					…

Die Aufstellung ist nicht vollständig, sondern soll ausgewählte mögliche Projektcoachingthemen zum Aufbau von Interventionsdesigns bzw. zur Gestaltung von Projektcoachingeinheiten auflisten.

Karl Kritiker Ich finde, da liegt ein hohes Risiko, ähnlich wie im Start-Workshop, dass der Projektcoach ins Projekt hineingezogen wird und so seine neutrale Position verliert, wenn er Controlling-Workshops leitet.

Otto Oberzwerg Vielleicht geht es ja vor allem darum, sich als Projektcoach entbehrlich zu machen?

Paula Praktiker Das sollte man halt auch mit den Kunden thematisieren und besprechen.

Theo Theoretiker Na, dann kann ich ja mit dem Kunden ausmachen, dass der erste Controlling-Workshop vom Projektcoach durchgeführt wird, der zweite in einer Art Doppelconference und beim dritten ist der Projektcoach nur mehr in Vor- und Nachbereitung und als Feedbackgeber involviert …

Karl Kritiker Und dann nur mehr als stilles Mäuschen oder Fangnetz. Bis er gar nicht mehr dabei ist. Wie ein klassisches Stufenprogramm.

Paula Praktiker Apropos Stufen. Lasst uns doch mal zur Gloriette raufgehen. Von dort oben müssten wir einen super Ausblick haben.

6.6 Coaching in Projektkrisen

6.6.1 Die Beschreibung von Projektkrisen

Ein Projekt ist in der Krise, wenn das Projekt als solches existenziell gefährdet ist. Der Projektkrisenbewältigungsprozess ist kein planmäßiger Prozess, sondern wird aufgrund von inneren oder äußeren Einflüssen bewusst ausgelöst. In dieser Ausnahmesituation wird durch den Projektauftraggeber, unter Mitarbeit des Projektleiters, des Projektteams und eventuell zusätzlicher Kompetenzen aus den beteiligten Organisationen eine Entscheidung zur Fortführung unter geänderten Rahmenbedingungen oder zum Abbruch des Projekts getroffen.

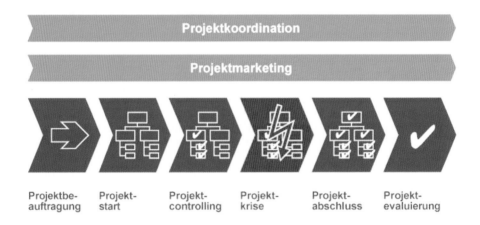

Abbildung 35: Projektkrisen

6.6.2 Die Situation in Projektkrisen

Wer will sich schon eingestehen, dass sein Projekt in einer Krise ist? Das Schwierigste an einer Krise ist, diese frühzeitig zu erkennen und den Krisenbewältigungsprozess rechtzeitig einzuleiten. In der Theorie zur Krisenbewältigung spricht man vom fortlaufenden Vernichten von Handlungsoptionen durch zu langes Warten ("das schaffen wir schon"). Die Herausforderung liegt also vor allem auf der psychosozialen Ebene, sprich Krisen als Chancen zur Veränderung wahrzunehmen. Zwei weitere Phänomene von Krisen sind die starke Problemzentrierung innerhalb der Projektteams und die Suche nach Schuldigen. Voraussetzung zur Bewältigung von Krisen ist eine ausgeprägte sachlich-konstruktive Projektkultur.

6.6.3 Die Konsequenz für das Projektcoaching

Coaching einer Projektkrise ist für alle Beteiligten inkl. Projektcoach eine sehr große Herausforderung. Entscheidend ist im Projektcoaching von Projektkrisensituationen, ob der Projektcoach schon länger im Projekt tätig ist oder nicht. Wenn erst in der Krisensituation mit einem Projektcoaching begonnen wird, herrscht meist große Spannung im Projektteam und es ist meist noch schwieriger als sonst, Zeit und Energie für die Definition eines Projektcoachingauftrags aufzubringen, da (rasche) Lösungen gefragt sind. Trotz des großen Zeitdrucks ist ein Projektcoachingauftrag jedoch unerlässlich!

Wir sind überzeugt, dass für den Projektcoach in Krisensituationen die Versuchung sehr groß ist, aufgrund seiner fachlichen Qualifikation in Richtung Ratschlagserteilung abzudriften. Daher ist es wichtig, über den Projektcoachingauftrag die Rolle des Krisenmanagers klar von der des Projektcoaches abzugrenzen.

6.6.4 Mögliche Projektcoachingthemen im Projektkrisensituationen

Themen/Anliegen in Projektkrisensituationen					Mögliche Projektcoachingelemente	
Allgemeine Themen (**X**), Themen in der Beauftragung (**B**), im **S**tart (**S**), im **C**ontrolling (**C**), in **K**risen (**K**), im **A**bschluss (**A**)					Personal Coaching (**PC**), Moderation von PM-Workshops (**MW**), Fach-Beratung zum PM (**FB**), Starthilfe zur Projektdokumentation (**SD**)	
NR	typische Anliegen/Themen	PC	MW	FB	SD	mögliche Aufträge
K01	Krisenbewusstsein » Krisendefinition » Krise als Chance …	x		x		» Einbringen der Außensicht, Neutralität » Einbringen von Erfahrung zur Krisenbewältigung » Stärkung der Methodensicherheit » Identifikation, Bewertung, Reihung der Hauptschwierigkeiten
K02	Krisenbewältigungsprozess » Design des Krisenbewältigungsprozesses » Dokumentation des Prozesses » …	x		x	x	» Einbringen von Erfahrung zur Krisenbewältigung » Reflexion … » Abklopfen, Hinterfragen …
K03	Persönliche Herausforderungen » Krise als eigener Misserfolg » Schwierige Entscheidungen » Motivation des Teams hochhalten » Status im Projekt und außerhalb des Projekts nicht verlieren	x				» Individualcoachings oder Projektcoaching von Projektteams » Reflexion der Situation, Identifikation von Lösungsansätzen
K04	Sofortmaßnahmen » Quelle, Ursache der Krise » Feststellen der Krisenursache » Entwickeln von Sofortmaßnahmen	x	x	x	x	» Gemeinsame Ideengenerierung » Maßnahmenidentifikation und -planung

NR	typische Anliegen/Themen	PC	MW	FB	SD	mögliche Aufträge
	» Unterstützung bei der Umsetzung der Maßnahmen					» Support zur Dokumentation » Individuelle Reflexion oder Reflexion im Team
K05	Entscheidungsfindung » Vorbereitung der Unterlagen » Design, Einladung zum Workshop » Organisation des Workshops (Infrastruktur usw.)	x		x	(x)	» Einbringen von externer Expertise » Abklopfen der Unterlagen, des Ablaufs » Reflektieren und Erarbeitung von möglichen Taktiken, Ergebnissen der Sitzung
K06	adäquate Kommunikationsstrategie(n) » Definition von Zielgruppen » Aufbau von Grundbotschaften » Identifizieren von Kommunikationsinstrumenten » Durchführung erster Kommunikationsaktivitäten	x		x		» Einbringen der externen Expertise » Abklopfen, Hinterfragen …
K07	Krisenbeendigung » Kriterien für die Krisenbeendigung » Entscheidung über und Kommunikation der Krisenbeendigung	x		x		» Einbringen von Erfahrung zur Krisenbeendigung » Reflexion … » Abklopfen, Hinterfragen …
…	…					…

Die Aufstellung ist nicht vollständig, sondern soll ausgewählte mögliche Projektcoachingthemen zum Aufbau von Interventionsdesigns bzw. zur Gestaltung von Projektcoachingeinheiten auflisten.

Karl Kritiker Wie soll das eigentlich funktionieren? Üblicherweise werden die Projektleiter entlassen, wenn ein Projekt in der Krise ist, und es wird statt dessen ein Krisenmanager eingesetzt. Was soll ein Projektcoach da tun?

Paula Praktiker Oder der Projektcoach ist der Krisenmanager und unterstützt den Projektleiter.

Karl Kritiker (singt) Der Papa wird's scho' richten …

Theo Theoretiker Ist der Projektcoach als Krisenmanager dann noch neutral und außerhalb des Systems? Glaube ich nicht.

Karl Kritiker Na, wie heißt das so schön: „When going get's tough, the tough get going". Der Projektcoach macht eben das, was nötig ist und wofür er bezahlt wird.

Paula Praktiker Für mich ist das dann doch kein Projektcoaching mehr!

Otto Oberzwerg Das ist tatsächlich ein heikles Thema. Der Krisenmanager kann ganz sicherlich nicht der Projektcoach sein – erinnert euch an die Abgrenzung zwischen Coach und Führungskraft. Die bleibt weiterhin bestehen. Sollte diese Erwartung an den Projektcoach bestehen, so würde das an welcher Stelle sichtbar werden?

Karl Kritiker Eh klar: bei der Erarbeitung des Projektcoachingauftrags. Ich glaube aber, dass es für jeden Krisenmanager eine große Entlastung darstellt, einen neutralen Reflexionspartner an der Seite zu haben. Also – Projektcoaching: in der Krise mehr denn je!

6.7 Coaching im Projektabschluss

6.7.1 Beschreibung des Projektabschlussprozesses

Im Abschlussprozess wird nach erfolgreicher inhaltlicher Abwicklung des Projekts oder auf Basis einer Entscheidung zum Projektabbruch in einer Krisensituation die temporäre Projektorganisation aufgelöst. Im Mittelpunkt dieses Prozesses stehen die Wissenssicherung und die Übergabe der Ergebnisse an die Linie. Zum letzten Mal wird der Status eines Projekts festgestellt und in Form einer „As is"-Dokumentation festgehalten. Auch dieser Prozess endet mit einer Projektauftraggebersitzung, in der der Projektauftraggeber durch seine Unterschrift auf dem Projektabschlussbericht das Projekt abnimmt und den Projektleiter und das Projektteam entlastet.

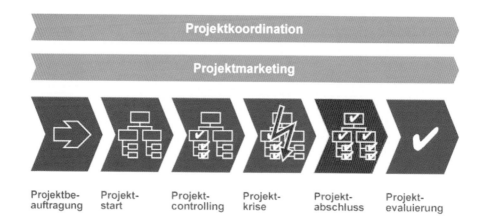

Abbildung 36: Projektabschluss

6.7.2 Die Situation im Projektabschluss

Die Ausgangssituation zum Abschluss des Projekts kann sehr vielfältig sein. Je nachdem, ob das Projekt mehr oder weniger wie geplant und erfolgreich durchgeführt wurde, abgebrochen wurde oder sich während des Projektverlaufs starke Veränderungen von Projektzielen und -inhalten ergeben haben, werden die Erwartungshaltung und die Stimmung aller Beteiligten sehr unterschiedlich sein. Unserer Erfahrung nach werden neben dem inhaltlichen Abschluss das Auflösen des Teams und das Setzen eines emotionalen Schlusspunktes mit den Beteiligten in Projekten oft sehr stiefmütterlich behandelt. Zusätzlich ist die Motivation, einen „sauberen" Projektabschluss durchzuführen, im Team oft generell gering.

6.7.3 Die Konsequenz für das Projektcoaching

In der Regel kommt die ausschließliche Begleitung des Projektabschlussprozesses selten vor, sondern diese ist eher in den Rahmen einer Gesamtbegleitung eines Projekts eingeschlossen. Der formale Projektabschluss muss zeitnah zum Abschluss der inhaltlichen Projektarbeit durchgeführt werden, da sonst eine Reflexion im Projektteam schwierig wird. Die Projektcoachingelemente Personal Coaching und Moderation von PM-Workshops treten eher in den Vordergrund.

6.7.4 Mögliche Projektcoachingthemen im Projektabschlussprozess

Themen/Anliegen im Projektabschluss					Mögliche Projektcoachingelemente
Allgemeine Themen (**X**), Themen in der Beauftragung (**B**), im **S**tart (**S**), im **C**ontrolling (**C**), in **K**risen (**K**), im **A**bschluss (**A**)					Personal **C**oaching (**PC**), **M**oderation von PM-**W**orkshops (**MW**), **F**ach-**B**eratung zum PM (**FB**), **S**tarthilfe zur Projekt**d**okumentation (**SD**)
NR	**typische Anliegen/Themen**	**PC**	**MW**	**FB**	**SD**	**mögliche Aufträge**

NR	typische Anliegen/Themen	PC	MW	FB	SD	mögliche Aufträge
A01	Definition des Abschlussprozesses » Zeitpunkt und Beteiligte für formalen Abschluss klären » Design des Abschlussprozesses » Dokumentation des Prozesses	x		x	x	» Reflexion des Reifegrades des Projekts » Stärkung der Methodensicherheit
A02	Vorbereitung Abschluss-Workshop » Führen von Einzelgesprächen mit den Teammitgliedern » Einholen der „As is"-Werte » Design und Einladung zum Abschluss-Workshop » Organisation des Workshops	x		x	(x)	» Einbringen der Erfahrungen zum Projektabschluss » Reflexion der Vorgehensweise
A03	Durchführung Abschluss-Workshop » Beurteilung des Projekts, Zielerreichungsgrad » Zufriedenheit mit den Ergebnissen » Emotionales Ende des Projekts » Reflexion der Zusammenarbeit » Lessons learned/Erfahrungssicherung » Klare Zuordnung der offenen Punkte » Auflösen der temporären Organisation		x	(x)		» Moderation des Workshops » Begleitung, Steuerung des Prozesses » Gefahr: Projektcoach wird ins Handlungssystem gezogen
A04	Vorbereitung letzte PAG-Sitzung » Vorbereitung der Unterlagen » Design, Einladung zum Workshop » Organisation des Workshops	x		x	(x)	» Über FB oder PC » Optional: Starthilfe zur Projektdokumentation für formale Abschluss-dokumentation (z. B. Abschluss-bericht)
A05	Durchführung letzte PAG-Sitzung » Vorstellen der Ergebnisse im Projekt » Beurteilung Zielerreichung	(x)	(x)	x		» Teilnehmende Beobachtung der PAG-Sitzung (anschließende Reflexion in Form von PC)

NR	typische Anliegen/Themen	PC	MW	FB	SD	mögliche Aufträge
	» Lessons learned » Beurteilung des PL und der PMA » Vereinbarung Aufgaben für die Nachprojektphase » Unterschreiben/Abnahme des Abschlussberichts					» Optional: Moderation der PAG-Sitzung inkl. Einbringen von PM-Expertise
...	...					...

Die Aufstellung ist nicht vollständig, sondern soll ausgewählte mögliche Projektcoachingthemen zum Aufbau von Interventionsdesigns bzw. zur Gestaltung von Projektcoachingeinheiten auflisten.

Paula Praktiker Bei Projektabschlüssen bin ich gerne dabei.

Karl Kritiker Ich nicht. Da geht es meist um Schuldzuweisungen und es gibt ein Hick-Hack, wenn Projekte nicht so erfolgreich waren.

Theo Theoretiker Da braucht es eben auch eigene Spielregeln für den Abschluss-Workshop.

Paula Praktiker Ja, und ganz wichtig ist auch hier die Rollenklärung. Damit dem Projektteam klar ist, welche Kompetenzen und Befugnisse der Projektcoach in Abgrenzung zum Projektleiter hat. Vor allem, wenn der Projektcoach nur für den Abschluss engagiert ist.

Otto Oberzwerg Ich sehe schon, es ist Zeit für ein Fallbeispiel. Dann könnt ihr euer Wissen gleich anwenden.

6.8 Fallbeispiele

Die beiden hier angeführten Fallbeispiele sind aus unterschiedlichen Kunden- und Projektcoachingsituationen zusammengestellt, anonymisiert, verändert und zur Darstellung von typischen Projektcoachingaufgaben verdichtet. Die beschriebenen Unternehmen, Personen und Projektcoachingfälle haben so in der Realität nicht existiert. Jede wie auch immer geartete Ähnlichkeit ist rein zufällig und nicht beabsichtigt.

In jedem der Fallbeispiele sind die Ausgangssituation, der Projektcoachingauftrag und ein mögliches detailliertes Interventionsdesign angeführt. Weiters ist jeweils eine Projektcoachingeinheit bzw. ein Hilfsmittel des Projektcoachings, wie in Kapitel 10 dargestellt, im Detail beschrieben.

Fall 1: Die Projektbeauftragung

Das Unternehmen
Es geht um ein Unternehmen eines internationalen Konzerns in der Elektroindustrie. Das Unternehmen stellt Motoren unterschiedlicher Art und Größe her und vertreibt diese an Kunden in der ganzen Welt. Im Unternehmen herrscht ein großes Maß an Unruhe bzw. Irritation durch laufende Veränderungen. Der Konzern verlagerte schrittweise die Hauptproduktionsstätten für die Massenproduktion von Mitteleuropa in Richtung Asien. Das Unternehmen selbst ist in Form einer Holding mit vier selbstständigen Produktions- und Vertriebseinheiten in Österreich, Ungarn, der Slowakei und in China organisiert.

Die Situation
Seit eineinhalb Jahren wurde ein mögliches Projekt „Product Range Simplification (PRS)" intern diskutiert. Auslöser für dieses Vorhaben ist die in den letzten Jahren gestiegene Anzahl an unterschiedlichen Produktsorten. Teilweise existieren Produkte in bis zu hundert unterschiedlichen Variationen. Die Produktions- und Vertriebseinheiten in Österreich, Ungarn, der Slowakei und in China haben sich aufgrund des Kundendrucks der regionalen Märkte auf unterschiedliche Varianten spezialisiert. PRS soll sich nun mit der Produktsortenbereinigung über alle Produktsegmente und Produktions- bzw. Vertriebsstätten des Unternehmens beschäftigen. Von diesem Projekt erwartet sich der Holdingvorstand massive Kostenreduktionen. Dennoch ist dieses Vorhaben nicht unumstritten, da von der Sortimentsbereinigung fast alle Kunden des Unternehmens betroffen sind und hohe Investitionen zur Adaptierung der Fertigungsstraßen drohen.

Im Sommer 2006 kontaktierte der Leiter der Produktionsplanung den Projektcoach. Im Rahmen eines Erstgesprächs wurde ein Projektcoaching zur Unterstützung des potenziellen Projektleiters Herrn Madl für die Erstellung der notwendigen Projektpläne für PRS vereinbart. Im August 2006 fand der erste Kontakt mit dem potenziellen Projektleiter statt.

Die Aufgabe im Projektcoaching
Zu dem genannten Zeitpunkt war Herr Madl seit drei Jahren im Unternehmen und Mitarbeiter der Marketingabteilung. Seit über einem Jahr wurde bereits versucht, das Projekt PRS zu starten. In unzähligen Präsentationen beim Holdingvorstand wurden die Vorgehensweise, eine Kosten-Nutzen-Bewertung und mögliche Risiken des Projekts erörtert. Im Sommer 2006 war nicht klar, ob das Projekt überhaupt durchgeführt werden kann. In einer Phase bis Ende Oktober 2006 sollte der Umfang des Projekts (über Leistungen, Termine, Kosten und Ressourcen) in einem kleinen Team abgegrenzt und in Form eines Projekthandbuchs als Entscheidungsvorlage zum Start des Projekts vor dem Holdingvorstand präsentiert werden.

Auszug aus dem Projektcoachingauftrag des Projekts „Product Range Simplification (PRS)"

Projektcoachingsystem

Name des Kunden:	Herr Madl, Marketing
Name des Coaches:	Herr Sebastian
AG des Projektcoachings:	Herr Fabius, Leiter der Produktionsabteilung
Projektauftraggeber:	noch nicht definiert (später Herr Sonic, Sales)
Beschreibung des „Projekts":	Derzeit befindet sich das Projekt Product Range Simplification (PRS) in der Beauftragungsphase. Bis 23. Oktober 2006 soll ein Erstansatz eines vollständigen Projekthandbuchs als Entscheidungsvorlage für den Holdingvorstand vorliegen. PRS beschäftigt sich mit der Produktsortenbereinigung über alle Produktsegmente und Produktions- bzw. Vertriebsstätten des Unternehmens.
Projektcoachingsystem:	Individualcoaching von Herrn Madl, Marketing Coaching des Initiierungsteams: Herr Madl (Marketing), Herr Ring (Produktionsplanung), Mitarbeiter der betroffenen Bereiche (Abgrenzung offen)

Themen/Ziele des Projektcoachings

» Ermöglichen einer vollständigen Projektplanung für das Projekt PRS als Entscheidungsvorlage
» Vermitteln von Sicherheit in der Anwendung der Projektmanagement-Methoden und -Techniken mit dem Initiierungsteam

Abgrenzungen/Ausgrenzungen

» Durchführung eines Personal Coachings

Projektcoachingprozess

Betrachteter Prozess:	Projektbeauftragungsprozess des Projekts PRS
Relevante Projekt-coachingelemente:	» Fachberatung zum Projektmanagement » Starthilfe zur Dokumentation zur Unterstützung der Erstellung des Projekthandbuchs zu PRS » Moderation von Projektmanagement-Workshops

Sonstige Rahmenbedingungen

Budget:	6 Tage (davon 4 vor Ort)
Ort:	Werk Österreich
Terminvereinbarungen:	Termine werden mindestens eine Woche im Voraus vereinbart, Terminabsagen erfolgen mindestens 24 Stunden vor dem geplanten Termin.

Interventionsdesign

Projekt: Product Range Simplification - PRS						Personal Coaching (PC); Moderation von PM-Workshops (MW) Fach-Beratung zum PM (FB); Starthilfe zur PM Doku (SD)			
Prozess	Projektidee erfassen	Projektidee prüfen und bewerten	Projektesteuerkreis-Sitzung vorbereiten		Projektesteuerkreis-Sitzung durchführen		Projektesteuerkreis-Sitzung nachbereiten		
Coaching-einheit / Termin indiv.	11.8.06 9-11h			13.10.06 10-14h		16.10.06 13-14h			26.10.06 9-11h
Team		18.9.06 9-12h	29.9.06 12-16h	6.10.06 10-18h		14.10.06 9-11h		18.10.06 13-16h	
Org.									23.10.06 Vormittag
NR.	1	2	3	4	5	6	7	8	9	10
Coachingelement	FB	FB	FB	MW	SD	FB	FB	FB		FB
Themen/Anliegen	Erstkontakt, Erstansatz PC-Auftrag, Termine B01: Design Beauftragungs-prozess;	B02: Abgren-zung Projekt B03: Festlegen PM Ansatz B04: Projekt-würdigkeit, Situations-analyse B05: Erstansatz Projekt-strukturplan (PSP)	B02: Finali-sierung Abgrenzung B05: Über-arbeitung PSP; Erstansatz Terminplanung; Projektum-weltanalyse, Projekt-organisation (S03): Vorbereitung Planungs-workshop im Team	(S04): Durchführen Planungs-workshop im erweiterten Team B05: gemeinsame Überarbeitung der Pläne B06: Erstansatz eines Business Case	B05: Dokumen-tation der Erstansatze in einem Projekt-handbuch B06: Dokumentation des Business Case	(S04): Abstimmung der Erstansatze im erweiterten Team (Telefon-konferenz) B08: Vorbereitung der Abstimmung mit dem pot. PAG im Team	B08: Individuelle Vorbereitung auf die Ab-stimmungs-sitzung mit dem pot. PAG X05: Stakeholder-management	B09: Abstimmung mit dem potentiellen Projekt-auftraggeber B07: Klärung der Bereit-stellung der notwendigen Ressourcen für die Realisierung	Entscheidung Holding Vorstand	B10: Über-arbeitung der Projektdoku-mentation
Teilnehmer PL..Hr. Madl PC..Hr.Sebastian AG PC...Hr. Fabian Team	PL, PC, eventuell AG des Coachings	PL, PC, event. ein pot. Team-mitglied	PL, PC, event. ein pot. Team-mitglied	PL, PC, pot. Kernteam	PL, PC	PL, PC, pot. Kernteam (Telefon-konferenz)	PL, PC	PL, PC, pot. PAG	Vorstand	PL, PC, pot. PAG
Ort	Werk Österreich	Werk Österreich	Werk Österreich	Werk Österreich	Werk Österreich	Werk Österreich	Werk Österreich	Werk Österreich		Werk Österreich
Detaildesign J/N				Detaildesign Planungs-workshop		Detaildesign Telefon-konferenz		Detaildesign Konst. PAG-Sitzung		
Ergebnisdoku		Projekt-coaching-protokoll			Erstansatz Projekt-handbuch					Abschluss-doku-mentation

Abbildung 37: Interventionsdesign

Projektcoachingverlauf

Zum Beginn des Projektcoachings war unklar, wer in diesen Beauftragungsprozess eingebunden werden sollte. Einerseits versuchte der Auftraggeber des Projektcoachings, das Team möglichst klein zu halten, ande-rerseits sollte der Entwurf des Projektplans vor dem Start mit den betroffenen Bereichen der Produktions- und Vertriebseinheiten in Österreich, Ungarn, der Slowakei und in China abgestimmt werden. Nach den ersten drei Sitzungen lagen ein Erstansatz zum Projektstrukturplan sowie eine vorläufige Abgrenzung des Projekts und ein Erstansatz zur Projektorganisation vor. Als Projektauftraggeber sollte der Salesleiter Herr Sonic fungieren. Auf Basis dieser Ergebnisse wurden ein Planungsworkshop und eine Telefonkonferenz im erweiterten Team vorbereitet und durchgeführt. In dieses erweiterte Team wurden potenzielle Kern-teammitglieder und Vertreter aus den Produktions- und Vertriebseinheiten Österreich und Slowakei ein-gebunden. Die Ergebnisse wurden in einem Projekthandbuch dokumentiert und zur Vorbereitung der Präsentation vor dem Holdingvorstand in Form einer Entscheidungsvorlage mit dem potenziellen

Das Interventionsdesign wurde im Verlauf des Projektcoachings nur geringfügig verändert. Aufgrund der Erweiterung des Planungsteams wurde der Planungsworkshop in einen Vor-Ort-Termin (siehe Einheit 4) und in einen Follow-up-Termin in Form einer Telefonkonferenz (siehe Einheit 6) aufgeteilt. Zur individuellen Vorbereitung auf die Vorabstimmung mit dem potenziellen Projektauftraggeber wurde die Einheit 7 eingeschoben.

Auszug aus einem Projektcoachingprotokoll

Sitzungstyp:	Fachberatung zum PM
Projekt:	Product Range Simplification – PRS
Datum/Sitzungs-Nr.:	18.09.2006/2
Zeit:	9:00–12:00
Ort:	Werk Österreich
Kunde:	Herr Madl (potenzieller PL), Herr Hellig (potenzielles Kernteammitglied)
Coach:	Herr Sebastian

Anliegen/Themen

» Es wurde ein Memorandum of Understanding (MoU) zwischen der Holding und den Produktions- und Vertriebseinheiten in Österreich, Ungarn, der Slowakei und in China zur Produktsortenbereinigung verfasst. Das MoU wurde bisher nur von der Holding und einem Bereich unterzeichnet.
» Analyse des Ist-Status zum Projekt – Check der vorliegenden Dokumente
» Definition des Projektauftraggebers für das Projekt Product Range Simplification
» Durchsprechen des bestehenden Auftrags und Abgrenzung des Projekts Product Range Simplification
» Überarbeiten des Business Case zu dem Projekt Product Range Simplification

Ziel für die Einheit

» Eine Detailplanung im Rahmen eines Planungsworkshops zum Projekt PRS ist möglich (d.h., es liegt eine erste Abgrenzung zum Projekt inklusive dem überarbeiteten Projektauftrag vor).

Auftrag

» Betrachten der Ist-Situation im Projekt – Was ist bisher schon geschehen?
» Ableiten von Maßnahmen/Tätigkeiten, die als Vorbereitung für den Planungsworkshop noch abzuwickeln sind

Richtungsweisende Interventionen

» Wie würden Sie die Ist-Situation im Projekt beschreiben?
» Wie ist es zu diesem Projekt gekommen? Wer hat die Entstehung gefördert? Wer hat sie gehemmt?
» Was erwartet sich das Top-Management von diesem Projekt/von dieser Produktsortenbereinigung?
» Was glauben Sie, über welche speziellen Ressourcen Sie verfügen, dass Sie als Projektleiter ausgewählt wurden?
» Was ist das „Neue" in der Zusammenarbeit nach der Produktsortenbereinigung mit dem Kunden, den Bereichen?
» Wer kann am meisten verlieren, wenn dieses Projekt erfolgreich umgesetzt werden kann?

» Wie stark würden Sie das Bewusstsein zu dieser Produktsortenbereinigung auf einer Skala 1 (gar nicht) bis 10 (volles Bewusstsein über die Auswirkungen) beim Bereich Produktionsplanung sehen?

» Was müsste geschehen, dass Sie die operative Ebene des Bereichs Produktionsplanung von 2 auf 2,5 werten würden? – Sehen das die MA des Bereichs PP ebenso – oder anders?

» Skala auch für den Bereich TL und Sales

» Was müsste – aus Ihrer Sicht – geschehen, damit das MoU von allen Produktions- und Vertriebsbereichen unterschrieben wird?

» Wie kommen Sie zu einem freigegebenen Projektplan? Wer müsste diesen Plan freigeben?

» Wovon ist die Reihenfolge zur Bereinigung der Produkte abhängig?

» Was müsste passieren, damit die potenziellen Kernteammitglieder den Plan als ihren Plan sehen?

» Wie müssten die Produktions- und Vertriebsbereiche in das Projekt PRS eingebunden werden?

» Wie könnte der interne PAG Sie unterstützen?

» Was an dem bestehenden Auftrag ist noch veränderbar?

» Wurde der Auftrag schon mit den betroffenen Bereichen abgestimmt?

» ...

Aufgetretene Veränderungen/Unterschiede/Ergebnisse

» Es entstand ein Bewusstsein, die bisherigen Planungsansätze mit allen betroffenen Bereichen aufzubauen bzw. abzustimmen.

» Es wurden Maßnahmen zur Vorbereitung des Startworkshops definiert und in Form einer To-Do-Liste festgehalten.

» Es wurde vereinbart, die bestehenden Planungsansätze zusammenzuschreiben und mit relevanten Keyplayern vor dem Planungsworkshop abzustimmen.

» ...

Abschlussintervention (Kommentare, Hausaufgabe)

» Aufgabe an den Kunden: Führen eines Projekttagebuchs durch Herrn Madl

» ...

Paula Praktiker Das hier beschriebene Interventionsdesign finde ich schon sehr ausgefeilt. Muss das immer so detailliert sein?

Karl Kritiker Mir hilft das gar nicht weiter. Das Design mag für diesen Fall passen und für einen anderen bringt es überhaupt nichts.

Theo Theoretiker So ein Interventionsdesign muss ja für jedes Projektcoaching angepasst werden. Eigentlich muss es ganz neu entworfen werden, wie ein Maßanzug für das konkrete Projekt – habt ihr euch gar nix aus Kapitel 5 gemerkt? Mich beschäftigt eher, was die richtigen Interventionsfragen sind? Das ist wirklich gar nicht so einfach.

Otto Oberzwerg Ich habe nie gesagt, dass es einfach ist. Aber es ist machbar.

Fall 2: Der klassische Projektcoachingfall „Start und Controlling"

Das Unternehmen

Es geht um ein Unternehmen mit ca. 500 Mitarbeitern, das IT-Dienstleistungen für den deutschsprachigen Raum anbietet. Das Unternehmen hat sich auf die Realisierung und Betriebsführung von ERP-Lösungen spezialisiert und verfügt über detailliertes branchenbezogenes Prozess-Know-how. Organisatorisch ist das Unternehmen in die drei Bereiche Anforderungsmanagement, Softwareentwicklung und Betriebsführung gegliedert, wobei jeder Bereich durch einen der drei Geschäftsführer verantwortet wird.

Die Situation

Für einen großen Kunden soll die Unterstützung der Kernprozesse Auftragseingang bis Rechnungslegung von einer klassischen Client-Server-Architektur auf eine modernere, web-basierte IT-Architektur gehoben werden. In einem ersten Projekt soll die Stammdatenverwaltung realisiert werden. Im IT-Unternehmen ist dies das erste Vorhaben mit dieser Zielarchitektur und es gibt nur wenig Erfahrung mit Projekten dieser Komplexität. In der Vorprojektphase wurden von März 2004 bis September 2005 in einem eineinhalbjährigen Konzeptionsprojekt die fachlichen und technischen Anforderungen erhoben sowie eine erste Abgrenzung des Realisierungsprojektes durchgeführt.

Im September 2005 wurde in einem Telefongespräch mit dem zuständigen Geschäftsführer für die Softwareentwicklung, Herrn Matt, eine Begleitung des Projekts „Stammdatenverwaltung neu – SDV neu" für die Startphase und die ersten Projektcontrollingzyklen im Umfang von zwölf Personentagen vereinbart. Der Kontakt sollte über den Assistenten der Geschäftsführung zu Frau Huber, der potenziellen Projektleiterin, hergestellt werden.

Das Projekt war so aufgesetzt, dass Frau Huber mit ihrem Team nur für den Teil Anwendungsentwicklung, d.h. vom Eingang der, mit dem Kunden definierten, Anforderungen bis zum Austesten der Komponenten durch die Entwickler verantwortlich war. Dieser Teil sollte innerhalb von zwölf Monaten abgeschlossen werden. Ein zweites Team, in der Verantwortung von Herrn Stock, sollte zeitversetzt die einzelnen Module von der Entwicklung übernehmen und die fachlichen Tests, die Schulungen und das eigentliche Roll-out der Software bis Ende Dezember 2006 durchführen.

Die Aufgabe im Projektcoaching

In einem Auftragsklärungsgespräch sollten Details zum Projektcoaching zwischen dem Assistenten der Geschäftsführung, dem Projektcoach Herrn Neumann und der Projektleiterin Frau Huber geklärt werden. Schon in der Eröffnung des Gesprächs wurde klar, dass Frau Huber nicht wusste, warum sie für ein Projektcoaching „ausgewählt" wurde: „Ich weiß eigentlich nicht, warum Herr Matt meint, dass ich gecoacht werden muss …". Frau Huber war von Beginn an sehr skeptisch eingestellt und konnte erst im Zuge des Gesprächs durch den Assistenten der Geschäftsführung davon überzeugt werden, dass es sich bei dieser Maßnahme nicht um eine „Kontrolle" des Projekts durch den Projektcoach handelte, sondern um ein Angebot der Geschäftsführung. Es wurde vereinbart, dass die Verschwiegenheitspflicht des Projektcoaches

– auch gegenüber der Geschäftsführung – explizit im Projektcoachingauftrag festgehalten und dieser durch das Management-Board (Meeting der Geschäftsführer) freigegeben würde. Im weiteren Verlauf des Gesprächs wurden mögliche Ziele des Projektcoachings definiert.

Die Schwierigkeit lag in der Definition des Projektcoachingsystems. Das Gesamtprojekt war ähnlich wie die Linienorganisation aufgestellt und sollte in den „scheinbar" voneinander unabhängigen Projektteilen „Anforderungsanalyse", „ Softwareentwicklung", „Test & Roll-out" abgewickelt werden. Jede Phase wurde von eigenen Projektmanagern und eigenen Teams übernommen.

Es war ein externer Projektauftraggeber definiert. Wer jedoch die Rolle des internen Projektauftraggebers übernehmen sollte, war unklar. Neben diesen internen Teams gab es noch ein fachliches und ein technisches Team auf der Kundenseite. In der ersten Sitzung wurde vereinbart, ein eigenes Meeting zur sozialen Abgrenzung des Projekts mit der gesamten Geschäftsführung und den betroffenen Projektleitern durchzuführen.

Auszug aus dem Projektcoachingauftrag des Projekts Stammdatenverwaltung neu (SDVneu)/Teil Applikationsentwicklung (Version 1.0)

Projektcoachingsystem

Name des Kunden: Frau Huber, Anwendungsentwicklung
Name des Coaches: Herr Neumann
AG des Projektcoachings: Herr Matt, Leiter Geschäftsfeld Anwendungsentwicklung
Int. Projektauftraggeber: derzeit nicht definiert

Beschreibung des „Projekts"
Das Projekt Stammdatenverwaltung neu/Teil Applikationsentwicklung befindet sich derzeit in der Startphase. Bis Ende August 2006 sollen die Anforderung an die Stammdatenverwaltung des Auftragsabwicklungsprozesses des Kunden realisiert und die Komponententests durchgeführt werden.

Projektcoachingsystem: Vorläufig wurde das Projektcoaching als Gruppencoaching für den Teil
                               Applikationsentwicklung definiert. Inwieweit das Projektcoaching auf die
                               anderen internen Teams ausgedehnt werden soll, ist unklar. Das Projekt-
                               coaching soll für den externen Kunden nicht transparent werden.

Themen/Ziele des Projektcoachings
» Das Projekt kann auf Basis der Erkenntnisse, Strukturen, Tipps neu aufgesetzt werden
» Ermöglichen einer vollständigen Projektplanung für das Projekt SDVneu – Teil Applikationsentwicklung
» Vermitteln von Sicherheit in der Anwendung der Projektmanagement-Controlling-Methoden im Kernteam

Abgrenzungen/Ausgrenzungen
» Durchführung eines Personal Coachings
» Moderation von PM-Workshops

Projektcoachingprozess

Betrachteter Prozess:	Startprozess und die ersten zwei bis drei Projektcontrollingzyklen des Projektes SDVneu – Teil Applikationsentwicklung
Relevante Projekt-coachingelemente:	» Fachberatung zum Projektmanagement » Starthilfe zur Dokumentation zur Unterstützung der Erstellung des Projekthandbuchs
Vorläufiges Interventionsdesign:	Ein Termin pro Woche in der Zeit von Mitte September bis Mitte Oktober 2005 In der ersten Phase soll die Abgrenzung des Projekts vorangetrieben und eine Entscheidungsvorlage für das Management-Board Mitte Oktober 2005 vorbereitet werden. Auf ein detailliertes Interventionsdesign wird vorerst verzichtet.

Sonstige Rahmenbedingungen

Budget:	12 Personentage
Ort:	Österreich, Wien
Terminvereinbarungen:	Termine werden mindestens eine Woche im Voraus vereinbart, Terminabsagen erfolgen mindestens 24 Stunden vor dem geplanten Termin.
Verschwiegenheit:	Es wird ausdrücklich darauf hingewiesen, dass Inhalte/Ergebnisse aus den Projektcoachingeinheiten nur über die Projektleiterin Frau Huber weitergeleitet werden.

Die Entscheidung der Geschäftsführung

In der Sitzung der Geschäftsführung wurde die Situation mit den unterschiedlichen Projektphasen und -teams mit den betroffenen Projektleitern erörtert. Es wurde entschieden, das Projekt als „Pilot" in einer integrierten Projektorganisation über den gesamten Prozess von der Detailanalyse der Anforderungen, der Softwareentwicklung bis hin zum Roll-out in der Gesamtverantwortung von Frau Huber aufzusetzen. Als interner Projektauftraggeber wurde der Leiter der Betriebsführung Herr Peters nominiert und das Projektcoaching wurde auf die gesamte interne Projektorganisation – d.h. auf alle Teams – ausgedehnt.

Auszug aus dem Projektcoachingauftrag des Projekts Stammdatenverwaltung neu (SDVneu) (Version 2.0)

Coachingkontext

Name des Kunden:	Frau Huber, Anwendungsentwicklung
Name des Coaches:	Herr Neumann
AG des Projektcoachings:	Herr Matt, Leiter Geschäftsfeld Anwendungsentwicklung
Int. Projektauftraggeber:	Herr Peters

Beschreibung des „Projekts"

Das Projekt Stammdatenverwaltung neu befindet sich derzeit in der Startphase. Im Rahmen eines Vor-projekts wurden die fachlichen Anforderungen mit dem Kunden erhoben. Bis Dezember 2006 soll die Stammdatenverwaltung des Auftragsabwicklungsprozesses des Kunden realisiert, sollen die betroffenen User geschult und die Anwendung ausgerollt werden.

Projektcoachingsystem:	die interne Projektorganisation des Projektes SDVneu, d.h. die Projektleiterin, das Kernteam und der interne Projektauftraggeber. Das Projektcoaching soll für den externen Kunden nicht transparent werden.

Themen/Ziele des Projektcoachings

» Aufsetzen des Projekts SDVneu im integrierten Team (Anforderungsmanagement, Softwareentwick-lung, Roll-out und Betriebsführung)
» Ermöglichen einer vollständigen Projektplanung für das Projekt SDVneu
» Vermitteln von Sicherheit in der Anwendung der Projektmanagement-Controlling-Methoden im Kern-team

Abgrenzungen/Ausgrenzungen

» Durchführung eines Personal Coachings

Projektcoachingprozess

Betrachteter Prozess:	Startprozess und die ersten zwei bis drei Projektcontrollingzyklen des Projekts SDVneu
Relevante Projekt-coachingelemente:	» Fachberatung zum Projektmanagement » Starthilfe zur Dokumentation » Moderation von Projektworkshops

Sonstige Rahmenbedingungen

Budget:	12 Personentage
Ort:	Österreich
Terminvereinbarungen:	Termine werden mindestens eine Woche im Voraus vereinbart, Terminabsagen erfolgen mindestens 24 Stunden vor dem geplanten Termin.
Verschwiegenheit:	Es wird ausdrücklich darauf hingewiesen, dass Inhalte/Ergebnisse aus dem Projektcoachingeinheiten nur über die Projektleiterin Frau Huber verteilt werden.

Interventionsdesign Startprozess

Projekt: Stammdatenverwaltung neu						Personal Coaching (PC); Moderation von PM-Workshops (MW) Fach-Beratung zum PM (FB); Starthilfe zur PM Doku (SD)			
Prozess	Projektstart-Workshop vorbereiten	Projektstart-Workshop durchführen	Detailplanung erstellen	Follow up-Workshop durchführen	Projekthandbuch fertig stellen	Konstituierende PAG-Sitzung durchführen	Konstituierende PAG-Sitzung nachbereiten		
indiv.	22.9.05 9-12h	30.9.05 11-15h						23.11.05 9-18h	25.11.05 9-11h	
Team			6.10.05 9-13h		7.11.05 9-17h	11.11.05 10-18h	21.11.05 10-18h			
Org.				18.10.05 9-11h						29.11.05 10-12:30h
NR.	1	2	3	4	5	6	7	8	9	10
Coachingelement	FB	FB	FB	FB	FB	MW	MW	SD	FB	FB
Themen/Anliegen	- Formulierung PC-Auftrag, Termine S01: Dokumentenanalyse X01: Allgemeine Fragestellungen zum Projekt X02: Persönliche Situation des Kunden	S01: Situationsanalyse (B02): Abgrenzung Kontextanalyse des Projekts X05: Stakeholder- und Beziehungsmanagement	(B02): Finalisierung Projektabgrenzung (B05): Erstansatz Projektorganisation Entscheidungsvorbereitung S07: Spezifische Zusammensetzung der Arbeitsteams	(B08): Auftragsklärung mit dem TOP Management Neudimensionierung des Projekts	S01: Definition Startprozess für Gesamtprojekt S03: Vorbereitung Startworkshop	S04: Durchführung Projektstartworkshop S02: Grundverständnis zum PM im Projektteam X03: Persönliche Herausforderung der Projektbeteiligten	S04: Durchführung Follow-up Workshop S05: Aufbau Projektorganisation und Kommunikationsstrukturen S06: Projektmarketingmaßnahmen	S06: Dokumentation der Ergebnisse – Aufbau Projekthandbuch	S9: Vorbereitung der PAG Sitzung	S10: Durchführung der PAG Sitzung
Teilnehmer PL...Fr. Huber PC...Hr. Neumann AG PC...Hr. Matt PAG......Hr. Peters Team	PL, PC, AG PC	PL, PC	PL, PC, betroffene Projektleiter	Management Board	PL, PC, betroffene Projektleiter PAG	PL, PC, Team	PL, PC, Team	PL, PC	PL, PC	PL, PC, PAG
Ort	Wien	Wien	Wien	Wien	Wien	Wien	Wien	Wien	Wien	Wien
Detaildesign J/N						Detaildesign Start-WS	Detaildesign Follow-up WS			Detaildesign PAG-Sitzung
Ergebnisdoku	PC-Auftrag Version 1.0		Beobachtungspapier		PC-Auftrag Version 2.0					

Abbildung 38: Interventionsdesign Startprozess

Die erste Phase des Projektcoachingverlaufs wurde im Interventionsdesign nur angedeutet (siehe Projektcoachingauftrag Version 1.0).

Projektcoachingverlauf

Im ersten Teil des Projektcoachings ging es um die Fragestellung, ob das Projekt in Form herkömmlicher Projekteketten (Trennung Anforderungsmanagement, Softwareentwicklung und Test & Roll-out) durchgeführt werden soll oder in Form einer integrierten Projektorganisation. Zum Start wurde wegen der unklaren Abgrenzung des Projektcoachingsystems auf ein Interventionsdesign verzichtet. Dieses wurde erst im späteren Verlauf aufgesetzt. Neben den klassischen Themen des Projektstartprozesses wie Situationsanalyse und Definition des Startprozesses oder allgemeinen Themen wie z. B. die Betrachtung der persönlichen Situation der Projektleiterin fanden sich in dieser ersten Phase auch Themen aus der Beauftragung. Dieser erste Teil wurde im Projektcoachingprozess mit einem Beobachtungspapier abgeschlossen.

Im Management-Meeting vom 18.10.2005 wurde die Entscheidung in Richtung Gesamtprojekt getroffen. Daher wurden auch der Projektcoachingauftrag und das Interventionsdesign adaptiert (siehe Projektcoachingsauftrag Version 2.0). Der zweite Teil des Projektcoachings war geprägt durch die Planung im integrierten Team. Neben der Adaptierung des Startprozesses stand die Vorbereitung und Durchführung des Startworkshops bzw. Follow-up-Workshops und die Vorbereitung und Durchführung der Projektauftraggebersitzung im Mittelpunkt.

Es wurden zwei Controllingzyklen durch Herrn Neumann begleitet, wobei auf ein detailliertes Interventionsdesign verzichtet wurde.

Auszug aus dem Beobachtungspapier des Projekts Stammdatenverwaltung neu (SDVneu)/Teil Applikationsentwicklung

Projekt:	Stammdatenverwaltung neu – Teil Applikationsentwicklung
Name des Kunden:	Frau Huber, PL
Name des Coaches:	Herr Neumann
AG des Projektcoachings:	Herr Matt, Leiter Geschäftsfeld Anwendungsentwicklung
Int. Projektauftraggeber:	noch nicht definiert
Datum:	8.10.2005

Projektcoaching Ausgangssituation
» Im Rahmen des Projektcoachings von Stammdatenverwaltung neu – Teil Applikationsentwicklung werden der Startprozess und die ersten Controlling-Zyklen begleitet.
» Es kommen folgende Projektcoachingelement zum Einsatz: Fachberatung zum Projektmanagement und Starthilfe zur Dokumentation.
» Es geht um ein Einzelcoaching der Projektleiterin Frau Huber sowie ein Teamcoaching des Kernteams der Applikationsentwicklung.
» ...

Beobachtungsbasis (Auszug)
» Die Beobachtungen basieren auf Interviews sowie Teamsitzungen aus dem Projekt Stammdatenverwaltung neu – Teil Applikationsentwicklung.
» Als Dokument wurden die Erstansätze zur Projektplanung in der Version 0.1 vom 8. Juli 2005 herangezogen.
» ...

Projektstatus
» Das Projekt befindet sich in der Startphase, obwohl bereits inhaltliche Arbeiten geleistet werden.
» Der Projektauftrag liegt bisher lediglich in einer Rohfassung vor.
» Zum derzeitigen Status ist nicht klar, wer den Projektauftrag als interner Projektauftraggeber unterzeichnen und verantworten wird.
» ...

Beobachtungen (Auszug)

» Die vorliegende Projektplanung hat die Version 0.1 und beinhaltet nur die Teile des Software-Realisierungsprojekts.

» Die Ziele des Software-Realisierungsprojekts wurden aus dem Vorprojekt „Anforderungsmanagement" übernommen und nur teilweise adaptiert.

» Es liegt eine Projektumweltanalyse vor.

» Ein Zusammenhang zwischen Projektstrukturplan und Terminen ist nicht erkennbar.

» Es sind dem Projekt bereits Ist-Aufwände zugeordnet – diese können jedoch anhand der vorliegenden Leistungsplanung nicht nachvollzogen werden.

» ...

(Haupt-)These(n) (Auszug)

» Es existiert keine eindeutige Abgrenzung (zeitlich/sachlich/sozial) des Gesamtprojekts.

» Die internen Projektteams definieren den Projektumfang unterschiedlich und die Ziele des Gesamtprojekts sind innerhalb des Management-Boards noch nicht abgestimmt.

» Der genaue Umfang der zu realisierenden Software scheint noch unklar, da die Anforderungsanalyse noch nicht im Detail vorliegt.

» Es existiert kein gesamtverantwortlicher Projektleiter von der Anforderungsanalyse, über die Softwareentwicklung bis zum Roll-out des Projekts Stammdatenverwaltung neu.

» Das Projekthandbuch wird im Unternehmen nicht als zentrales Steuerungsinstrument in Projekten gesehen.

» Die Ressourcen- und Kostenplanung erfolgt getrennt von den Projekten durch das zentrale Controlling.

» Die Forming-Storming-Phase ist im Applikationsentwicklungsteam noch nicht abgeschlossen.

» ...

Empfehlungen (Auszug)

» Aufbau eines integrierten Projekts und Etablierung eines Gesamtverantwortlichen von der Anforderungsanalyse über die Softwareentwicklung bis zum Roll-out für das Projekt Stammdatenverwaltung neu

» Definition eines Projektauftraggebers für das Gesamtprojekt Stammdatenverwaltung neu

» Aufbau eines konsistenten Plans (Leistungen, Termine, Ressourcen und Kosten) und zyklisches Controlling im Kernteam

» Etablierung des Projekthandbuchs als Arbeitsunterlage im Kernteam

» Führung von Einzel-/Übernahmegesprächen zwischen Projektleiter und Teammitgliedern sowie Diskussion der gegenseitigen Rollenerwartungen (Kompetenzen, Befugnisse, Entwicklungen eines Projektteams)

» ...

Karl Kritiker Wenn ihr mich fragt, ich habe genug für heute von Projektcoachingprotokollen und Interventionsdesigns. Können wir jetzt Schluss machen?

Theo Theoretiker Ich glaube auch, dass es reicht. Ich möchte dort drüben in das Labyrinth. Das sieht ja fast so rätselhaft aus wie im Palast von Knossos in Kreta. Da ließ der König einen Irrgarten für das Ungeheuer Minotaurus anlegen ...

Paula Praktiker Kommt, lasst uns hinein-gehen. Ich finde das auch spannend, einen Weg wieder heraus aus dem System oder Wirrwarr zu finden.

Otto Oberzwerg Und ich dachte, ihr habt genug von Zielorientierung und Lösungssuche. Aber geht nur. Ich schaue euch von draußen zu und stehe bei Bedarf mit Unterstützung aus der Vogelperspektive zur Verfügung.

7 Besonderheiten beim Coaching von internationalen Projekten

Die Zwerge sind auf der Donauinsel spazieren, schauen auf die blaue Donau und beobachten zwei Frachtschiffe, die langsam vorüberziehen. In der Ferne können sie die Hausberge Wiens, den Kahlenberg und den Leopoldsberg, deutlich erkennen. Die UNO-City und der Donauturm befinden sich hinter ihnen. Heute wird Otto Oberzwerg mit seinen drei Schützlingen über die Unterschiedlichkeit von Kulturen und Kommunikation im internationalen Umfeld und über deutschen Kaffee sprechen.

7.1 Internationale Projekte

7.1.1 Coaching von internationalen Projekten

Das folgende Kapitel beschreibt jene Themen, die uns für die Arbeit als internationale Projektcoaches relevant erscheinen. Es handelt sich im Wesentlichen um zwei Situationen:

» Der Projektcoach und sein Kunde stammen aus demselben Kulturkreis, das Projekt ist international
  organisiert.
» Der Projektcoach und sein Kunde stammen aus verschiedenen Kulturkreisen.

Wir werden zunächst klären, in welchen Situationen man von internationalen (und interkulturellen)
Projekten spricht und welche Konsequenzen dies für die Projektarbeit und das Projektcoaching nach sich
zieht. Darauf folgen die zwei unserer Erfahrung nach wesentlichsten Betrachtungsgegenstände: Kultur und
Kommunikation. Was versteht man unter Kultur überhaupt und wie könnte ein Kulturmodell aussehen?
Des Weiteren haben wir zum Thema der interkulturellen Kommunikation einige grundlegende Aspekte
herausgegriffen, die typische Schwierigkeiten in der Projektmanager- als auch in der Projektcoachpraxis
darstellen. Angereichert wird das Kapitel durch einige praktische Projektcoachingansätze, mit dem
Hintergedanken, Kommunikation da zu ermöglichen, wo Kommunikation bereits gescheitert ist oder zu
scheitern droht.

An dieser Stelle soll kurz auf den theoretischen Unterschied zwischen interkulturell und international eingegangen werden. Man spricht von internationalen Projekten, falls mehrere Nationen in einem Projekt
wesentlich beteiligt sind. In interkulturellen Projekten sind hingegen mehrere Kulturen im Projekt wesentlich repräsentiert. In der Realität zeigt sich jedoch, dass dieser feine Unterschied nur ganz selten relevant
ist. Wir werden diese beiden Begriffe im Rahmen dieses Kapitels daher synonym verwenden, sprich, wenn
wir von internationalen Projekten sprechen, meinen wir auch immer interkulturell.

7.1.2 Warum internationale und interkulturelle Projekte?

Projektcoaches treffen immer häufiger auf internationale Projekte. Waren in den 60er- und 70er-Jahren
des vorigen Jahrhunderts internationale Projekte eher nur Großkonzernen bzw. Branchen wie dem
Anlagenbau vorbehalten, gehören sie heutzutage in manchen Unternehmen fast zum Alltag.

Die Gründe dafür sind vielfältig. Organisationen wachsen, oftmals sprunghaft durch Zukäufe oder
Zusammenschlüsse. Aber nicht nur Unternehmen, sondern auch immer mehr Non-Profit-Organisationen
(Governmental, Non-Governmental) suchen und finden ein internationales und damit meist auch interkul-
turelles Betätigungsfeld.

Mit der durch die Internationalisierung wachsenden organisatorischen Komplexität ergibt sich die
Notwendigkeit des Transfers von Wissen, Informationen, Prozessen oder Werkzeugen (z. B. IT-Lösungen)
in die neuen Bereiche der Organisation. Nachstehend werden einige Beispiele für die Internationalisierung
der Projektwelt dargestellt:

1. Unternehmenslösungen (Informationstechnologie, Telekommunikation …) werden nicht nur in der
   Zentrale, sondern auch Schritt für Schritt in der gesamten Organisation eingeführt, um die erhofften
   Nutzenpotenziale zu erzielen.

2. Produktentwicklungen finden längst nicht mehr nur in den Stammländern der Organisationen statt, sondern werden in Form von gemeinsamen Entwicklungsprojekten länderübergreifend aufgesetzt.

3. Es werden zunehmend Sublieferanten aus anderen Ländern und Kontinenten eingesetzt, einerseits, um deren spezialisierteres Know-how nutzen zu können, andererseits, um dadurch Kosteneinsparungen erzielen zu können. Dabei spielen Entfernung und Sprache nicht mehr jene einschränkende Rolle wie einst.

4. Die Verteilung von Produktionsstandorten bringt größere Unabhängigkeit von Währungsschwankungen, da das Währungsrisiko auf die verschiedenen Organisationen verteilt werden kann.

5. Zu guter Letzt sollte nicht außer Acht gelassen werden, dass zu Beginn des neuen Jahrtausends viele Dinge genutzt werden, die Internationalisierung ermöglichen bzw. wesentlich vereinfachen, wie zum Beispiel einfache und beinahe allerorts verfügbare „breitbandige" Kommunikationstechnologien, direktere und billigere Flugverbindungen etc.

Die Beispiele sollen verdeutlichen, dass Unternehmen heutzutage alle ihnen zur Verfügung stehenden Alternativen – inklusive Internationalisierung – ausnützen wollen, um den angestrebten Projektzweck möglichst effizient und sicher zu erreichen.

7.1.3 Konsequenzen internationaler Projekte für die Projektarbeit

Internationale oder interkulturelle Projekte haben sehr oft eine weitaus höhere Komplexität als nationale bzw. intrakulturelle (innerhalb der gleichen Kultur). Allein die „Internationalität" kann sehr unterschiedlich gelagert sein, wie die nachstehenden Beispiele verdeutlichen:

» Projekte mit internationalen Lieferanten oder Kooperationspartnern
» Projekte mit internationalen Kunden
» Projekte mit Abwicklung in anderen Ländern
» Projekte in international strukturierten Unternehmen
» Projekte zur Erschließung von internationalen Märkten

Weitere Faktoren, die die soziale Komplexität in internationalen Projekten erhöhen können:

» Unterschiedliche Standorte
» Unterschiedliche Kulturen
» Unterschiedliche Sprachen
» Unterschiedliche (politische) Interessen und Erwartungen
» Unterschiedliche zu Grunde liegende Prozesse und Vorgehensweisen
» Unterschiedliche rechtliche Bestimmungen
» Unterschiedliche Zeitzonen
» Unterschiedliche geografische und klimatische Bedingungen
» Unterschiedliche Erfahrungen (inhaltlich/technisch oder zum Projektmanagement)
» Unterschiedliche Lebensstandards

Eine der am häufigsten zu beobachtenden Problemstellungen in internationalen Projekten stellt die auf verschiedene Standorte verteilte Projektorganisation dar. Gründe dafür sind:

» Es dauert länger, bis man alle relevanten Projektmitarbeiter zum Beispiel zwecks einer terminlichen Abstimmung erreicht hat. Des Weiteren stellt es sich manchmal als nahezu unmöglich heraus, zeitnah alle erforderlichen Mitarbeiter zu einem gemeinsamen Workshop zu bekommen. Die Alternativen, mit Stellvertretern oder mit einer unvollständigen Gruppe zu arbeiten, sind zumeist wenig zufriedenstellend. Videokonferenzen sind zum aktuellen Zeitpunkt noch relativ teuer und auf Standorte mit einer guten technischen Infrastruktur beschränkt.

» Zusätzlich gilt das Prinzip der Rufdistanz in Teams: Zufälliger, unstrukturierter, aber äußerst effektiver Austausch von Wissen erfolgt nur in kleinen Einheiten am gleichen Standort, die in Rufweite arbeiten (bis 15 Meter).

» Verschiedene Standorte (manchmal schon Stockwerke) bilden Sub-Kulturen mit dem damit verbundenen „Wir und die anderen"-Effekt.

Aus der bisherigen Beschreibung geht hervor, dass internationale Projekte für alle Beteiligten eine immens große Herausforderung mit einer langen Liste potenzieller Risiken darstellen, denen die zuvor erwähnten betriebswirtschaftlichen und strategischen Gründe und Vorteile internationaler Projekte gegenübergestellt und wechselseitig abgewogen werden müssen.

Paula Praktiker Wow, das erscheint mir aber besonders spannend zu sein: verschiedene Sprachen und Kulturen in einem Projekt ...

Karl Kritiker Das kann ja eigentlich nur schiefgehen!

Theo Theoretiker Die systemimmanente Komplexität von Projekten ist noch durch die Dimensionen Kultur, Sprache und Dislokation erweitert ...

Otto Oberzwerg Genau! Lasst uns einmal das Thema Kultur betrachten.

Karl Kritiker Oh je, ich interessiere mich weder für Oper noch für Museen!

Paula Praktiker Banause!

Theo Theoretiker Kultur ist doch hier ganz anders zu verstehen! Ich lese ganz einfach das nächste Kapitel vor, also ...

7.2 Faktor Kultur in internationalen Projektcoachings

Der Kulturaspekt kann für den Projektcoach eine Herausforderung auf folgenden Ebenen bedeuten:

» Internationalität bzw. Interkulturalität im Projektcoachingsystem (Projektcoach und Kunde [z. B. Projektleiter])

» Internationalität bzw. Interkulturalität im Handlungssystem (Projektorganisation)

» Internationalität bzw. Interkulturalität in beiden Systemen

In der gegenständlichen Praxis bei Projektcoachings findet sich vor allem (noch) der Fall, dass Projekt-coach und Kunde (Projektauftraggeber, Projektleiter …) aus der gleichen Kultur stammen und daher eine hohe Kommunalität (Maß der kulturellen Gemeinsamkeit) vorliegt. In den folgenden Unterkapiteln wird aber auch auf jene Fälle eingegangen, in denen Projektcoach und Kunde aus verschiedenen Kulturen kom-men.

7.2.1 Kulturbegriff

„Die Kultur ist für Menschen wie das Wasser für die Fische" – das Wasser wird vom Fisch erst wahrge-nommen, wenn er es vermisst. Diese bekannte Metapher zeigt auf, wie es manchem Menschen in einem für ihn neuen kulturellen Umfeld gehen kann. Vieles, das für einen erfahrenen Projektleiter „normal" oder zur Routine geworden ist, erfährt eine neue Prüfung, sobald es in einen anderen kulturellen Kontext gestellt wird.

Kommunikation ist der zentrale Faktor in Projekten. Sowohl als Chance für gutes Gelingen als auch als Gefahr für klägliches Scheitern. In einem interkulturellen Kontext ändert sich dieses Prinzip nicht, es ver-schärft sich sogar.

Kultur und Kommunikation sind unserer Erfahrung nach in der Praxis oft schwer voneinander zu trennen. Kultur zeigt sich in allen Handlungen und vor allem in der Kommunikation derer, die aus dem gleichen Kulturkreis stammen. Das Risiko von interkulturellen Missverständnissen trifft den Projektcoach auf den zwei Ebenen: im Projektcoachingsystem sowie im Handlungssystem, selbst wenn der Projektcoach dort keine aktive Rolle wahrnimmt.

Was bedeutet nun Kultur konkret? Das Wort kommt ursprünglich aus dem Lateinischen und stand für „Landwirtschaft" bzw. „Feldbestellung", später wurde der Begriff oft auch als Gegenstück zu „Natur" ver-wendet, sprich für jene Dinge, die vom Menschen geschaffen sind. Wir interessieren uns in diesem Zusammenhang für Kultur im Sinne der Organisationsentwickler bzw. der Kulturanthropologen, die sich mit dem Menschen und seinem Verhältnis zur Natur auseinandersetzen, um übergreifende theoretische Aussagen über den Menschen als kulturfähiges Wesen zu erlangen.

Folglich kann Kultur als ein System von Konzepten, Überzeugungen, Einstellungen und Wertorientierungen verstanden werden, das sowohl im Verhalten und Handeln der Menschen als auch in ihren geistigen und materiellen Produkten sichtbar wird[18]. Eine andere Definition bezeichnet Kultur als die kollektive Programmierung des Geistes, die die Mitglieder einer Gruppe oder Kategorie von Menschen von einer anderen unterscheidet.[19]

Somit stellt Kultur eine Art sachlichen/sozialen Kontext für internationale Projekte dar, der jedenfalls einer weiteren intensiven Betrachtung bedarf.

7.2.2 Ein Kulturmodell und Auswirkungen auf interkulturelle Projekte

Wie sieht ein solches Kulturmodell aus?

Abbildung 39: Ein Kulturmodell

Das Kulturmodell[20] kann man sich als Haus vorstellen, mit einem Fundament, einem ausgebauten Keller und Obergeschoßen, die klar und ordentlich eingerichtet sind und in denen auch das alltägliche Leben stattfindet. Im Garten findet ein Fest statt. Vor dem Haus befindet sich das repräsentative Fahrzeug.

Im Innersten einer Kultur (also im Keller) und damit auch für alle am schwierigsten zugänglich befinden sich die sogenannten Grundannahmen. Diese sind für die meisten nur unbewusst oder unausgesprochen verfügbar. Solche Grundannahmen beziehen sich auf zentrale Fragen wie z. B.: Was ist die richtige Strategie, um unser Überleben zu sichern? Was ist uns im Zusammenleben miteinander wichtig? Wie stehen wir zur Natur? Wie stehen wir zu anderen Kulturen? Die Antworten auf derartige Fragen (= Grundannahmen) bilden quasi das Fundament einer Kultur. Da die Grundannahmen aber nicht explizit sichtbar sind, werden sie kaum bewusst wahrgenommen.

Darauf aufbauend werden (in den Obergeschoßen) Werte und Normen geformt. Diese bestehen aus expliziten und impliziten Regeln und sichern, dass die Grundannahmen darüber, wie das Leben ablaufen soll, eingehalten werden. Die expliziten Regeln finden sich in Gesetzen und Regelungen, die entsprechend eingehalten werden, während eine implizite Regel beispielsweise sein kann, wie mit Regelverstößen gegen explizite Regeln (z. B. bei Rot über die Straße gehen) tatsächlich umgegangen wird. Im Unternehmenskontext kann es an dieser Stelle schon einen beobachtbaren Unterschied zwischen öffentlich propagierten Werten und den konkreten Handlungen geben, und im Extremfall kann dann „Dienst nach Vorschrift" paradoxerweise die Lähmung der normalen Geschäftstätigkeit bedeuten[21].

Am deutlichsten erkennbar sind letztendlich Äußerlichkeiten einer Kultur. Dazu gehören Sprache, Symbole (z. B. Flaggen, Statuen), Helden, Rituale (z. B. Feiertage), Umgangsformen etc. Im Unternehmenskontext spricht man von CI bzw. CD (Corporate Identity bzw. Corporate Design), Sprache (Konzernsprache, Du oder Sie intern wie extern), Logos, Gebäude, Einrichtungen (Büroausstattung, Einzelzimmer, Großraumbüros), Weihnachtsfeiern usw.

Karl Kritiker Ich hab meinen ersten Kulturschock erlebt, als ich in Düsseldorf eine Melange und eine Marillengolatsche bestellt hab. Die haben einfach nicht kapiert, was ich wollte!

Paula Praktiker Na, das ist aber wohl klar!

Theo Theoretiker Und was hast du bekommen?

Karl Kritiker (imitiert hochdeutsch, aber auf Wienerisch): Ne Tasse Kaffee und ne Aprikosenquarktasche.

Paula Praktiker Na immerhin!

Karl Kritiker Aber der Kaffee war eine ziemliche Brühe, wie immer in Piefkinesien!

Theo Theoretiker Aufpassen, ich hab den Eindruck, da haben wir einen Fall von Vorurteilen!

Karl Kritiker Das ist die reine Wahrheit, das ist kein Vor...

Otto Oberzwerg Also Zwerge, ich schlage vor, wir lesen mal weiter!

7.2.3 Besonderheiten im interkulturellen Projektcoaching

Anwendung des Kulturmodells als Methode

Das Kulturmodell kann und soll dem Projektcoach helfen, Spezifika der eigenen Kultur als auch der relevanten „anderen" Kulturen im Projekt darzustellen und somit für alle Beteiligten reflektierbar zu machen. Modelle haben bekanntermaßen nie den Anspruch der Vollständigkeit, aber sie erleichtern den Zugang zum Wesen des modellierten Gegenstandes oder Sachverhaltes.

Ein erstes Einsatzgebiet für den Projektcoach könnte die Vorbereitung auf ein internationales Projektcoaching sein. Der Projektcoach beschreibt ihm wichtig erscheinende Aspekte der eigenen Kultur sowie ihm bekannte bzw. vermutete Aspekte der Kultur seines Kunden und vergleicht diese. So könnte ein unterschiedlicher Umgang mit Feedback und Kritik identifiziert werden. Der Projektcoach kann dann entscheiden, ob, wann und in welcher Form dieses Thema im Rahmen des Projektcoachings angesprochen wird.

Ein weiteres Einsatzgebiet wäre in einer der ersten Projektcoachingeinheiten. Der Projektcoach versucht gemeinsam mit dem Kunden, die eigene und die Kultur des anderen zu beschreiben, diese Ergebnisse miteinander zu vergleichen und Gemeinsamkeiten und Unterschiede zu diskutieren. Wichtig scheint in diesem Zusammenhang der Fokus auf daraus folgende Vereinbarungen zu sein. Beispielsweise könnte vereinbart werden, in welcher Form und wie direkt wechselseitig Feedback zu Inhalten und zur Zusammenarbeit gegeben wird und wie damit im Rahmen der Projektcoachingeinheiten umgegangen wird.

Ein weiterer interessanter und praktischer Aspekt des Themas Kultur ist, dass die unterschiedlichen Kulturmodelle und Prinzipien nicht nur für ethnische Kulturen, sondern weitestgehend auch für Organisationskulturen Gültigkeit besitzen. Somit sind einige der Überlegungen für den Projektcoach potenziell relevant und stehen auch zueinander in Beziehung.

Die Etablierung einer gemeinsamen Projektkultur ist eine zentrale Aufgabe eines Projektleiters. Im internationalen Kontext findet der Projektleiter viele zusätzliche Einflussfaktoren vor. Die wichtigsten dieser Faktoren sind:
» Individuelle Haltungen, Werte, Erfahrungen
» Unternehmensspezifische (bereichsspezifische) Haltungen, Werte, Erfahrungen
» Ethnische Einflussfaktoren (Werte, Normen, Weltbild …)

Hier offenbart sich nun eine schier unerschöpfliche Quelle von möglichen Ansatzpunkten. Vor allem auch in jenen Situationen, wo der Kunde das Thema der interkulturellen Zusammenarbeit im Projekt im Rahmen des Projektcoachings behandeln möchte.

Aufbauend auf den Projektcoachingelementen könnten die Anliegen an den Projektcoach folgendermaßen lauten:
» Fachberatung: „Wie gestalte ich den Projektstart-Workshop, sodass sich alle Projektbeteiligten aus den verschiedenen Ländern entsprechend einbezogen fühlen?"
» Personal Coaching: „Mein Projektauftraggeber ist aus XX. Mein Eindruck ist, ich erfülle seine Erwartungen nicht."
» Moderation: „Wir haben nächste Woche den Projektstart-Workshop und ich möchte, dass Sie einen Programmpunkt moderieren, bei dem die interkulturelle Zusammenarbeit aufgearbeitet wird."
» Starthilfe zur Projektdokumentation: Abbildung kultureller Besonderheiten in Kommunikationsstrukturen, Spielregeln, Projektmarketingaktivitäten etc.

Dem Projektcoach sowie dem Kunden sollte aber stets klar sein, dass es um die Ermöglichung von gegenseitigem Verständnis sowie um die „Konstruktion" einer gemeinsamen Projektkultur geht und nicht darum, als Hobby-Kulturanthropologen tätig zu werden.

Exkurs: Weitere Kulturmodelle

Über ein allgemeines Kulturmodell hinaus gibt es in der Literatur einige kulturvergleichende Studien und Arbeiten, die dem Projektcoach in der Vorbereitung für die interkulturelle Arbeit von großem Nutzen sein können.

Hier sind drei kurz erwähnt, die uns besonders interessant erschienen:
» Geert Hofstede und seine Kulturdimensionen bzw. die Kulturzwiebel
» „Zehn-Komponentenraster zur Analyse von interkulturellen Kommunikationssituationen" von Bernd Müller-Jacquier
» „Kulturelle Wertorientierungen" von Florence Kluckhohn und Fred Strodtbeck

All diese Modelle liefern interessante Hinweise zum besseren Verständnis auf beobachtete und ausgewertete Unterschiede in den verschiedenen Kulturen.

Geert Hofstede

Der wahrscheinlich bekannteste und meistzitierte Experte zum Thema der interkulturellen Zusammenarbeit hat Ende der 60er-Jahre des vorigen Jahrhunderts auf Basis einer weltweiten Umfrage unter IBM-Mitarbeitern begonnen, fünf Kulturdimensionen (und den jeweiligen Gegenpol) zu definieren:
» Individualismus versus Kollektivismus
» Machtdistanz versus Machttoleranz
» Unsicherheitsvermeidung versus Risikobereitschaft
» Männlichkeit versus Weiblichkeit
» Langfristorientierung versus Kurzfristorientierung
Geert Hofstede hat diese Umfragen in den letzten Jahren laufend wiederholt und weiterentwickelt.

Bernd Müller-Jacquier beschäftigt sich unter anderem mit den sprachlichen Problemen in der interkulturellen Kommunikation. Dazu hat er ein Analyseraster entwickelt, das aus zehn Komponenten besteht:
» Soziale Bedeutung/Lexikon: Welche konnotative und assoziative Bedeutung haben Begriffe?
» Sprechhandlungen und Sprechhandlungssequenzen: Wie werden Handlungsintentionen (Befehlen, Herausfordern, Entschuldigen …) zum Ausdruck gebracht?
» Gesprächsorganisation und Konventionen des Gesprächsverlaufs: In welcher Form sind Gespräche organisiert, wie erfolgt der Redewechsel, wie erfolgt Kritik, wie erfolgen Komplimente?
» Themen: Welche Themen werden mit wem besprochen, welche sind tabu?
» Direktheit bzw. Indirektheit: In welcher Art werden Themen zur Sprache gebracht? (Höflichkeit, induktiv oder deduktiv …)
» Register: Welche Sprachvariante (Humor, Ironie, Pathos …) wird in der spezifischen Situation gewählt?
» Paraverbale Faktoren: Lautstärke, Tonhöhenmodulation, Pausen …
» Nonverbale Faktoren: Gestik, Mimik, Bewegungen, Körperabstand …
» Kulturspezifische Werte und Einstellungen
» Kulturspezifische Handlungen: zum Beispiel Begrüßungsrituale

Weiters stellte er fest, dass sich Menschen in interkulturellen Situationen anders verhalten als in intrakulturellen.

Florence Kluckhohn und Fred Strodtbeck haben bereits 1961 anhand von fünf menschlichen Grundproblemen die Werte bzw. die Wertorientierung von Kulturen festgemacht.

Orientierung	Variationen					
Wie ist die menschliche Natur?	böse		neutral / gemischt		gut	
	veränderlich	unveränderlich	veränderlich	unveränderlich	veränderlich	unveränderlich
Welche Beziehung gibt es zwischen Mensch und Natur?	Mensch unterwirft sich		Harmonie		Mensch beherrscht Natur	
An welcher Zeit orientiert man sich?	Vergangenheit		Gegenwart		Zukunft	
Welche Arten und Formen von Aktivität lassen sich unterscheiden?	Sein		Sein im Werden		Tun	
Welche Arten u. Formen gibt es in den Beziehungen von Menschen?	lineare		kollaterale		individualistische	

All diese Modelle beantworten nicht, was richtig oder falsch sein könnte, sondern können Auskunft geben, welche Werte für eine Person oder eine Kultur wichtig sind.

Eine Problematik, die die gesamte Kulturanthropologie mit sich trägt, liegt in einem Umstand, der uns aus der Systemtheorie und der systemischen Beratung bekannt ist:

Der Beobachter beobachtet sich immer selbst mit. Einerseits durch die Intervention der Beobachtung als solches und zweitens durch den Filter der eigenen Wahrnehmung. Allein die Definition von Problemstellungen strukturiert und filtert damit die Wahrnehmung, ganz zu schweigen von einer de facto nicht möglichen vorurteilsfreien Bewertung.

Die Kritik an der Kulturanthropologie ragt bis hin zum Vorwurf der sozialen Konstruktionisten, dass Kulturanthropologie historisch betrachtet immer den (mehr oder weniger offiziellen) Zweck der besseren Kontrolle und Machtausübung über andere Kulturen erfüllt.[22] Jedenfalls braucht jeder kulturelle Vergleich mindestens zwei Kulturen, und eine davon ist stets die eigene, die bekanntlich tendenziell positiver bewertet wird. Dies gilt bis zu einem (schwer beurteilbaren) Punkt für diverse Studien und noch viel mehr für den Projektcoach in seiner eigenen Einschätzung.

Bedeutung von Werten und Haltungen im interkulturellen Projektcoaching

Für einen Projektcoach ist die Kenntnis der eigenen Werte und Haltungen bzw. die Reflexion darüber eine unabdingbare Voraussetzung und stets präsente Grundlage dafür, in der Beratung „Eigenes" von „Kundenspezifischem" zu trennen und sich so auf die Anliegen und Themen des Kunden zu fokussieren. Im Fall einer interkulturellen Kooperation zwischen Projektcoach und Kunde können zwei „Wertewelten" aufeinander treffen. Dies gilt prinzipiell in jeder systemischen Beratung, jedoch mit der besonderen Ausprägung, dass sogar bei gleicher (physischer) Wahrnehmung der gleichen Situation eine völlig unterschiedliche Bewertung und Interpretation der Situation erfolgen wird, sobald die Beteiligten aus unterschiedlichen Kulturkreisen stammen.

Die eigene Wertewelt wiederum steht immer im Zusammenhang mit den sozialen Systemen, in denen man aufwächst, sich weiterentwickelt oder einfach, mit denen man Kontakt hat. Daraus kann die Frage resultieren: Bin ich als Individuum speziell, etwas Besonderes, oder ein austauschbarer (und berechenbarer) Repräsentant einer Kultur[23]? Unser Projektcoachingverständnis geht eindeutig von Ersterem aus: Jeder Mensch ist einzigartig, so wird er respektiert und so wird mit ihm auch kooperiert. Als Konsequenz daraus folgt die unabwendbare Notwendigkeit der offenen Auseinandersetzung mit allen im Projektcoachingsystem oder im Handlungssystem vertretenen Kulturen. Als Hilfsmittel können dazu die bereits erwähnten Kulturmodelle dienen.

Fallstricke im interkulturellen Projektcoaching: Stereotype, Vorurteile und Ethnozentrismen

Unter Vorstellungen versteht man sowohl das Faktenwissen über Länder, Völker und Kulturen als auch deren Images[24]. Das Image einer Nation stellt die Gesamtheit aller Attribute dar, die einer Person in den Sinn kommen, wenn sie an diese Nation denkt. Images können sehr differenziert sein, in vielen Fällen beschränken sie sich jedoch auf einige wenige Merkmale oder Eigenschaften und werden dann als Stereotype bezeichnet. Als Einstellungen bezeichnet man die wertenden Stellungnahmen zu Personen, Gruppen, Sachverhalten, Objekten[25]. Was bei den Vorstellungen die Stereotype sind, sind bei den Einstellungen die Vorurteile. Als Vorurteil wird eine ablehnende oder feindselige Stellungnahme gegen eine Person bezeichnet, die zu einer bestimmten Gruppe gehört, nur weil sie zu dieser Gruppe gehört und weil deshalb von ihr vorausgesetzt wird, dass sie die anfechtbaren Eigenschaften hat, welche dieser Gruppe zugeschrieben werden. Genau genommen kann man nicht wertfrei beobachten.

Der Beobachter ist in jeder Beobachtung enthalten. Vorurteile werden im Laufe des Sozialisierungsprozesses erlernt. Daher „muss" man als Coach davon ausgehen, dass man selbst einige der gängigen Stereotype und Vorurteile der betroffenen Kulturen oder Gruppierungen nicht nur kennt, sondern auch verinnerlicht hat. Und damit ist die Neutralität stark gefährdet, der Respekt unterminiert. Selbst wenn der Coach von sich behaupten könnte, er sei frei von Stereotypen oder Vorurteilen, existiert noch eine weitere Problematik, der Ethnozentrismus. Ethnozentrismus ist die unbewusste Tendenz, andere Kulturen aus der Sicht der eigenen Kultur zu betrachten und die eigenen Grundannahmen, Werte und Normen als „normal" und „richtig" zu werten.

Der Ethnozentrismus besteht aus zwei Komponenten: den Selbstverständlichkeiten und dem Überlegenheitsbewusstsein[26]. Selbstverständlichkeiten haben im Alltagsleben eine wichtige Entlastungsfunktion im

Sinn der Reduktion von Unsicherheit und Komplexität. Im interkulturellen Projektcoaching kann es zu Problemen führen, wenn wir annehmen, dass unsere eigenen Werte, Ideen und Konzepte für Management, Leadership, Motivation, Teamarbeit etc. universell sind. Gerade in diesen Annahmen liegt der Trugschluss, denn für viele dieser Fragen gibt es kulturspezifisch oft äußerst unterschiedliche Antworten. Mitarbeiter eines Projektes bevorzugen unter Umständen ganz unterschiedliche Führungsstile. Die Zufriedenheit des Mitarbeiters hängt von der Erfüllung seiner diesbezüglichen Erwartungen ab[27].

Das Überlegenheitsbewusstsein führt beim Betroffenen dazu, dass er annimmt, die eigene Kultur sei wertvoller als andere. Die anderen Kulturen werden abgewertet. Daher gilt auch alles, was von den eigenen Sitten und Normen abweicht, als minderwertig, fragwürdig oder sogar abartig oder unmoralisch. Beide Phänomene sind aus einer systemischen Perspektive „verständlich", aber für die Arbeit als Projektcoach im Grunde nicht tolerierbar. Für die Rolle als Projektcoach folgt daraus die Notwendigkeit zu Eigenreflexion mit und ohne externe Unterstützung als Grundvoraussetzung für den Start und die Durchführung jedes Coachings.

Paula Praktiker Also doch Vorurteile, stimmt's?

Karl Kritiker Findest du? Hast du schon jemals einen guten ...

Theo Theoretiker (ganz aufgeregt) Otto Oberzwerg! Ich habe da etwas vorbereitet!

Paula Praktiker und **Karl Kritiker** schauen auf.

Otto Oberzwerg Ja, Theo, was denn?

Theo Theoretiker Einen intercultural correctness check!

Karl Kritiker Und da kommt dann besserer Kaffee raus?

Theo Theoretiker Hier geht es darum, dass man für sich selber herausfindet, inwiefern man in Bezug auf ein bestimmtes Land Vorurteile hat oder nicht.

Paula Praktiker Und dann?

Karl Kritiker Ab ins Kaffeehaus!

Theo Theoretiker Überlegen, inwieferne diese in der Zusammenarbeit störend sein könnten. Es geht doch auch hier um VALUES, um Werte und Haltungen, oder, Otto Oberzwerg?

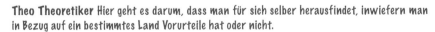

Otto Oberzwerg Ja, genau. Schauen wir uns das Ding einmal an!

Ein kleiner „intercultural correctness check"

Einmal angenommen, Sie werden als Projektcoach mit einem Projektleiter zusammenarbeiten, der in einem Unternehmen aus „Xenanien" arbeitet. Sie werden in der praktischen Anwendung dann Xenanien durch ein konkretes im Projekt vertretenes Land ersetzen.

Antworten Sie rasch und spontan!

Ein Kollege behauptet nach einiger Zeit, die Qualität Ihrer Arbeit ist bereits typisch xenanisch – was löst das bei Ihnen aus? Was sind die guten Gründe dafür?

Was würden Sie in Xenanien am liebsten machen:
a) Urlaub?
b) Wohnen und arbeiten?
c) Eine Firma aufbauen?
d) Bestenfalls schnell durchreisen?

Was sind die Gründe dafür? Wie würden Sie das Ihrem Kunden erklären?

Angenommen, Sie haben Kinder, und Ihr ältestes Kind verbringt die Abende und Wochenenden mit einer Ihnen unbekannten Gruppe von Xenaniern. Wie geht es Ihnen dabei? Worauf führen Sie das zurück?

Sie bekommen ein Jobangebot von einer Firma aus Xenanien. Was löst das bei Ihnen aus bezüglich Ihres Images bei Freunden und Bekannten, Weiterentwicklungsmöglichkeiten, Gehaltsvorstellungen, Karriere, Familie …? Wie reagieren Sie?

Sie sollen einer Firma aus Xenanien ein Angebot für ein weiteres Projektcoaching legen und Sie wissen, dass es einen Konkurrenten aus Xenanien gibt. Wie argumentieren Sie die Vorteile Ihres Angebotes gegenüber jenen des lokalen Anbieters? Worauf begründet sich Ihre Überlegenheit?

Der Projektleiter aus Xenanien ist beruflich an Ihrem Wohnort zu Besuch, versäumt leider aufgrund eines Verkehrsstaus am Weg zum Flughafen seinen letzten Flug und weiß nicht wo er übernachten soll. Er fragt, ob er bei Ihnen übernachten kann. Was löst das bei Ihnen aus?

Der Xenanier übernachtet nun bei Ihnen zu Hause und erzählt mit schallendem Lachen Ihrer Frau, wie lustig und absurd er es fand, dass die Statussymbole der Männer hierzulande „Telefone" sind. Was löst das bei Ihnen aus? Wie reagieren Sie?

Schlussfrage: Wie würden Sie nun Ihre Antworten einem Xenanier gegenüber begründen?

Wichtig erscheint uns, dass Sie nun die Ergebnisse für sich hinsichtlich Neutralität, Vorhandensein von Vorurteilen oder Ethnozentrismen offen und ehrlich auswerten.

Das Ergebnis kann Ihnen dann in der Vorbereitung helfen, sich vor einem internationalen Projektcoaching zu überlegen, inwiefern Sie selbst alle Voraussetzungen dafür erfüllen und welche Schritte gegebenenfalls davor noch zu setzen sind.

 Karl Kritiker Sehr brav, Theo, da hast du dir einen Kaffee verdient.

 Paula Praktiker Ich hör immer nur Kaffee!

 Karl Kritiker Darum geht's doch, oder?

Theo Theoretiker Du hast, glaub ich, nicht viel verstanden.

 Karl Kritiker Aber darum geht's im nächsten Kapitel, ums Verstehen, stimmt's?

Otto Oberzwerg Stimmt!

Karl Kritiker Eben!

7.3 Kommunikation in internationalen Projekten

Kommunikation ist das wesentlichste Instrument im Projektcoaching. Sie ist die Basis für jede Hypothese, Grundlage jeder Intervention und Rohstoff jeder Reflexion. Geht die Kommunikation im Projektcoaching unbemerkt schief, so läuft der gesamte Coachingprozess Gefahr, zu kippen. Kommunikation ist im Projektcoaching gleich zweifach von äußerster Relevanz: Einerseits zwischen Projektcoach und Kunde, andererseits als potenzielles Themenfeld im Projektcoaching selbst (Beispiel: Kommunikation zwischen dem Projektmanager und seinem Kernteam als Anliegen).

Kommunikation gilt im Allgemeinen als erfolgreich, wenn der Empfänger das „versteht", was der Sender „meint". Kommunikation besteht im Wesentlichen aus drei Komponenten: sprachliche Kommunikation, nichtverbale Kommunikation und paraverbale Kommunikation.

Die wesentlichsten Grundpfeiler für Kommunikation sind[28]:

» Jede Kommunikation hat stets einen sachlichen Inhalt, einen Beziehungsaspekt, einen Selbstpräsenta-
tionsaspekt und einen Appellaspekt.

» Auf Basis einer stabilen Beziehung kann sachliche Information einfacher, rascher und mit weniger
Verlusten transportiert werden, vor allem wenn sie unvollständig ist.

» Man kann nicht nicht kommunizieren. Gesagtes ist gesagt und kann nicht mehr rückgängig gemacht
werden.

» Die Verantwortung für gelingende Kommunikation liegt bei Sender und Empfänger zugleich.

» Parallel zur eigentlichen Mitteilungsebene einer Kommunikation gibt es stets eine Ebene der Metakommunikation, die explizit oder implizit die Mitteilungsebene kommentiert.

» Kommunikation findet immer in mindestens einem relevanten Kontext (Kultur) statt.

» Kommunikation sollte auf allen Kanälen eine möglichst gleiche Information transportieren.

» Wenn kommuniziert wird, sollte dem Empfänger auch der Zweck der Kommunikation mitgeteilt werden.

Bei einigen der Punkte könnte man vermuten, dass diese Grundpfeiler auf Werten und Grundannahmen
unserer mitteleuropäischen Kultur beruhen. Daher sollte man nicht davon ausgehen, dass diese automatisch für Kunden aus anderen Kulturkreisen gelten.

Gelingt es dem Projektcoach, die wesentlichen Grundgesetze für sich einzuhalten bzw. diese im Projektcoaching zu etablieren, ist bereits ein großer Schritt getan. Leider gibt es in der interkulturellen Kommunikation einige Fallstricke und Schwierigkeiten, die in den folgenden Kapiteln erläutert werden.

7.3.1 Kommunikation im Überblick

Sprachliche Kommunikation

Diese erscheint oft bei Kommunizierenden der gleichen Muttersprache schon kompliziert genug. Noch
wesentlich schwieriger ist effektive Kommunikation in internationalen Projekten, wo sich fast immer
wenigstens einer der Kommunikationspartner einer Fremdsprache bedient. So bedeutet interkulturelle
Begegnung sehr oft Missverstehen oder Nichtverstehen. Beim Nichtverstehen liegt kein gemeinsames
System von Sprachsymbolen vor, bei Missverstehen liegen diese vor, werden aber unterschiedlich interpretiert. In einer interkulturellen Sprachbegegnung verwenden die Kommunikationspartner zumeist sehr
unterschiedliche kulturell bedingte Begriffsysteme. Weiters können rein lexikalisch gleiche Begriffe (wie z. B.
„friend" und „Freund") unterschiedliche Bedeutungen in den unterschiedlichen Kulturen haben. Der eng-
lische Begriff „friend" entspricht besser dem deutschen Begriff „Bekannter" und das deutsche Wort
„Freund" eher der Übersetzung „close friend". Weiters fehlen oft exakte Übersetzungen für Begriffe der
anderen Sprache.

Unterschiedliche Sprachstile können auch zu negativen Reaktionen (der andere wirkt unhöflich und zu
direkt) beim Kommunikationspartner führen (Österreich: „Könnten Sie mir bitte einen Kaffee bringen?",
Deutschland: „Bringen Sie mir bitte eine Tasse Kaffee."). Selbst zwischen Beteiligten der gleichen Sprache
(Briten und Amerikaner, Österreicher und Deutsche) gibt es solche Missverständnisse („partner" im bri-
tischen sind Gleichberechtigte auf Dauer, im Amerikanischen eher wie Geschäftspartner, die unterschiedliche Mittel einbringen, ohne darüber hinausgehende Verpflichtungen. „Da" im österreichischen ist mit
„hier" im deutschen Deutsch gleichzusetzen, das deutsche „da" ist mit dem österreichischen „dort"

gleichzusetzen). Anders als bei anderen Kulturmerkmalen ist den Kommunikationspartnern dieser „offensichtliche" Umstand zumeist nicht transparent. Karl Kraus wird das Zitat zugeschrieben: „Der größte Unterschied zwischen Deutschen und Österreichern ist die gemeinsame Sprache."

Missverständnisse sind in Projekten generell problematisch. In der interkulturellen Begegnung können sie zudem leider auch die Quelle für die Festigung von Vorurteilen und Stereotypen sein.

Die klassischen „lernersprachlichen Beschränkungen"[29] (wenn eine Person eine Sprache erlernt) sind Modalitätsreduktion (eine Aussage erscheint mangels Ausdrucksmöglichkeiten zu direkt oder indifferenziert), Bedeutungsreduktion (aufgrund des nicht vorhandenen Vokabulars können Sachverhalte nicht differenziert genug ausgedrückt werden) bis hin zu Themenvermeidung (aus sprachlicher Unsicherheit wird ein ganzes Thema nicht angesprochen).

Nichtverbale Kommunikation

Durch das Fehlen der Sicherheit im Bereich der verbalen Kommunikation ist der Bedarf bezogen auf nichtverbale Kommunikation besonders hoch. Blom/Meier halten treffend fest: „Nonverbale Signale regulieren die verbale Kommunikation, nonverbale Signale können verbale Kommunikation ergänzen oder sogar ersetzen."

Allerdings ist der Bereich der nichtverbalen Kommunikation mindestens ebenso mit Überraschungen, Fallen und Missdeutungen gespickt wie die verbale Sprache. Kopfschütteln kann in Teilen Indiens und Bulgariens „Ja" bedeuten. Das amerikanische „O.K." bedeutet in Japan „Geld", in Brasilien wird es als obszön empfunden. Ebenso werden Körperhaltung, Distanz zum Gesprächspartner, Berührung, Blickkontakt, Körperanspannung usw. unterschiedlich gedeutet.

Die größten Fehlerquellen sind ähnlich wie im Bereich der verbalen Kommunikation Missinterpretationen bei der Verschlüsselung oder Entschlüsselung einer Botschaft.

Paraverbale Kommunikation

Die paraverbale Kommunikation wird oft auch der nonverbalen zugeordnet. Sie beschreibt quasi die musikalischen Anteile der Sprache: die Parameter Lautstärken- und Tonhöhen-Modulation sowie Pausensetzung. Auch hier gibt es sehr unterschiedliche Gebräuche und Interpretationen, wie beispielsweise Tonhöheneinsatz am Ende eines Satzes im asiatischen Raum, Lautstärke im afrikanischen Raum, sehr lange Pausen in indianischen Kulturen.

Theo Theoretiker schüttelt den Kopf   **Karl Kritiker** Was wird das, Theo?

Theo Theoretiker Ich übe mein Bulgarisch!

Karl Kritiker Wie bitte, Bul-ga-risch? Kopfschüttelnd?

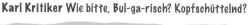

Theo Theoretiker schüttelt nur den Kopf

Paula Praktiker Ich weiß es! Das ist nonverbales Bulgarisch und bedeutet „Ja"!

Karl Kritiker (nickt) Weißt du, was das bedeutet? **Paula Praktiker** Nein!

Karl Kritiker Ich bin mir ganz sicher, der braucht einen guten Kaff...

Otto Oberzwerg Also Zwerge, ich finde, ihr seid heute schon etwas übermütig! Wir sollten eine kurze Pause machen, eine Kleinigkeit essen, und dann geht's weiter.

Karl Kritiker Ich hol mir dort beim Würstelstand einen Kaffee. Soll ich euch was mitnehmen?

7.3.2 Besonderheiten in der Kommunikation von internationalen Projektcoachings

Telefoncoaching

Das ideale Setting im Projektcoaching erscheint klar und einleuchtend: Beide Kommunikationspartner befinden sich im gleichen Raum, der ein angenehmes und störungsfreies Ambiente bietet und bei Bedarf alle erforderlichen Arbeitsmittel zur Verfügung hat.

In internationalen Projekten kann man davon ausgehen, dass nicht nur die terminliche, sondern auch örtliche Vereinbarung von Coachingterminen herausfordernd sein kann.

Projektcoaching per Telefon bedeutet grundsätzlich, dass die Kommunikation nicht auf allen Kanälen erfolgen kann. Was sonst über Mimik, oder Gestik unterstützt oder abgeschwächt werden kann, ist bei Telefonaten kaum möglich. Hier gilt es, Vor- und Nachteile abzuwägen:

Die Vorteile sind geringere Reisekosten, mehr Zeitnähe zu den Ereignissen, höhere Flexibilität bzw. Spontaneität und mehr Distanz.

Die Nachteile sind schwierigere Kommunikation mit dem weit höheren Risiko von Missverständnissen und Fehlkommunikationen, Gefahr, als Projektcoach zu oft „ins Projekt" geholt zu werden, schwierigerer Aufbau eines Projektcoachingsystems, denn die Situation macht für den Kunden wenig Unterschied zu seiner „Normalprojektsituation".

Unserer Erfahrung nach ist der Einsatz von Telefoncoaching im internationalen Kontext fast nicht zu vermeiden, jedoch sollte es eher als Ergänzung zu physischen Treffen eingesetzt werden. Das erste Zusammentreffen mit dem Kunden sollte unserer Meinung nach jedenfalls ein physisches Treffen sein.

Die Zwerge essen Hotdogs und trinken Kaffee dazu. Sie sitzen jetzt auf der anderen Seite der Donauinsel und haben einen schönen Ausblick auf die UNO-City und den Donauturm. Plötzlich läutet das Zwergenhandy von Paula Praktiker.

Paula Praktiker Ja, bitte? Ah, du bist es ... Ja, das ist einfach. Da fährst du die Erste links, dann ... oh ja, sicher ... aus welcher Richtung kommst du? Ah, von da? Na gut, dann musst du die Dritte rechts nehmen ... das ist die ... wie heißt die ... ja genau, die Breitenfurterstraße und dann ... hallo, hallo? Haa-loo! Abgerissen ...

Karl Kritiker Wer war das?

Paula Praktiker DAS würdest du gerne wissen!

Karl Kritiker Ja!

Paula Praktiker Tja, das ist aber vertraulich ... (das Handy läutet wieder) Ja, wo bist du? ... Aha, da bist du aber falsch ... ja eh, aber der Empfang ist bei mir sehr gut, bei dir? ... Hallo? Haa-loo?

Karl Kritiker Ich liebe Handyfonieren!

Projektcoaching „en bloc"

Projektcoaching „en bloc" scheint uns das Gegenstück zum Telefoncoaching zu sein: Sobald für den Projektcoach eine längere Anreise zum Kunden erforderlich wird, versucht man den Reiseaufwand und die Reisespesen zu optimieren. Dies führt automatisch dazu, dass die Einsatztage so umfassend wie möglich genutzt werden. Eine Möglichkeit besteht darin, dass der Projektcoach am Kundenstandort mehrere Projekte coacht. So könnte er an einem Tag mehrere Termine am gleichen Standort abwickeln. Da sich das aber oft nicht so bündeln lässt, werden gleich ganze Tage für das Projektcoaching geblockt – für ein Projektcoaching „en bloc".

Die besondere Herausforderung liegt in diesem Fall in der Gestaltung eines ganzen Projektcoaching-Arbeitstages zum selben Projekt. Denn üblicherweise haben Projektcoachingeinheiten eine Dauer von einer bis maximal zwei Stunden. In der Praxis helfen sich Projektcoaches, indem zu Beginn des Projektcoachingtages die Themen und Schwerpunkte festgelegt werden, dann in einzelne Projektcoachingeinheiten strukturiert, und der Gesamtablauf möglicherweise mit operativen Sequenzen ergänzt wird. In einer solchen operativen Sequenz arbeitet der Projektleiter mit Unterstützung des Projektcoaches an der Ausarbeitung eines Projektstrukturplans oder an der Fertigstellung einer Präsentation des Projektfortschritts vor dem Lenkungsausschuss und ähnlichen Dingen. Alternativ nimmt der Projektleiter an Projektmeetings teil oder agiert als Moderator. Es stehen Kunde und Projektcoach alle fünf Projektcoachingelemente zur Gestaltung der gesamten Blockeinheit zur Verfügung. Wichtig erscheint uns auch die Planung von entsprechenden Pausen zwischen den einzelnen Projektcoachingeinheiten, da sowohl der Kunde als auch der Projektcoach Zeit für Regeneration benötigen. Zum Ende eines solchen Projektcoachingblocks sollten Projektcoach und Kunde die Arbeiten mit einer Abschlussreflexion sowie einer Planung der nächsten Schritte abrunden.

Handlungsempfehlungen für die interkulturelle Kommunikation

…
…
…
…
…
…
…

 Theo Theoretiker Wo ist der Text?

 Otto Oberzwerg Da gibt's keinen.

Paula Praktiker Kein Text mit Handlungsempfehlungen?

 Karl Kritiker Na, da haben sich die Autoren aber nicht recht angestrengt.

 Paula Praktiker Vielleicht dachten sie, die Leser sollen sich das selber zusammentragen.

Karl Kritiker Und deshalb kauf ich ein Buch …

Theo Theoretiker Du hast es ja eh nicht selber gekauft.

 Otto Oberzwerg Also, Zwerge, Konzentration! Ich hab ein Flipchart vorbereitet mit ein paar Empfehlungen, um bei der Fülle der möglichen Fettnäpfchen und Missverständnisse nicht gleich zu verzweifeln.

Flipchart 1:
» Vorbereitung/Auffrischung der relevanten Fremdsprache
» Eigenbeobachtung und -reflexion des eigenen Kommunikationsverhaltens und der kulturspezifischen Anteile (so weit möglich), gegebenenfalls mit externer Unterstützung eines darauf spezialisierten Beraters
» Training der Wahrnehmung der Gestik, Mimik, Stimmen und Aussagen von anderen
» Reflexion der eigenen Werthaltung (ethnozentristische Anteile, Vorurteile, Stereotype)
» Einführung von speziellen Reflexionsmöglichkeiten im Team (Metadialog, Reflecting Team, Rollenspiele) zur spezifischen Reflexion der kulturellen Unterschiede in der Praxis
» Frühzeitige Festlegung von Methoden, Instrumenten, Spielregeln sowie der relevanten Begriffe (z. B. Glossar)

Flipchart 2: In der eigenen Kommunikation:
» Stimmigkeit von verbaler und nonverbaler Kommunikation
» Langsames und klares Sprechen, Einsatz von längeren Pausen
» Einsatz von einfacheren und eindeutigen Wörtern

» Vermeidung von umgangssprachlichen oder mehrdeutigen Ausdrücken
» Wiederholen und Zusammenfassen der wesentlichen Aussagen
» Klar strukturierter Aufbau des Vortrags
» Einsatz von Visualisierungen
» Wiederholung und Paraphrasierung von Beiträgen des Kunden
» Sicherstellen, dass Anliegen, Ziele, Auftrag etc. gleichartig interpretiert werden
» Einsatz von unterschiedlichen Alternativen im Zugang zum Thema (direkt versus indirekt)

7.4 Voraussetzungen zum Coaching von internationalen Projekten

Die vorangegangenen Kapitel haben gezeigt, dass internationale Projekte sehr komplexe Vorhaben sind und die damit verbundenen potenziellen Themen in Projektcoachings die unterschiedlichsten Anforderungen an einen Projektcoach stellen können.

Aufbauend auf einer bereits bestehenden umfangreichen Praxiserfahrung in intrakulturellen Projekten, gibt es unserer Erfahrung nach eine Reihe von Punkten, die der Projektcoach im internationalen Kontext beachten kann.

Die wichtigsten seien an dieser Stelle noch einmal überblicksmäßig erwähnt:
» Generelle Cultural Awareness, landes-/kulturspezifische Vorbereitung
» Gespräch über den (kulturellen) Dialog, über den Prozess, über die Werte, über das Verhalten ...
» Eigenes Verhalten, eigene Werte nicht als absolut und objektiv betrachten
» Beobachtetes Verhalten hinterfragen
» Stereotypen, Vorurteile hinterfragen und möglichst vermeiden
» Spielregeln und Zusammenarbeit reflektieren
» Kommunikation/Sprache
» Sprachkompetenz bei allen Beteiligten
» Aufmerksamkeit, offene Fragen, Wiederholung/Zusammenfassungen
» Implizite Botschaften vermeiden, einfachere eindeutige Sprache
» Werte/Haltung
» Uneingeschränkter Respekt
» Neugier und Interesse zeigen
» Offenheit für Neues, Bereitschaft zu lernen
» Authentisch sein/bleiben/werden
» Respekt für eigenes Verhalten erfragen/einfordern
» Eigenverantwortlichkeit des Kunden ist nicht diskutierbar

8 Einführung von Projekt-coaching im Unternehmen

Heute war ein heißer Tag und die Zwerge haben beschlossen, ihre Abendeinheit im Gartenhaus von Otto Oberzwerg
an der Alten Donau zu verbringen. Otto Oberzwerg ist
gerade damit beschäftigt, ein Apfelbäumchen zu pflanzen,
als die Jung-Zwerge eintreffen. Paula Praktiker hat zur
Überraschung aller einen Picknickkorb mitgebracht.
Es gibt Aufstriche, Gemüse, Wurst und Käse sowie eine
Früchtebowle. Heute steht die organisatorische Implementierung von Projektcoaching auf dem Programm. Es soll um
die wesentlichen Elemente hinsichtlich Verankerung von
Projektcoaching gehen sowie um ein Vorgehensmodell und
um Tipps und Tricks für die Umsetzung.

8.1 Implementierung von Projektcoaching – Elemente der Konzeption

8.1.1 Organisationsverständnis

Es gibt unzählige Auffassungen und Theorien unterschiedlichster Art zu Organisationen. Uns geht es in diesem Kapitel weder darum, eine diesbezügliche Übersicht zu geben, noch die Unterschiede ausführlich zu diskutieren. Wesentlich erscheint uns aber der Zusammenhang von Organisationsverständnis und Implementierung von Projektcoaching. Es macht für die Verankerung von Projektcoaching nämlich einen Unterschied, ob man Organisationen etwa als große Maschinen, als Organismen oder wie wir als soziale Systeme betrachtet.

Das Organisations-Dreieck

Organisationen lassen sich nach den folgenden drei Dimensionen beschreiben und charakterisieren:

» Strategie: Das ist die Ausrichtung und Positionierung eines Unternehmens. Die Strategie stellt die Konkretisierung der Vision, des Leitbildes und der Unternehmenswerte dar und beschreibt die kurz- und mittelfristig gewünschte, d.h. zu erreichende Soll-Position. Klassische strategische Ausrichtungen sind Innovations-, Kosten- oder Serviceführerschaft sowie eine Nischenpositionierung, die auf eine markante Unterscheidung zum Mitbewerb abzielen.

» Struktur: In diesem Zusammenhang ist vor allem die Aufbau- und die Ablauforganisation (auch Prozessorganisation) zu nennen. Weiters geben Funktionsbeschreibungen, Organisationshandbücher, Karrieremodelle, diverse fachspezifische Richtlinien und Guidelines Orientierung für den operativen Betrieb.

» Kultur: Hier geht es um Werte und Normen, die ungeschriebenen Gesetze und „Spielregeln", die das soziale Zusammenleben prägen. In der Kultur ist verankert, wie „man sich verhält".

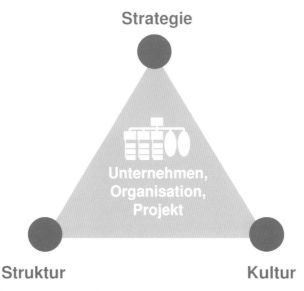

Abbildung 40: Das Organisations-Dreieck

8.2 Verankerung von Projektcoaching in der Organisation

Soll Projektcoaching nachhaltig in einem Unternehmen implementiert werden, so ist es wichtig, sich Gedanken zu einer ganzheitlichen Verankerung zu machen. Wird Projektcoaching bloß als ein neues Konzept oder der Projektcoach nur als eine zusätzliche Rolle eingeführt, so wird das wenig bewirken oder gar auf Ablehnung stoßen. Wir wollen daher auf das vorhin erwähnte Konzept zur Organisationsanalyse zurückkommen und die drei Dimensionen Strategie – Struktur – Kultur beleuchten. In einem projektorientierten Unternehmen werden bereits einige PM-spezifische Aspekte zu finden sein, die sich um Projektcoaching-Elemente ergänzen lassen.

» Strategie
  » Bekenntnis zu einem projektorientierten Unternehmen findet sich im Leitbild.
  » Projektmanagement ist strategischer Ausdruck von organisatorischer Flexibilität.
  » Projektmanagement wird als Kernkompetenz und Unterscheidungsmerkmal gesehen.
  » Kompetente Projektleiter werden als elementarer Erfolgsfaktor für erfolgreiche Projekte angesehen.
  » Projektcoaching wird als spezifische Kompetenz im Projektmanagement aufgefasst und intern als Dienstleistung angeboten.

» Struktur
  » Standard-Projekthandbücher und PM-Richtlinien zum Einzel- und Multi-Projektmanagement (EPM und MPM) sind vorhanden.
  » Methoden und Instrumente des PM sind an die unternehmensspezifischen Bedürfnisse angepasst.
  » Standardisierte und optimierte Prozesse des Projektmanagements sind eingeführt.
  » Projektesteuerungskreis und Projektmanagement-Office (Projekte-Service, PM Competence Center) sind etabliert.
  » Projektcoaching kann (intern oder extern) beansprucht werden.
  » Projektcoachinginstrumente, Prozesse und Vorgehensmodelle sind verfügbar.

» Kultur
  » Rollenbeschreibungen für das Projektmanagement (EPM und MPM) sind vorhanden und werden gelebt.
  » Das Arbeiten in Projekten ist positiv besetzt und bietet Karrierechancen.
  » Karrieremodelle für Projektmanagement sind etabliert.
  » Die Rolle Projektcoach ist etabliert.
  » Aus- und Weiterbildungsprogramme für Projektcoaches sind vorhanden.
  » Projektcoaching ermöglicht Weiterentwicklung in projektorientierter Organisation (P.O.O.).
  » Projektcoaching wird als Angebot für Vollprofis und nicht für Hilfsbedürftige gesehen.

Karl Kritiker Warum eigentlich Strategie, Struktur und Kultur? Wir haben doch vor einiger Zeit über Konstruktivismus und Systemtheorie diskutiert. Sind das nach systemischer Auffassung auch die relevanten Kategorien?

 Otto Oberzwerg Dieses Organisations-Dreieck ist eine oft verwendete Sicht in der Praxis, die sich als hilfreich herausgestellt hat. Aber warte ein wenig ab. Wir werden gleich etwas über einen systemisch-konstruktivistischen Zugang hören.

8.3 Verankerung von Projektcoaching vor einem systemisch-konstruktivistischen Organisationshintergrund

Verstehen wir Organisationen als selbstreferenzielle soziale Systeme, die sich, wie in Kapitel 2 beschrieben, über Kommunikationen oder genauer über Entscheidungen reproduzieren, so sind die zentralen Anknüpfungspunkte für die Verankerung von Projektcoaching sogenannte Entscheidungsprämissen.[30]

» Entscheidungsprogramme
» Kommunikationsstrukturen
» Personen

Durch diese „Meta-Entscheidungen" verschaffen sich Unternehmen Erwartbarkeit bezüglich zukünftiger Entscheidungen oder Handlungen. Entscheidungsprämissen legen die künftigen Entscheidungen noch nicht fest, aber sie fokussieren die Kommunikation auf die in den Prämissen festgelegten Unterscheidungen.

Veränderungen in Entscheidungsprämissen haben Auswirkungen auf die Beobachtung und Bearbeitung relevanter Systeme in der externen Umwelt von Unternehmen, wie etwa Kunden, Lieferanten, Eigentümer, Konkurrenz, Behörden oder auch intern Mitarbeiter, Abteilungen, andere Projekte.

Entscheidungsprogramme

Organisationen schaffen sich die Möglichkeit, die Richtigkeit von Entscheidungen zu beurteilen, indem sie festlegen, wie Entscheidungen generell getroffen werden. Dabei werden folgende zwei Varianten dieser Entscheidungsprogramme unterschieden:
» Variante A: Was nicht erlaubt ist, ist verboten. (= „Konditionalprogramm")
» Variante B: Was nicht verboten ist, ist erlaubt. (= „Finalprogramm")

Finalprogrammierungen lassen demnach Freiräume für alternative Vorgehensweisen, jeweils unter Wahrung festgelegter Zwecke. Konditionalprogramme hingegen schränken Möglichkeiten durch das eindeutige Festlegen von Bedingungen oder Auslösern ein.

Im Rahmen solcher Entscheidungsprogramme kann die Nutzung von Projektcoaching definiert werden. Gemäß Projektwürdigkeitsanalyse (PWA) könnte beispielsweise für alle A-Projekte ein Projektcoach verpflichtend vorgesehen sein, während dies für B- und C-Projekte optional wäre. Alternativ könnten nur Projektleiter von A-Projekten ein Anrecht auf Projektcoaching haben, während Projektleiter von B- und

C-Projekten nur dann auf einen Projektcoach zurückgreifen können, wenn Projektcoaching-Ressourcen verfügbar sind.

Zentrale Fragen im Sinn der Entscheidungsprogramme sind in Bezug auf Projektcoaching demnach:
» Wer darf Projektcoaching in Anspruch nehmen und wie oft?
» Lässt sich der Erfolg von Projektcoaching quantitativ, qualitativ oder zumindest argumentativ nachweisen, und wenn ja, wie?
» Wird Projektcoaching etabliert, um Reflexionsmöglichkeiten zu schaffen (auch in Krisensituationen)?
» Was kostet Projektcoaching bzw. wie viel an zusätzlichen Personalkosten ist zu erwarten?
» Welche Verantwortung soll ein Projektcoach tragen?

Bestehende Entscheidungsprogramme, über die sich die Projektcoaches im Unternehmen bewusst sein sollten, sind im Wesentlichen:

» PM- und Projekt-Portfolio-Themen
Wie werden Projekte beauftragt, gestartet und gesteuert? Wie werden Projektleiter ausgewählt? Gibt es intern das entsprechende PM-Know-how?

» HRM-Themen
Existiert eine PM-Karrierelaufbahn im Unternehmen? Sind Projektcoaches im Stellenplan vorgesehen oder ist das ein Nebenjob? Wird systematischer Kompetenzaufbau und Inhouse-Weiterentwicklung zum PM betrieben? Werden PM-Assessments zur Bewertung der PM-Qualität durchgeführt?

» Stategieentwicklung und Unternehmenssteuerung
Welchen Stellenwert hat PM im Unternehmen? Wie viel Wertschöpfung wird mit Projekten erwirtschaftet? Wie wichtig ist PM für den USP? Gibt es projektbezogene Ziele und ein Kennzahlensystem (z. B. BSC)?

» Marketing & Vertrieb
Kann das Thema Projektcoaching extern vermarket werden? Ist das vielleicht sogar ein Grund für Auftragserteilung?

Kommunikationsstrukturen

Mit den Entscheidungsprogrammen haben wir die sachliche Dimension von Komplexitätsreduktion beschrieben. Die Kommunikationswege beziehen sich auf die soziale Dimension und schränken ein, wie Informationen im System zirkulieren. Einerseits werden mittels Kommunikationsstrukturen die Entscheidungskompetenzen und Befugnisse der einzelnen Positionen, Funktionsträger und Rollen geregelt und andererseits sind dadurch die Zusammenarbeit und der Informationsfluss festgelegt.

In den Kommunikationsstrukturen wird geregelt, wer zum Thema Projektcoaching Entscheidungen treffen soll und wer welche Informationen erhalten soll. Entscheidet der Projektleiter, ob er Projektcoaching beanspruchen möchte, oder tut dies der Projektauftraggeber, beide gemeinsam, der Projektesteuerungskreis oder der Linienvorgesetzte? In den Kommunikationsstrukturen muss auch klar geregelt werden, wie das Thema

Vertraulichkeit zu handhaben ist. Diesbezüglich lassen sich Spielregeln definieren, wie mit vertraulichen Informationen umzugehen ist. (Siehe dazu Werthaltungen in Kapitel 3 sowie Projektcoachingauftrag in Kapitel 5.)

Folgende Kommunikationsstrukturen sind entlang des Projektcoachingprozesses zu betrachten:
» Projektcoaching-Beauftragung: Verantwortlicher für Projektcoaching und Projektleiter oder Projektauftraggeber
Klärung Verfügbarkeit internes (oder externes) Projektcoaching sowie Projektcoachingverständnis und zu erwartende Ergebnisse. Auswahl Coach, Intensität und Dauer des Projektcoachings, ggf. Honorar
» Projektcoachingauftrag: Projektcoach mit dem Projektleiter oder ggf. dem Projektteam
Klärung Projektcoachingauftrag, Zielsetzung, Termine, ggf. Spielregeln
» Projektcoaching-Durchführung: Projektcoach mit dem Projektleiter oder ggf. dem Projektteam
Klärung der Zielsetzung und Inhalte für die jeweilige Projektcoachingeinheit, Projektcoachinginhalte, Zusammenfassung und weitere Schritte

Personen
Organisatorisch wird mit der Entscheidungsprämisse „Personen" festgelegt, wer sich mit dem Thema „Projektcoaching" befasst.
» Projektcoaches
Wer sind die Projektcoaches? Sind die Projektcoaches intern verankert oder wird auf externe Experten zugegriffen? Welche Rechte und Pflichten haben Projektcoaches? Gibt es eine Rollenbeschreibung? Welche Qualifikationen, Ausbildungen sind erforderlich?
» Verantwortlichkeit für Projektcoaching
Wo wird Projektcoaching organisatorisch verortet? Üblicherweise wird dies, falls vorhanden, einem PM-Office oder PM-CC zugeordnet. Alternativ kann dies auch in der HR-Abteilung oder in der Personalentwicklung sein, wobei hier die Sicherung der Neutralität meist schwierig ist.

Paula Praktiker Also, mir ist das jetzt noch nicht ganz klar mit den Entscheidungsprämissen. Können sie Entscheidungen beeinflussen oder vorzeichnen?

Theo Theoretiker Nun ja, systemisch gesehen muss sich das Thema Projektcoaching in bereits existierende Entscheidungslogiken einschleusen. Sonst bleibt es unwirksam.

Otto Oberzwerg Papier ist geduldig. Auch die schönsten Präsentationen verändern nichts in Organisationen, wenn sie keinen Eingang in die Entscheidungslogik des Unternehmens finden. Schaue dir das Bäumchen hier an, das ich gerade eingepflanzt habe. Es muss sich im Boden verwurzeln, sonst hat es keine Chance auf Wachstum und Entfaltung.

8.4 Projektcoaching-Implementierung – ein Vorgehensmodell

8.4.1 Projektcoaching als wesentlicher Aspekt in einer P.O.O.

Eine projektorientierte Organisation (P.O.O.) wird nicht in einem Tag geschaffen. An dieser Stelle soll auch nicht die Implementierung einer P.O.O. beschrieben, sondern es sollen die wesentlichen Schritte skizziert werden, um das Projektcoaching in einem bereits projektorientierten Unternehmen einordnen zu können. Die folgende Ablauffolge empfiehlt sich sowohl für die Etablierung einer P.O.O. als auch für die Integration von Projektcoaching in eine P.O.O.

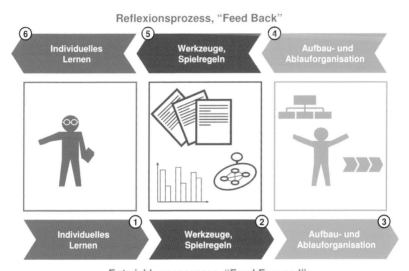

Abbildung 41: Schritte zur Integration von Projektcoaching in einer P.O.O.

1. Individuelles Lernen: Dabei wird Schlüsselpersonen (einigen ausgesuchten Projektleitern oder Personen aus dem PM-Office) die Qualifikation Projektcoaching vermittelt. Typischerweise passiert das in Trainings- bzw. Ausbildungsprogrammen. Ziel ist es, ein einheitliches Verständnis zum Projektcoaching und eine gemeinsame Sprache sowie Methodenverständnis zu erreichen.
2. Werkzeuge, Spielregeln: Es ist abzuklären, welche Instrumente und Methoden wie in einem Unternehmen (oder Bereich) zum Projektcoaching verwendet werden. Ein abgestimmtes Vorgehensmodell soll definiert werden.
3. Aufbau- und Ablauforganisation: Ein Verständnis für Projektcoaching in der Linie ist zu schaffen und die notwendige Unterstützung zu klären. Nötige Ressourcen müssen dafür zu Verfügung gestellt werden.

In den Schritten 4 bis 6 werden die Projektcoachingprozesse, Instrumente und Methoden als auch die Anforderungen an die Personalqualifizierung hinterfragt und nachjustiert, optimiert und somit die Schritte 1 bis 3 nochmals von hinten nach vorne durchlaufen.

Diese sechs Schritte gelten nicht für die Verankerung von Projektcoaching, sondern auch für die Professionalisierung von EPM und MPM. Erst das abgestimmte Zusammenspiel von EPM und MPM mit einem flankierenden Projektcoaching ergibt eine effektive und effiziente P.O.O.

Paula Praktiker Und wann soll Projektcoaching am besten eingeführt werden?

Karl Kritiker Eh klar! Das Unternehmen muss bereits alle sechs Schritte zumindest zum Einzelprojektmanagement durchlaufen haben, erst dann ist es reif für Projektcoaching. Vorher macht das doch keinen Sinn!

Otto Oberzwerg So strikt würde ich das nicht sehen. Aber du hast schon recht. Es besteht ein berechtigtes Risiko, dass Projektcoaching als Defizitkompensation oder „Nachschulungs-Strategie" für Projektleiter eingeführt wird, wenn sich ein Unternehmen „erst" in einem frühen Reifestadium befindet.

8.4.2 Beweggründe für Implementierung von Projektcoaching

Es kann ganz unterschiedliche Gründe für Implementierung von Projektcoaching geben. Einerseits können die Auslöser entweder mehr von intern oder mehr von extern kommen. Andererseits kann es sich um ein akutes oder ein potenzielles Problem handeln, das mit Projektcoaching gelöst werden soll. Mit diesen Dimensionen lässt sich eine Vierfelder-Matrix aufstellen, die vier Typen charakterisiert.

Abbildung 42: Gründe für Implementierung von Projektcoaching

1. Show für Stakeholder: Projektcoaching wird von den externen Umwelten oder Stakeholdern zwar nicht verlangt, aber ein gewisses Interesse ist zu erkennen. Die Implementierung von Projektcoaching wird in diesem Fall als „Marketing-Gag" verwendet. Dadurch soll vor allem den Kunden, ggf. auch Behörden und Banken sowie den Eigentümern vermittelt werden, dass man am Puls der Zeit ist. Inhaltlich und innerorganisatorisch hat das Projektcoaching dadurch aber keinen großen Stellenwert.
2. Getriebener: Hier ist der externe Druck von Seiten der Kunden, der Eigentümer, des Konzerns oder der Behörden sehr groß. Gründe dafür können Kundenwunsch, Branchenstandards, (öffentliche) Ausschreibungen und sogar gesetzliche Auflagen sein. Das Unternehmen muss Projektcoaching etablieren und nachweisen können, um die Stakeholder-Erwartungen erfüllen zu können. Im Falle der Erwartungsenttäuschung ist mit Umsatzeinbußen zu rechnen.
3. Überzeugter Innovator: Es besteht weder ein aktuelles Problem noch Druck von außen. Das Unternehmen möchte sich für die Zukunft wappnen und weiterentwickeln. Die Einführung von Projektcoaching wird als Aufbau von Reflexionspotenzial gesehen und soll als strategischer Vorteil zum Ausbau von Projektmanagement als Kernkompetenz genutzt werden.
4. Krisenbewältiger: Ein Unternehmen befindet sich in einer Krisensituation, und dies ist ein Auslöser für Neuerungen. Die Angst vor Konkurs und Arbeitsplatzverlust begünstigt die Etablierung von Projektcoaching. Man verspricht sich davon eine Bewältigung der Krise und ein effektiveres Arbeiten.

Karl Kritiker Ich glaube ja ohnehin, dass sich in Unternehmen nur was ändert, wenn es Probleme gibt. Wenn alles halbwegs läuft, hat doch keiner Interesse an Änderungen.

Paula Praktiker Das sehe ich nicht so. Ich habe schon einige Unternehmen gesehen, die proaktiv an Themen herangehen. Und gerade für solche, die innovativ sind und eine positive Einstellung zum Lernen haben, ist es naheliegend, Projektcoaching zu implementieren, bevor es jemand vorgibt oder eine Krisensituation sie dazu zwingt.

Otto Oberzwerg Wichtig ist jedenfalls, rechtzeitig zu erkennen, was die Beweggründe sind. Das hat massive Auswirkungen auf die Konzeption und die Art der Implementierung. Ich habe sogar einmal einen Auftrag abgelehnt, wo ich lediglich ein Show-Programm etablieren sollte.

8.4.3 Ausprägungen von Projektcoaching

Projektcoaching ist nicht zuletzt auch wegen der verschiedenen Beweggründe zur Implementierung in der Praxis recht unterschiedlich positioniert und etabliert. Die folgende Betrachtung der vier Ausprägungen von Projektcoaching soll helfen, sich über Zweck und Zielsetzung klarer zu werden und etwaige unerwünschte Ausprägungen schon in der Konzeption bzw. im Vorfeld zu erkennen und zu vermeiden.

Mit den beiden Dimensionen Lernen und Kultur lassen sich jeweils zwei Differenzpaare bilden:

» Triviales/komplexes Lernen
  Triviales Lernen steht hier für einfaches Optimierungslernen. Im Sinne eines single loop learning (siehe dazu auch Abb. 47: Lerntypen) geht es um Anpassungen bei Soll-Ist-Abweichungen.

Komplexes Lernen hingegen meint das Hinterfragen der zugrundeliegenden Werte, Annahmen und Normen. Dieses Lernen stellt somit eine tiefergreifende Reflexion der Vorgehensweisen und Handlungen dar.

» Kontrolle/Vertrauen (Kultur)

Kontrolle impliziert ein Menschenbild X nach Douglas McGregor, wonach Menschen faul, arbeitsscheu und arbeitsunwillig sind. Wenn Projektleiter nicht entsprechend kontrolliert werden, leisten sie auch nichts.

Vertrauen stellt hingegen auf ein Menschenbild Y ab, wonach Menschen prinzipiell motiviert, interessiert und arbeitswillig sind. Projektleiter müssen nicht überwacht werden, sondern zeigen Selbstinitiative, wenn man sie nur lässt.

Vor diesem Hintergrund lässt sich folgendes Vierfelder-Schema konstruieren:

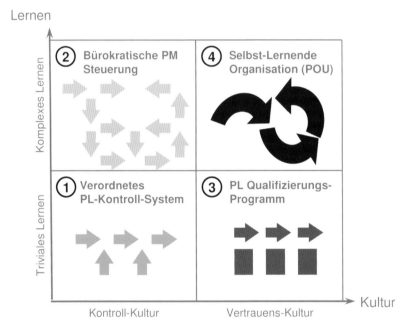

Abbildung 43: Ausprägungen von Projektcoaching

1. Verordnetes Projektleiter-Kontroll-System: Der Projektleiter wird hier als kontrollbedürftig und als zentrale Quelle für Projektmisserfolg angesehen. Durch den an die Seite des Projektleiters gestellten Projektcoach sollen Defizite des Projektleiters kompensiert und damit eine zusätzliche Risikoabsicherung geschaffen werden. Die Ursachenzuschreibung für Projekterfolg oder Misserfolg läuft ausschließlich über den Projektleiter. Projektleiter sollen im Sinne einer trivialen Maschine standardisiert werden und als optimale Input-Output-Relation funktionieren. PM kann vorschriftsmäßig angewendet werden, und Projektcoaching fungiert als Sicherung dieses richtigen, individuellen Verhaltens. Der Projektcoach agiert hier als „verlängerter Arm" des Projektauftraggebers.

2. Bürokratische PM-Steuerung: Das Projektmanagement soll über Verordnung verbessert und weiterentwickelt werden. Die Projektcoaches sind hier der „verlängerte Arm der Linie und des Managements" und setzen ein Zwangslernen über Richtlinien und Anweisungen durch. Durch die Anwendung von besseren Methoden und Hilfsmitteln soll ein effizienteres PM sichergestellt werden. PM-Tools wird hier eine zentrale Bedeutung zugeschrieben. Der Projektcoach achtet auch darauf, dass die Projekte nicht zu mächtig werden.

3. Projektleiter-Qualifizierungs-Programm: Projektcoaching ist eine Hilfestellung, die richtige Vorgehensweise zu erlernen. Es dient als Ergänzung zu reinen Trainings. Der Projektleiter entscheidet, was er wann lernen möchte. Das Management schafft damit eine gewisse Autonomie und vertraut auf die Selbststeuerung und Freiwilligkeit im Kompetenzaufbau von Projektleitern. Der Rahmen, was gelernt werden soll und was der geeignetste Zugang dafür ist, ist vom Management oder einem PM-Office vorgegeben. Es geht hier nur um Effizienzsteigerung. Hier treten die Projektcoaches quasi als „Privatlehrer" auf und versuchen, die PM-Kompetenzen der Projektleiter individuell zu erhöhen.

4. Selbstlernende Organisation: Projektcoaching ist der Katalysator für den Reflexionsaufbau von Projektorganisationen. Lernen wird hier als Erweiterung der Handlungsoptionen aufgefasst. Ziel ist es, die Effektivität von Projektmanagement insgesamt zu erhöhen. Projektcoaching zeigt Handlungsoptionen für Projektleiter, Projektteams oder ganze Projektorganisationen auf. Die Thematisierung alternativer Wirklichkeitskonstruktionen schafft erhöhte Varietät und Handlungsspielräume. Es geht dabei nicht bloß um richtig oder falsch, sondern vor allem um Beobachtung zweiter Ordnung und Erweiterung der „inneren Landkarte". Der blinde Fleck wird durch ein re-entry, das heißt die Thematisierung der verwendeten Unterscheidungs- und Beobachtungsraster, sichtbar gemacht. Statt richtig/falsch im Sinne einer Konditionalprogrammierung wird hier auf Zieldienlichkeit im Sinne einer Finalprogrammierung abgestellt.

Paula Praktiker So ein Projektleiter-Kontroll-System hat aber wenig mit unserem Projektcoachingansatz gemeinsam. Das ist ja eher wie ein triviales Projekt-Audit-Verständnis.

Theo Theoretiker Nach unserem Verständnis ist Projektcoaching ein „Spiel mit Kontingenz", ein abwechselndes Aufbauen und Reduzieren von Komplexität.

Karl Kritiker Wieso Spiel? Und was heißt Kontingenz?

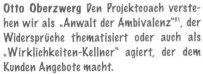

Theo Theoretiker Kontingenz soll heißen, dass es so, aber auch anders möglich ist.

Otto Oberzwerg Den Projektcoach verstehen wir als „Anwalt der Ambivalenz"[31], der Widersprüche thematisiert oder auch als „Wirklichkeiten-Kellner" agiert, der dem Kunden Angebote macht.

Paula Praktiker Und wie kommt man jetzt auf Level 4, wenn das der Level ist, der unserem Projektcoachingverständnis entspricht?

Otto Oberzwerg Das ist eine Frage der Implementierung.

8.4.4 Handlungsfelder bei der Implementierung von Projektcoaching

Bevor der Implementierungsprozess im Detail beschrieben wird, soll anhand des Organisationsdreiecks Strategie – Struktur – Kultur zusammenfassend dargestellt werden, welche Aspekte im Rahmen einer Implementierung von Projektcoaching berücksichtigt und definiert werden sollten.

1. Strategie

» Die mittelfristigen Ziele, die mit Projektcoaching im Unternehmen verfolgt werden, und der Nutzen von Projektcoaching (siehe in Kapitel 1 Beweggründe für Projektcoaching), sind zu definieren.

» Die Grundprinzipien (wie Respekt, Neutralität, Freiwilligkeit etc.) und damit auch die Grenzen von Projektcoaching müssen definiert und sichergestellt werden (siehe VALUES in Kapitel 3).

» Die Zielgruppe für Projektcoaching und Regeln dazu (Wer soll gecoacht werden: A-/B-/C-Projektleiter, neue Projektleiter usw.) sind festzulegen.

» Die Herkunft von Projektcoaches ist zu klären (Nur von intern oder auch von extern? Fulltime oder auch als Zusatzrolle von Projektleitern?).

» Jährliches Budget für Projektcoaching ist zu definieren und vorzusehen.

2. Struktur

» Aufbauorganisation: organisatorische Verankerung der Projektcoaches (PM-Office, PM-CC, virtueller Pool von Part-time-Coaches etc.), Rollenbeschreibung für Projektcoach, Kommunikationsstrukturen (an wen kann/darf der Projektcoach gegebenenfalls Informationen weitergeben?)

» Ablauforganisation:

 » Rekrutierung von neuen Coaches (Wann/in welchen Situationen sollen neue Coaches rekrutiert werden? Mindestanforderungen für die Teilnahme an einer Ausbildungsmaßnahme zum Projektcoach?)

 » Aus- und Weiterbildung (Ausbildungskonzept [mit Trainingsmodulen, Hospitationen und Coaching unter Supervision], regelmäßige Gruppen und Einzel-Supervision zur Qualitätssicherung)

 » Vergabe von internen Projektcoachingaufträgen (Kanalisierung der Anfragen an eine zentrale Stelle versus direkte Kontaktaufnahme zum Projektcoach; wie wird entschieden, welcher Coach welchen Kunden coacht?)

 » Auftragsabwicklung (Mindestausmaß an Coachingaufträgen pro Jahr?)

 » Kontinuierliche Verbesserung (regelmäßige Optimierung der genannten Projektcoachingprozesse in Form von z. B. jährlichen Controlling-Zyklen)

 » Marketing/Kommunikation (wie wird die Dienstleistung „Projektcoaching" im Unternehmen bekanntgemacht und erklärt?)

3. Kultur

» Regelungen zur Abgeltung von Spesenaufwand und Ressourcenfreistellung für Part-time-Coaches

» Projektcoach als mögliche Karrierestufe mit oder ohne finanzielle Auswirkungen auf das Gehalt

» Tatsächliche Anwendung festgeschriebener Projektcoaching-Grundsätze (Sind Werte wie Neutralität, Unabhängigkeit, Vertraulichkeit/Integrität für einen internen Projektcoach wirklich lebbar?)

Karl Kritiker Was soll da bei der organisatorischen Verankerung geklärt werden? Und kann ich bitte noch ein Glas von der vorzüglichen Früchtebowle haben?

 Paula Praktiker Ich glaube, du hast da vorhin nicht gut aufgepasst. Aber es freut mich, dass dir die Bowle schmeckt. Wer möchte noch was haben?

Otto Oberzwerg Na, na, dass ihr nicht zu viel davon trinkt. Wir haben noch einige Punkte zu besprechen. Ich nehme auch gerne noch einen Schluck, aber nur einen kleinen, bitte.

 Theo Theoretiker Also bei der organisatorischen Verankerung, falls das noch jemanden interessiert, ist die Definition der Rolle Projektcoach sehr zentral. Vor allem die Klärung von Aufgaben, Kompetenzen und Verantwortung. Und darüber hinaus die Abgrenzung zur Linie.

Paula Praktiker Und natürlich auch die Abgrenzung zu den Projektrollen Projektleiter und Projektassistenz. Ich fände es gut, wenn die Rollenbeschreibung des Projektcoaches direkt in die PM-Richtlinien integriert wird.

 Karl Kritiker Ja, wenn's die überhaupt gibt!

 Otto Oberzwerg Und wenn nicht, dann ist das eben vielleicht ein passender Anlass, Rollenbeschreibung und sogar PM-Richtlinien zu etablieren.

8.4.5 (Projekt-)Phasen zur Implementierung von Projektcoaching

Die Implementierung von Projektcoaching hat nicht unbedingt den Charakter einer radikalen Organisationstransformation, dennoch verändern sich meist strukturelle und kulturelle Muster im Unternehmen. Rollen werden neu interpretiert und gefestigt. Vor allem die Rolle des Projektcoaches und daran geknüpfte Erwartungen müssen organisatorisch verankert werden. Auch bei einer evolutionären, schrittweisen Implementierung ist auf Akzeptanz und wahrgenommenen Nutzen besondere Rücksicht zu nehmen. Projektcoaching muss sich bewähren und einem Kosten-Nutzen-Nachweis standhalten. Dies ist bereits bei der Konzeption zentral zu berücksichtigen. Wir empfehlen daher, die Implementierung von Projektcoaching entweder als eigenes Projekt zu organisieren oder in ein Projekt zur Professionalisierung von Projektmanagement insgesamt zu integrieren.

Das Projekt könnte folgende grobe Phasen beinhalten:
» Initiierung
» Konzeption
» Ausbildung der Coaches
» Umsetzung
» Evaluierung

Projektcoaching initiieren	Projektcoaching-Konzept erstellen	Freigabe für Umsetzung sicherstellen	Aus- und Weiterbildung von Projektcoaches	Umsetzung von Projektcoaching	Evaluierung von Projektcoaching
» Interesse und Erwartungen zum Projektcoaching im Unternehmen abklären » Welchen Personengruppen soll Projektcoaching angeboten werden » Ressourcen und Qualifikationen für Projektcoaching klären » Chancen-und-Risken-Betrachtung durchführen	» Zielsetzung Projektcoaching definieren » Coaching-Grundverständnis, Werthaltungen und Methoden-Set definieren » Beschaffungsmöglichkeiten von Projektcoaching klären » Projektcoaching-Prozesse und Vorgehensmodell definieren » Anlässe und Gründe für Projektcoaching klären » Organisatorische Verankerung klären » Rollenbeschreibung und Abgrenzung zur Linie definieren » Kommunikationsstrukturen definieren » Investment-Budget sowie jährliches operatives Budget klären	» Grobkonzept inkl. Budget vorstellen » Änderungen einarbeiten » Kick-off mit ausgewählten Projektleitern, Projektauftraggebern und Linienverantwortlichen durchführen	» Klärung der Rekrutierungsstrategie und festlegen von Mindestanforderungen/ Qualifikationen » Rekrutierung von Projektcoaches (intern und/oder extern) » Aus- und Weiterbildungsprogramm für Projektcoaches definieren » Die Rolle Projektcoach ins Karriere-Modell integrieren » Regelmäßige Controlling- und Optimierungsschleifen von Projektcoaching-Prozessen durchführen	» Pilot-Phase starten » Individuelle Projektcoaching-Auftragsabklärungen » Ausgewählte Projektleiter-Coachings durchführen » Ausgewählte Projektteam-Coachings durchführen » Projektcoaching Abschlussgespräche inkl. Bewertung des Projektcoachings	» Konzeption Evaluierung (Fragebogen oder mit qualitativen Interviews) » Evaluierung Konzeption testen » Evaluierung durchführen » Evaluierung auswerten » Ergebnisse vorstellen » Freigabe für Adaptierungen sicherstellen » „Echtbetrieb" Projektcoaching starten

Abbildung 44: Projektphasen bei der Implementierung von Projektcoaching

8.4.6 Organisationsentwicklung oder: Wie lassen sich Organisationen verändern?

Wenn wir von Implementierung von Projektcoaching in Organisationen sprechen, stellt sich die Frage, wie Veränderung oder Entwicklung in und von Organisationen überhaupt möglich ist. Es gibt sehr viele und unterschiedliche Definitionen und Ansätze zur Organisationsentwicklung (OE). Generell geht es um die Erhöhung der Leistungsfähigkeit eines Unternehmens bei gleichzeitiger Humanisierung der Arbeitswelt. Es geht um die Weiterentwicklung und das Lernen von Individuen, aber auch der Organisation als soziales System. Im Gegensatz zu der evolutionär angelegten OE sind Change-Management- oder Transformationskonzepte eher radikal und auf diskontinuierliches Veränderungsmanagement ausgelegt.

Implementierungsvarianten		
Pilot-Projekt	Step by step	Big bang
» Erfahrungssammlung » Diskussion und Abstimmung » Hohe Akzeptanz » Zeitaufwendig	» Erfahrungsgewinn » Schrittweise Optimierung » Lange Einführungszeit » Neid / Ungleichheit » Synchronisationsbedarf hoch	» Schnell » Alles auf einmal in Kraft » Keine Graubereiche » Hohes Risiko

Abbildung 45a: Implementierungsvarianten

Implementierungsvarianten		
Pilot-Projekt	Step by step	Big bang
» Erfahrungssammlung	» Erfahrungsgewinn	» Schnell
» Diskussion und Abstimmung	» Schrittweise Optimierung	» Alles auf einmal in Kraft
» Hohe Akzeptanz	» Lange Einführungszeit	» Keine Graubereiche
» Zeitaufwendig	» Neid / Ungleichheit	» Hohes Risiko
	» Synchronisationsbedarf hoch	

Abbildung 45b: Initiierungsvarianten

 Paula Praktiker Was ist denn nun die beste Implementierungsstrategie?

Theo Theoretiker Was das „Beste" ist? Für wen? Für welches Unternehmen? Mit welchem Reifegrad? Und welcher Kultur?

 Karl Kritiker Jetzt sag nicht, „Es kommt darauf an …".

 Otto Oberzwerg Ich glaube nicht, dass man da allgemeingültige Kochrezept-Empfehlungen geben kann. Erfolgskriterien bei der Implementierung werden wir noch diskutieren.

Karl Kritiker Wie ist das mit dem Bombenwurf gemeint? Klingt ja richtig bedrohlich.

 Otto Oberzwerg Eine sehr zweifelhafte Strategie meiner Meinung nach. Man möchte hier den Gegner überraschen und auch irgendwie überrumpeln.

 Paula Praktiker Ob das gute Voraussetzungen für die Implementierung von Projektcoaching sind? Ich könnte das nicht empfehlen. Von wegen Wertschätzung.

Veränderungsprozesse lassen sich prinzipiell wie folgt beschreiben:
1. Schock: Betroffene erleben einen großen Unterschied zwischen hohen Erwartungen und der eingetroffenen Realität.
2. Verneinung: Die neue Realität wird abgewehrt und Betroffene wollen sie nicht wahrhaben. Die Betroffenen flüchten sich in ein falsches Sicherheitsgefühl und in eine überhöhte Einschätzung der eigenen Kompetenz.
3. Einsicht: Die Notwendigkeit von Veränderung und Unsicherheit wird eingesehen.
4. Akzeptanz: Die Realität wird akzeptiert, und alte Gewohnheiten werden „losgelassen".
5. Ausprobieren: Es wird nach neuen Vorgehens- und Verhaltensweisen gesucht. Damit stellen sich Erfolge und Misserfolge sowie Freude und Frustration ein.

6. Erkenntnis: Die Betroffen erkennen, warum gewisse Vorgehens- und Verhaltensweisen zum Erfolg führen und andere nicht.
7. Integration: Erfolgreiche Vorgehens- und Verhaltensweisen werden ins aktive Verhaltensrepertoire übernommen.

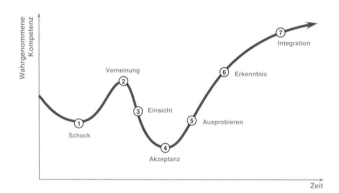

Abbildung 46: Die sieben generischen Phasen von Veränderungsprozessen (Fatzer/Rappe-Giesecke/Looss 2002)

Bei Veränderung kann man zwischen quantitativem und qualitativem Lernen unterscheiden. Quantitatives Lernen oder Single loop learning stellt mehr eine Ausweitung des Wissens dar. Neue Wissensgebiete werden erschlossen und an Bestehendes angehängt. Beim qualitativen Lernen oder Double loop learning wird das bestehende Wissen in Frage gestellt und verändert. Es werden nicht nur die Handlungen, sondern auch die zugrundeliegenden Basisannahmen und Werte verändert. Es vollzieht sich ein Paradigmawechsel, der auch Ver-Lernen oder Ent-Lernen beinhaltet.

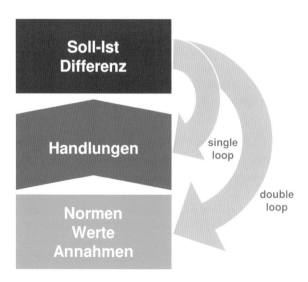

Abbildung 47: Verschiedene Lerntypen

Karl Kritiker Wie ist das mit dem Doppel-Looping-Lernen? Muss ich da meine Werte und Haltungen über Bord werfen, um auf den nexten Level zu kommen?

Theo Theoretiker Stell dir vor, du hast Kopfschmerzen. Was machst du dann?

Karl Kritiker Ich nehme ein Aspirin.

Theo Theoretiker Gut. Und wenn du morgen wieder Kopfschmerzen hast, nimmst du wieder eine Tablette oder zwei oder drei? Wenn du mit dieser Lösung nicht mehr zufrieden bist oder die Tabletten einfach auch nicht mehr helfen, musst du dir was anderes überlegen.

Paula Praktiker Ja, du könntest zum Beispiel mehr schlafen, mehr Bewegung machen und gesünder essen. Möchte noch jemand einen Schluck Bowle?

Karl Kritiker Ah ja. Und den Stress in der Arbeit reduzieren. Jetzt genehmige ich mir noch einen. Wirklich sehr gut.

Theo Theoretiker Mit dieser Verhaltensänderung würdest du eine Lösung zweiter Ordnung erreichen, und das ist dann Double loop learning.

Karl Kritiker Verstehe. Das ist wie beim Autofahren. Mehr oder weniger aufs Gaspedal zu steigen ist Single loop learning. In einen anderen Gang zu schalten, das wäre dann Double loop learning.

Otto Oberzwerg Sehr vereinfacht kann man das so sehen. Beim Double loop learning geht es vor allem darum, dass sich Werte und Annahmen ändern. Etwa, dass nicht ein Mehr an Detaillierung in den Arbeitspaketbeschreibungen oder in den Protokollen eine Garantie auf rechtzeitige Erledigung ist, sondern vielleicht die Diskussion und Definition von Spielregeln in einem Projekt ein größeres Commitment und mehr Zuverlässigkeit schaffen.

Karl Kritiker Oder statt der Annahme „Alle Linienmanager sind gegen Projektmanagement" die neue Annahme „Linienmanager sind kooperativ, wenn sie nur entsprechend eingebunden werden".

Theo Theoretiker Konstruktionen. Lernen ist nichts anderes als ein Austausch von Wirklichkeitskonstruktionen.

Die meisten Veränderungskonzepte beziehen sich auf das weitverbreitete Drei-Phasen-Konzept von Kurt Lewin:

» Auftauen (Unfreeze)
» Bewegen (Move)
» Einfrieren (Freeze)

Dabei werden eine bestehende Struktur und vor allem eingespielte Verhaltensmuster der Unternehmenskultur quasi „aufgetaut", um anschließend neu, meist nach den Wünschen des Managements, geformt, „bewegt" oder verändert zu werden. Ist der gewünschte Zustand erreicht, so wird das Neue wieder „eingefroren", konserviert oder gespeichert.

Das wirkt sehr mechanistisch und trivial. Es kann einerseits vor dem Hintergrund eines Trivialmaschinen-Denkens so verstanden werden, dass das Management beliebig Dinge anordnen und direkt verändern kann. Ein neues Programm wird erstellt und eingespielt und die „Organisations-Maschine" funktioniert sofort nach den neuen Vorgaben.

Vor dem Hintergrund einer systemisch-konstruktivistischen Auffassung relativiert sich die Gestaltbarkeit von Organisationen. Werden Organisationen in ihrer selbstreferenziellen Operationsweise ernst genommen, so verändern sie sich nur insofern, als sich auch ihre selbstgeschaffenen Erwartungsstrukturen ändern. Die Möglichkeit, Organisationen verändern zu können, bleibt, es ist aber mit Interventionsversuchen und indirekten Eingriffen eine weit bescheidenere Art von Veränderungsbeeinflussung.

Systemische Steuerung als gezielte Interventionsversuche besteht genau so wie der Metaprozess (siehe Kapitel 5) aus: Beobachten – Hypothesen bilden – Interventionen planen – Interventionen umsetzen. Entscheidend ist, ob sich die Interventionen als Neues in den Entscheidungsprämissen, die ihre Entscheidungs- und Beobachtungsoperationen vorstrukturieren, halten können oder eben nicht.

8.5 Tipps für den Umgang mit Stolpersteinen bei der Implementierung von Projektcoaching

Bei organisatorischen Veränderungsvorhaben im Allgemeinen und bei der Einführung von Projektcoaching im Speziellen haben sich aus unserer Erfahrung folgende Erfolgskriterien herauskristallisiert:

» Klares Commitment des Managements zum Projektcoaching
» Klare Zielsetzung für das Projektcoaching
» Realistische Zielvorgaben und Erwartungen
» Adäquate Projektorganisation und abgestimmte Vorgehensweise für die Implementierung
» Berücksichtigung von Befürchtungen und Widerständen von Seiten der Projektleiter oder anderer relevanter Personengruppen
» Projektcoaching nicht als Kostensenkungsprogramm oder kurzfristige Effizienzsteigerung ansehen
» Organisatorische und kulturelle Orientierung statt technologischer Ausrichtung

Karl Kritiker (nimmt einen großen Schluck aus seinem Glas) Wir könnten ja die Erfolgskriterien anders definieren und Tipps für das Scheitern überlegen. Wie z. B. „Vermeiden Sie jegliche Transparenz und klärende Diskussionen über Ziele und Inhalte von Projektcoaching!" Intransparenz sorgt für Verwirrung und Gerüchte. Eine gute Basis für Misserfolg.

Paula Praktiker Karl, ich glaube du hast zu viel getrunken. Das ist doch Blödsinn.

Theo Theoretiker (ist auch bereits etwas beschwingt) Nein, ganz und gar nicht Blödsinn. Das ist differenztheoretisch total spannend, wenn wir uns die Kehrseite der Medaille ansehen. „Vermeiden Sie jegliche Berücksichtigung von Erwartungen und Befürchtungen!" Dann wird es schon genug an Irritationen, Ängsten und Widerständen geben, die eine erfolgreiche Umsetzung verhindern.

Paula Praktiker Da fällt mir auch was ein: „Sorgen Sie für eine Überforderung der Organisation!" Möglichst viele Aspekte listen, die mit der Einführung von Projektcoaching verbessert werden sollen. Die Erwartungshaltung ganz hoch hinaufschrauben. Je mehr, desto besser.

Karl Kritiker Oder wie gefällt euch dieser Tipp? „Sorgen Sie dafür, dass die gewohnten und bewährten Strukturen unverändert bleiben! Lassen Sie sich keinesfalls auf Diskussionen bezüglich struktureller organisatorischer Rahmenbedingungen ein, wie etwa die Rollenabgrenzung zur Linie."

Theo Theoretiker Oder: „Sorgen Sie dafür, dass kein geeigneter Rahmen für Reflexion entstehen kann! Keinen Raum zulassen, in dem über Sinn und Unsinn der bewährten und selbstverständlichen Spielregeln und Problemlösungsmuster – vor allem im Hinblick auf Projekte und PM – nachgedacht werden kann."

Otto Oberzwerg Und wenn das alles nichts nützt, habe ich noch einen Joker im Ärmel: „Ihr könnt alles machen, was ihr wollt, nur kosten darf es nichts!" So, es ist genug für heute. Ihr könnt ja noch gemütlich die Bowle austrinken. Ich muss mein Bäumchen gießen.

Paula Praktiker Ob es wohl mal so groß werden wird wie all die anderen Bäume hier?

Otto Oberzwerg Ja, das kann man nicht so genau wissen. Als Gärtner und auch als Manager und Coach kann man gewisse Dinge tun oder anregen. Wie die Pflanze dann wächst oder sich das Konzept entwickelt, hat man nicht voll im Griff. Aber man kann regelmäßig gießen und da und dort nachschneiden.

9 Anforderungen an den Projektcoach

Die Zwerge sitzen auf dem Dach des Theseustempels im Volksgarten und beobachten von da das bunte Treiben im Park. Heute besprechen sie Anforderungen an einen und Ausbildungsmöglichkeiten für einen Projektcoach, wie man Qualität im Projektcoaching definieren kann und woran man einen guten Projektcoach erkennt. Otto Oberzwerg hat ein Transparent mitgebracht.

9.1 Die Rolle Projektcoach

Im Kapitel 8 haben wir dargelegt, welche Möglichkeiten es gibt, Projektcoaching in einem Unternehmen zu etablieren. Bevor wir im Detail reflektieren, welche Voraussetzungen ein Projektcoach erfüllen soll, wollen wir zunächst die Rolle Projektcoach formal definieren.

Zurzeit ist uns noch keine standardisierte Rollenbeschreibung für „Projektcoach" bekannt, inklusive Mindestvoraussetzungen, wie man sie vergleichsweise für die Rolle Projektmanager unter den PM-Standards (IPMA, PMI, PRINCE2) finden kann. Aus diesem Grund basiert die nachstehende Rollenbeschreibung rein auf praktischen Erfahrungswerten.

Standardrollenbeschreibung Projektcoach

Organisatorische Stellung
» Der Projektcoach ist nicht Teil der Projektorganisation.
» Er hat keine direkte Verantwortung im Projekt.
» Er kann durch Verantwortungsträger innerhalb der Projektorganisation (z. B. den Projektauftraggeber bzw. ein PLA-Mitglied oder den Projektleiter) oder den Verantwortlichen für Personalentwicklung und/oder Projektmanagment in der Linienorganisation (z. B. PM-Office) beauftragt werden.

Zielsetzung/Verantwortung
» Projektspezifische Beratung und Begleitung des Kunden (z. B. Projektleiter, Projektauftraggeber, Projektkernteam)
» Einbringen von angefordertem Know-how, nützlichen Erfahrungen sowie externen Sichtweisen in das Projektcoachingsystem
» Entwicklung neuer Perspektiven und Ideen im Projektcoachingsystem
» Förderung der Entwicklung von nachhaltiger Eigenkompetenz des Kunden
» Hinweis auf kritische Punkte und Hinterfragen von existierenden Vorgehensweisen und Meinungen
» Durchführung von Projektcoaching auf Basis von Freiwilligkeit seitens des Kunden und des Projektcoaches
» Wahrung absoluter Vertraulichkeit im Projektcoachingsystem (sprich zwischen Kunde und Projektcoach)

Aufgaben bei der Erstellung des Projektcoachingauftrags
» Definition erreichbarer Projektcoachingziele und -inhalte
» Festlegung von passenden Projektcoachingelementen und einer zielführenden Vorgehensweise im Projektcoaching zur Erreichung der Projektcoachingziele
» Konstruktion und Etablierung eines passenden Projektcoachingsystems
» Vereinbarung von organisatorischen Rahmenbedingungen im Projektcoaching (z. B. Termine, Ort, Budget, Abrechnung)
» Formulierung des Projektcoachingauftrages (gemeinsam mit Kunden und Projektcoachingauftraggeber)

Aufgaben beim Projektcoaching
» Vorbereitung und Durchführung der Projektcoachingeinheiten
» Controlling der Projektcoachingziele
» In Abhängigkeit vom Projektcoachingauftrag zielführender Einsatz von Projektcoachingelementen wie:
  » Projektmanagement-Fachberatung
  » Personal Coaching (Reflexion von projektbezogenen Fragestellungen, inneren/äußeren Konflikten, Entscheidungen …)
  » Starthilfe zur Projektdokumentation (Nicht: Projektassistenz)
  » Moderation von Projektmanagement-Workshops
» Erstellung von Beobachtungspapieren (Beobachtungen, Hypothesen, Empfehlungen) und strukturierte Reflexion derselben
» Gemeinsame Entwicklung spezifisch angemessener Lösungsansätze für das konkrete Projekt
» Unterstützung der Umsetzung/des Transfers der Theorie in die konkrete „Projektarbeitswelt"
» Erstellung von Projektcoachingprotokollen
» Nicht-Aufgaben sind: inhaltliche Fachberatung, Kontrolle, Überwachung, Audit, schwerpunktmäßiges Training, Management auf Zeit

Aufgaben beim Projektcoachingabschluss
» Reflexion der Erreichung der Projektcoachingziele und des Projektcoachingprozesses
» Herausarbeiten von Lessons Learned im Projektcoaching
» Erstellung des Projektcoaching-Abschlussprotokolls

Organisatorische Rechte
» Keine Befugnisse im Projekt (= Handlungssystem)
» Eskalation innerhalb des Projektcoachingsystems
» Beendigung des Projektcoachings (frühzeitige Zielerreichung oder Abbruch des Projektcoachings)

Zusammengefasst: Der Projektcoach hat für einen adäquaten Projektcoachingprozess zu sorgen, der den Kunden beim Erreichen seiner projektbezogenen Ziele unterstützt. Der Projektcoach ist jedoch nicht Teil der Projektorganisation und hat daher im Projekt selbst weder Aufgaben noch Verantwortung noch Befugnisse.

Karl Kritiker Das ist aber spannend. Wieso haben wir denn keine Befugnisse im Projekt? Wie können wir dann überhaupt etwas erreichen? Auf der einen Seite sollte der Projektcoach ein Superwuzzi sein, und dann darf er nix?

Otto Oberzwerg Wer ist denn verantwortlich für das Projekt?

Theo Theoretiker Natürlich der Projektauftraggeber und der Projektleiter. Der Projektcoach kann sich da nicht auch noch einmischen ... Rein systemisch betrachtet gibt es ja die unterschiedlichen Systeme, das Handlungssystem – also das Projekt – und das Projektcoachingsystem. Im Coachingsystem wird über das Handlungssystem reflektiert. Aber das haben wir doch schon im Kapitel 5 besprochen, oder?

Paula Praktiker Eben. Für mich gilt jedenfalls: Das Wichtigste ist eine saubere Auftragsklärung. Da sollte auch die Rolle des Projektcoaches festgelegt werden.

Otto Oberzwerg Genau. So wie der Projektleiter verantwortlich ist, zu klären, was im Projekt wie zu tun ist, so gilt dasselbe für den Projektcoach im Projektcoachingsystem.

Karl Kritiker Na gut, aber wie stellst du, Otto, sicher, dass die richtigen Leute Projektleiter werden? Was ist, wenn einer wirklich unfähig oder überfordert ist?

Otto Oberzwerg Das ist in der Tat gar nicht so einfach.

Theo Theoretiker Wir erstellen eine Kriterienmatrix und machen ein Assessment ...

Otto Oberzwerg Das allein ist es nicht. Und übrigens, dann würde euch das ja auch noch blühen.

Alle Jungzwerge Bewertung? Nein. Wir sind sicher die Richtigen!

Otto Oberzwerg Okay, dann schauen wir uns einfach den nächsten Abschnitt an, da werden gleich ein paar Anforderungen an einen Projektcoach beschrieben.

9.2 Was braucht ein Projektcoach?

Nun stellt sich die Frage: Wie wird jemand zum Projektcoach? Oder: Welche Voraussetzungen benötigt man, um als Projektcoach arbeiten zu können?

Gehen wir zunächst einmal von den Kundenerwartungen aus. Der Projektcoach wird im Rahmen der Beauftragung oder spätestens in der ersten Coachingeinheit bezüglich folgender Eigenschaften[32] getestet:
» Kompetenz
» Behandlung, Beziehung zum Kunden
» Auftreten, Standing
» Glaubwürdigkeit

Die erwartete Kompetenz bezieht sich im Projektcoaching vor allem auf fachliches Know-how, sprich Projektmanagement-Kenntnisse und seine Erfahrung innerhalb von Projekten der relevanten Branche.

Karl Kritiker Sind soziale oder Coachingkompetenz gar kein Thema?

 Otto Oberzwerg Jetzt wart doch mal ab, da kommt's ja eh schon!

Weiters ist für den Kunden relevant, wie der Projektcoach mit ihm umgeht. Behandlung in der Form „von Experte zu Experte" oder eher „Meister zu Schüler". Häufig ist Kunden bei verordneten (ersten) Projektcoachings unklar, was die „eigentliche" Agenda des Projektcoaches ist. Der Projektcoach wird von so manchem möglicherweise als der verlängerte Arm des Managements gesehen, und damit wäre die Form „Meister zu Schüler" für diesen gar nicht überraschend. Eine sinnvolle Form wäre es jedoch nicht (siehe Kapitel 3 zu Werten und Haltungen eines Projektcoaches).

 Karl Kritiker War es das schon?

Otto Oberzwerg Gleich, gleich ... du bist aber heute ungeduldig!

Unter Auftreten und Standing versteht man die Authentizität des Auftretens, die Festigkeit oder auch Haltbarkeit der Aussagen des Projektcoachs, unabhängig von Zeitpunkt oder Publikum. Kann der Kunde durch eine Gegenfrage die Argumentation des Projektcoaches beispielsweise zu Fall bringen oder schlägt der Projektcoach dem Projektleiter eine bestimmte Vorgehensweise vor und lässt sie aber, sobald der Projektauftraggeber diese ablehnt, sofort und unkommentiert wieder fallen? In beiden Fällen würde der Einsatz des Projektcoaches wohl kaum als hilfreich erachtet werden.

Bei der Glaubwürdigkeit geht es um die Plausibilität der einzelnen Aussagen, Behauptungen und Empfehlungen. Die Glaubwürdigkeit hängt vor allem mit der vom Kunden anerkannten Branchenkenntnis zusammen. Je eher der Kunde dem Projektcoach zutraut, dass er schon vergleichbare Erfahrungen gemacht hat, desto eher wird er auch ungewöhnliche Alternativen akzeptieren.

 Otto Oberzwerg Und, wie geht's dir damit?

 Karl Kritiker Gut und schlecht zugleich!

Theo Theoretiker Eine paradoxe Intervention?

 Karl Kritiker Vielleicht. Gut, weil ich jetzt Hinweise hab, schlecht, weil ich nicht weiß, wie ich da hinkomme ...

 Paula Praktiker Ich glaub, das kommt gleich im nächsten Abschnitt.

Nachdem wir uns zunächst über die Kundenerwartungen an einen Projektcoach Gedanken gemacht haben, werden wir die Anforderungen an die Kompetenzen eines Projektcoaches im nächsten Schritt konkret definieren.

Wir strukturieren diese Voraussetzungen an die Kompetenzen eines Projektcoaches in vier Bereiche:

» Relevante berufliche Erfahrungen
» Allgemeines Wissen
» Spezifische Kenntnisse
» Soziale Kompetenzen

Die relevanten beruflichen Erfahrungen stellen sicher, dass der Projektcoach ein gewisses Spektrum an kleinen oder großen Schwierigkeiten, Herausforderungen, Konflikten, Krisen etc. erlebt hat. Dies ermöglicht ihm, einzuschätzen, ob die Situation, die der Kunde einbringt, eher eine Standard- oder bereits eine Katastrophensituation ist. Ein wichtiger Faktor im Projektcoaching kann für den Kunden allein schon jener sein, dass jemand da ist, der ihm zurückspielt: Es ist ganz „normal", was da passiert. Dieser Effekt wird auch als „Normalisieren" bezeichnet und kann in vielen Fällen schon eine große emotionale Entlastung für den Projektleiter bedeuten.

Als Minimalerfahrung für Projektcoaches sehen wir:

» Mindestens fünf Jahre Erfahrung als Projektleiter
» Mindestens zehn Jahre Erfahrung in der Projektarbeit

Weitere nützliche Erfahrungsbereiche könnten sein:

» Projekt- oder Prozessmanagementberater oder -trainer
» Führungskraft
» Prozesseigner oder Prozessverantwortlicher

Wie oben bereits erwähnt, wird von Kunden oft Branchenerfahrung oder noch besser Projektmanagementerfahrung in der betroffenen Branche erwartet. Dazu gibt es unterschiedliche Positionen. Vorteilhaft ist sicherlich, dass Punkte wie branchenübliche Bezeichnungen und Prozesse, wichtige Player in der betroffenen Industrie sowie Häufigkeit, Gewichtung und Auswirkung typischer Problemstellungen und Schwierigkeiten in der betroffenen Projektart bekannt und nicht mehr zu erklären sind. Zeit, die dafür aufgewendet wird, wird oft vom Kunden als nicht produktiv empfunden. Aber gerade da kann die Krux liegen: Wurden vielleicht zu viele Annahmen getroffen, sind die Beteiligten vielleicht schon branchen-, betriebs- oder projektblind?

 Otto Oberzwerg Die Praxis zeigt, dass viele Kunden eben gerne auf Branchenkenner zurückgreifen.

 Karl Kritiker Das verstehe ich! Dann brauch ich dem nicht mehr die ganze Welt erklären.

Otto Oberzwerg Und genau das wiederum könnte die Falle sein!

 Theo Theoretiker Da fällt mir ein Zitat von einem gewissen Herrn Schmidt ein.

 Karl Kritiker Was, der Harald vom Fernsehen?

Theo Theoretiker Nein, der andere ... G -Punkt ...

Karl Kritiker Aha, G. Schmidt. Und was hat der gesagt?

Paula Praktiker (zitiert) „Ich bin einfach strukturiert und vom Land. Erklären Sie mir das bitte genauer."

Karl Kritiker Paula, genau das habe ich mir immer schon von dir gedacht. (Paula tritt Karl, dass er beinahe vom Tempel fällt) Aua! Das war aber nicht sehr respektvoll!

Theo Theoretiker (zu Paula) Oho, du kennst diesen Spruch auch?

Karl Kritiker (setzt sich wieder auf seinen Platz) Und was bringt das in der Praxis?

Theo Theoretiker Dass der Kunde weniger oft annimmt, dass dem Projektcoach alles klar ist. Eine Art Intervention. Und indem der Kunde dem Projektcoach bestimmte Dinge erklärt, passiert eine Verarbeitung und Ordnung im Kunden. Sich selbst zuhören beim Sprechen bewirkt auch etwas.

Kann der Projektcoach auf praktische Beratungserfahrung in den Bereich Prozess- und Projektmanagement zurückgreifen, so ist dies sicherlich nützlich, speziell wenn das Element PM-Fachberatung intensiv eingesetzt wird. Kunden erwarten oft auch Expertise im Prozessmanagement. Nicht verwunderlich, geht es de facto in jedem Projekt auch um Prozesse, die erneuert, weiterentwickelt, optimiert oder aufgelöst werden sollen.

Zu den allgemeinen Wissensgebieten zählen wir jene, die als Kontext- oder Rahmeninformationen für den Projektcoach von Bedeutung sind. Dazu gehören:
» Betriebswirtschaftliches Basis-Know-how
» Organisations- und Personalentwicklungs-Know-how
» Kenntnis von Produktentwicklungsprozessen
» Grundlegende Kenntnis im Beschaffungs- und Vertragswesen
» Grundlegende IT-Anwendungskompetenzen

Bei einem Projektcoach wird vorausgesetzt, dass er weiß, wie ein Unternehmen funktioniert, wie Strategie und Projektziele zusammenhängen, welche die wichtigsten Funktionen und die wesentlichsten Kernprozesse von Unternehmen sind. Weiters sollte ein Projektcoach darüber Bescheid wissen, wie eine Aufbauorganisation strukturiert sein kann, wie Entscheidungsprozesse laufen, wo welche Verantwortungen liegen und welche die kritischen Schnittstellen in Organisationen sein können.

Oftmals werden Projektcoaches genutzt, um auch grundlegende Vertragsthemen zu reflektieren, bevor man gegebenenfalls einen internen Anwalt einschaltet.

Zu den klassischen spezifischen Kenntnissen zählen wir die Kernkompetenzen eines Projektcoaches:

» Projektmanagement-Methoden
» Projektmanagementinstrumente, -hilfsmittel
» Anwendung von PM-IT-Tools
» PM-Standards (IPMA, PMI, PRINCE2 ...)
» Systemischer Coachingansatz inkl. Werte und Haltungen
» Projektcoaching-Methoden und -Hilfsmittel
» Frage-, Moderations-, Interventionstechniken

 Karl Kritiker Otto, muss es unbedingt ein systemischer Ansatz sein?

Otto Oberzwerg (lächelt) Das Wort „muss" kennen wir Systemiker praktisch nicht.

 Theo Theoretiker Der gesamte hier beschriebene Projektcoachingansatz baut doch darauf auf!

 Paula Praktiker Aber in der Praxis wäre es doch egal? Ich kann mich doch als Projektcoach verhalten, ohne es als solches zu bezeichnen, oder?

 Karl Kritiker Das ist ohnehin eine Frage, inwieweit für den Kunden der Beratungsansatz im Detail relevant ist!

 Otto Oberzwerg Überraschenderweise mehr, als man glauben würde! Leider gibt's aber auch einige, die sich zwar Coaching wünschen, aber „bitte nicht zu systemisch"!

Ein Nachweis all dieser Kenntnisse ist naturgemäß schwierig. In gewisser Weise können jedoch entsprechende Ausbildungszertifikate sowie Zertifizierungsnachweise (IPMA, PMI, PRINCE2 ...) Hinweise über die vorhandenen Kenntnisse liefern. Diese Zertifikate beweisen zwar nicht, dass der Projektcoach all das erforderliche Wissen permanent verfügbar hat, zeigen aber, dass er die wesentlichsten Themen für die Zertifizierungsprüfung erlernen musste.

Unsere Erfahrung zeigt, dass man sich im Projektcoaching nur selten inhaltlich auf die einzelnen Projektcoachingeinheiten vorbereiten kann. Selbst für den Fall, dass doch ein Thema für die nächste Projektcoachingeinheit geplant wurde, geht es dann oft um etwas ganz anderes. Daher ist situationsbezogene Flexibilität gefragt, und je mehr relevantes Know-how ein Projektcoach „Nearline" (d.h. kurzfristig) verfügbar machen kann, desto besser.

Diesem Ansatz widerspricht aber unsere Erfahrung, dass Projektcoaches keine Wunderwuzzis sind (oder doch? Siehe weiter unten). Das bedeutet, es muss auch klar und zulässig sein, dass es vor allem fachliche Themengebiete gibt, zu denen der Projektcoach über keine Kenntnisse und/oder Erfahrungen verfügt. Der Projektcoach ist hier gut beraten, klarzustellen, dass er diese spezifischen Kenntnisse nicht hat!

Zu guter Letzt schließt sich der Kreis. Wir begannen mit den vier Kundenerwartungen für Projektcoaches, von denen wir die Erwartung an die Komeptenz eines Projektcoaches bereits näher erläutert haben. Die drei weiteren Kundenerwartungen – Behandlung/Kundenbeziehung, Auftreten/Standing und Glaubwürdigkeit – sind den Social Skills zuzuordnen.

Auch hier kann man unterscheiden, wie viel theoretisches Wissen ein Projektcoach zu den einzelnen Themen verfügbar hat und wie viel davon er praktisch umsetzen kann. Die wichtigsten Themen in diesem Zusammenhang sind:

» Kommunikation
» Teamarbeit
» Führung und Delegation
» Konflikte
» Motivation

Interessanterweise wird in der Praxis selten nach Wissensnachweisen für diesen Kompetenzbereich gefragt („Welche Kommunikationsseminare haben Sie besucht?"). Vielmehr wird die soziale Kompetenz direkt im Rahmen der Beauftragung überprüft und hinterfragt. Teilweise wird sogar so weit gegangen, Coaching Skills mit Social Skills gleichzusetzen.

Wie wir bereits im Kapitel 8 beleuchtet haben, bauen manche Unternehmen eigene (Projekt-)Coachingpools auf. Projektcoaches werden in diesen Pool über einen definierten Assessmentprozess aufgenommen, in dem auch der Bereich der Social Skills hinterfragt wird.

 Karl Kritiker Das klingt doch ziemlich nach Best-of-Märchenbuch, oder wie seht ihr das?

Paula Praktiker Ein bisschen schon!

Otto Oberzwerg In der Praxis werden Projektcoaches nicht nach jedem einzelnen Kriterium ausgewählt, sondern nach einer spezifischen Teilmenge, die eben für das betroffene Projekt und dessen Kontext am wichtigsten erscheint. Sonst würde auch nie jemand als Projektcoach ausgewählt werden.

 Karl Kritiker Na, da bin ich ja beruhigt!

9.3 Wie wird man Projektcoach?

9.3.1 Ausbildung

Wie kann man nun den oben dargestellten Anforderungen gerecht werden? Auf dem Ausbildungsmarkt ist einiges zu finden. Wir wollen uns an dieser Stelle ansehen, wie ein Ausbildungskonzept für Projektcoaches auf Basis unserer Erfahrungen aussehen kann. Dafür wollen wir noch einmal auf die vier Bereiche der Kompetenz- und Erfahrungsvoraussetzungen des vorangehenden Unterkapitels zurückgreifen:

» Relevante berufliche Erfahrungen
» Allgemeines Wissen
» Spezifische Kenntnisse
» Soziale Kompetenzen

Rasch wird klar, dass das Erwerben all dieser Kompetenzen einen mehrjährigen Prozess erforderlich macht. Allerdings werden Projektcoaches nur selten über eine so lange Zeit ausgebildet. In der Praxis zeigt sich, dass die meisten potenziellen Kandidaten für Projektcoaching ihre Karriere im Projektmanagement anfangs eher mit dem Fokus des Top-Projektleiters, Programm-Direktors, Senior-Projektmanagers etc. planen oder die Projektmanagement-Karriere als Zwischenschritt in Richtung Linienkarriere sehen. Wenige bedenken die Möglichkeit, die Erfahrungen strukturiert und professionell an Dritte in Form von Projektcoachings weiterzugeben. Später hingegen, wenn die Mitarbeiter schon einiges an Ausbildungen genossen und vor allem viel Erfahrung als Projektleiter gesammelt haben, ist zu beobachten, dass sie Projektcoaching immer öfter als eine attraktive Erweiterung ihres Betätigungsfeldes zu sehen beginnen.

Wir wollen uns in diesem Abschnitt auf die Ausbildungen in Bezug auf die oben genannten „spezifischen Kenntnisse" als Projektcoach konzentrieren und setzen damit voraus, dass Ausbildungen zu den anderen angeführten Themen bereits vorhanden sind, sei es durch universitäre oder durch unternehmensinterne Aus- und Weiterbildungen, sei es durch erworbene Berufserfahrung. Die spezifischen Kenntnisse eines Projektcoaches umfassen nochmals die PM-Fachkompetenz, die spezifische Projektcoaching-Kompetenz sowie die allgemeine systemische Coaching-Kompetenz.

Zum Bereich der Projektmanagement-Fachkompetenz zählen wir folgende Themen, die der Projektcoach sehr gut kennen und in der Umsetzung beherrschen sollte:

» Projektspezifische Auswahl und Anwendung von Projektmanagement-Methoden (z. B. PSP, Earned Value) samt dem Einsatz von passenden Hilfsmitteln (Vorlagen)
» Inhalt und Umfang der PM-Prozesse sowie deren situative Gestaltung
» Definition der Rollen innerhalb einer Projektorganisation und Etablierung der Projektorganisation
» Definition von Umfang und Ausgestaltung der Projektmanagement-Dokumentation (Planung, Controlling und Reporting, Abschluss)
» Planung und Steuerung eines projektspezifischen Projektmarketings
» Aufsetzen eines projektspezifischen Risikomanagements inklusive Risikocontrolling
» Anwendung von Methoden zur Krisenvermeidung und -bewältigung
» Definition und Ausprägung von Multiprojektmanagementprozessen und deren Rahmenorganisation

» Mindestens einen PM-Standard (IPMA, PMI, PRINCE2) im Detail
» Gültige PM-Richtlinien des betroffenen Unternehmens
» Anwendung von Projektmanagement-IT-Tools

Die meisten auf Projektmanagement spezialisierten Unternehmen bieten sowohl einzelne Seminare als auch komplette Projektmanagement-Lehrgänge an, die einen wesentlichen Teil der oben beschriebenen Themen sehr gut abdecken.

Eine weiterführende spezialisierte Ausbildung zum Projektcoach ergänzt die obigen PM-Themenbereiche um die für den Coachingaspekt relevanten Themen wie:
» Definition von Projektcoaching, Abgrenzung zu angrenzenden Disziplinen und Rollen
» Elemente, Prozesse, Methoden und Hilfsmittel im Projektcoaching
» Systemischer Coachingansatz, Ressourcen- und Lösungsorientierung
» Werte und Haltungen im Projektcoaching
» Grundlegende systemische Interventionstechniken mit Fokus auf systemische Frageinterventionen
» Behandlung von ausgewählten typischen Projektcoachingsituationen

Eine umfassende und vertiefende systemische Coachingausbildung als Grundlage für die Projektcoachingarbeit ist unserer Meinung nach nicht verpflichtend, allerdings von großem Nutzen, insbesondere, um die eigenen Fähigkeiten für das Projektcoachingelement „Personal Coaching" zu erweitern und zu vertiefen bzw. eine coachinggerechte Gestaltung des Elements „Fachberatung zum Projekt–management" zu sichern. Hier ein Auszug von möglichen Inhalten einer derartigen Ausbildung:
» Definition eines systemischen Coachingmodells
» Systemtheorie, Konstruktivismus
» Professionelle Werte und Haltungen als Coach
» Neutralität, Systemgrenzen, Eigenhygiene
» Lösungs-, Ressourcenorientierung
» Coachingprozesse
» Settings und Kontexte im Coaching
» Wahrnehmung und Kommunikation
» Fragetechniken, Arbeit mit Sprache, Keywords
» Wertschätzen, Komplimentieren, Umdeuten, Reframing
» Interventionstechniken
» Umgang mit Phänomenen wie Projektionen, Übertragung, Gegenübertragung, Widerstand
» Einzelcoaching, Gruppencoaching, Teamcoaching
» Organisationsberatung
» Supervision
» Selbsterfahrung und Reflexion
» Behandlung von typischen Themen im Coaching

Die verschiedenen Anbieter setzen naturgemäß unterschiedliche Schwerpunkte, zum Teil angereichert mit eigenen Spezialgebieten wie beispielweise Organisationsaufstellungen. Die meisten Ausbildungen dauern zwischen einem und zwei Jahren. Dies ist auch ein Zeitraum, in dem die parallel laufende persönliche Weiterentwicklung entsprechend stattfinden kann. Vor allem auf Basis von viel Eigenreflexion und ersten Erfahrungen in der Coachingpraxis.

9.3.2 Kontinuierliche Weiterentwicklung

Ein Projektcoach ist niemals „fertig". Es gibt mehrere Bereiche, die permanent erweitert, vertieft bzw. regelmäßig hinterfragt oder erneuert werden sollten. Beispielsweise existiert ein Universum an möglichen Coachingmethoden, die man kennenlernt, ausprobiert, und gegebenenfalls im weiteren Verlauf zu seinem eigenen Repertoire hinzufügt. Das dauert manchmal nur wenige Tage, bei etwas komplexeren Interventionstechniken (z. B. Organisationsaufstellung) kann dies sogar eine jahrelange intensive Ausbildung bedeuten. Auch im Bereich Projektmanagement werden laufend Erkenntnisse über den Nutzen von Methoden und Werkzeugen in den verschiedensten Anwendungsgebieten gesammelt. Dies kann zu einer weiteren Verfeinerung vorhandener oder auch immer wieder zur Entwicklung neuer Instrumente führen. Als Projektcoach muss man nicht alles wissen und kennen, dennoch gilt es, die Erwartungshaltung seitens der Kunden zu erfüllen, dass man den aktuellen „Stand der Technik" kennt.

Neben der klassischen Weiterbildung im Projektcoaching gehören drei weitere Elemente unmittelbar zum Rollenbild Projektcoach:
» Strukturierte Eigenreflexion
» Personal Coachings
» Supervision

Dabei stehen drei Punkte im Zentrum:
» Meine Arbeitsfähigkeit allgemein
» Meine Neutralität
» Meine Weiterentwicklung als Projektcoach

Die beiden ersten Aspekte kann man auch als Psychohygiene des Projektcoaches bezeichnen. Ist dies in anderen Berufsfeldern eine Selbstverständlichkeit, erleben wir noch sehr gemischte Reaktionen zum Thema „Psychohygiene des Projektcoaches" – sowohl von Projektcoaches selbst als auch von deren Personalverantwortlichen. Ein Grund dafür mag die Neuheit des Berufsbildes sein, ein weiterer hängt unserer Ansicht nach mit der Verwandtschaft zum Berufsbild des Projektleiters bzw. der Entwicklungsgeschichte des Projektcoachings aus dem Projektmanagment heraus zusammen. Projektleiter fühlen sich oft als „Retter der Nation" und werden auch von außen häufig gerne so gesehen. Sie sind die „einsamen Wölfe", die ganz alleine da „draußen" vor sich hin rackern, allen Widrigkeiten trotzen, Herausforderungen meistern und sich erst dann wieder melden, wenn alles erledigt ist.

Und ein „Retter der Nation" braucht selbst keine Hilfe. Manche dieser erfolgreichen Retter-der-Nation-Projektleiter übernehmen später die Rolle eines Projektcoaches. Die Einzelkämpfereinstellung kann jedoch über kurz oder lang sehr problematisch für den Retter-der-Nation-Projektcoach werden. Es besteht beispielsweise die Gefahr, dass sich derartige Projektcoaches kaum oder gar nicht vom Handlungssystem abgrenzen. Sie steigen damit voll in das Projekt ein, ein Umstand, der einerseits ihr grundsätzliches Rollenverständnis als Projektcoach fraglich erscheinen lässt und andererseits einen immensen

Ressourcenaufwand beim Projektcoach verursacht. Spätestens beim dritten in dieser Art und Weise gecoachten Projekt wird es aber eng.

Wie kann nun Eigenreflexion aussehen? Grundsätzlich gilt, dass jeder Projektcoach mit der Zeit seinen eigenen, passenden Weg finden wird. Ein paar Möglichkeiten, die wir aus unserer Praxis als sinnvoll erachten, wollen wir hier anbieten:

» Regelmäßige (z. B. wöchentliche) Eigenreflexion
» Eigenreflexion als Vorbereitung vor dem Projektcoaching
» Eigenreflexion im Rahmen der Erstellung des Projektcoachingprotokolls in der Nachbereitung einer Projektcoachingeinheit

Mögliche Fragestellungen im Rahmen der Eigenreflexionen könnten sein:

» In welcher Verfassung möchte ich beim nächsten Projektcoaching sein? Was brauche ich noch dafür?
» Was beschäftigt mich im Nachgang zu einem der letzten Projektcoachings noch? Was ist noch offen? Wie bzw. wodurch kann es geschlossen werden?
» Womit könnten wir in der nächsten Projektcoachingeinheit fortfahren? Womit noch usw.? Was könnte dem Kunden am meisten helfen? Was würde den Kunden am meisten überraschen?
» Welche Fragestellungen oder Interventionsmöglichkeiten fallen mir sonst noch ein?
» Wie klar waren die Ziele in der letzten Projektcoachingeinheit definiert? Wie gut haben wir das Ziel für die Stunde aus jetziger Sicht erreicht? Was ist eventuell noch offen?
» Wie klar war der Auftrag in der Projektcoachingeinheit definiert? Wie gut wurde der Auftrag erfüllt (auf einer Skala von 1 bis 10)? Was könnte noch offen sein? Welche Fragen oder Interventionen wären sonst noch möglich gewesen?
» Was hat in der letzten Projektcoachingeinheit besonders gut funktioniert? Was würde ich in Zukunft anders gestalten?
» Welche mir noch nicht bekannten oder geläufigen Methoden oder Werkzeuge werde ich mir für das nächste Mal ins Gedächtnis rufen bzw. vorbereiten?
» Welchen Tipp könnte ich meinem besten Projektcoachingkollegen weitergeben?
» Usw.

Dieselben Fragestellungen lassen sich in der Form von Eigenreflexion, aber auch mit Unterstützung eines Personal Coaches (ggf. auch mit Projektcoachingerfahrung) durcharbeiten. In vielen Fällen wird die Eigenreflexion genügen. Die Erfahrung zeigt jedoch, dass bei schwierigeren Themen ein Personal Coach durchaus „hartnäckiger" dran bleibt als man selbst und man daher eher zu einem zufriedenstellenden Ergebnis kommt.

Supervision wurde bereits im Kapitel 1 von Projektcoaching abgegrenzt. Im Fall von Projektcoaching bedeutet Supervision, dass ein oder mehrere Projektcoaches (regelmäßig) von einem Projektcoach mit mehr Erfahrung supervidiert werden, um aufgetretene Fragestellungen und praktische Fälle zu reflektieren und daraus Handlungsalternativen für zukünftige Projektcoachings zu entwickeln. Für Projektcoaching-Supervisionen in der Gruppe sei betont, dass der Supervisor neben einer generellen Moderatorenrolle vor allem auch dafür verantwortlich ist, die Zielsetzungen (Arbeitsfähigkeit, Neutralität und Weiterentwicklung) der Supervisionsgruppe im Auge zu behalten und seine Projektcoachingerfahrung im

Sinn von Handlungsalternativen einzubringen. Die Supervision ist somit ein wesentlicher Faktor zur Qualitätssicherung im Projektcoaching.

Für Unternehmen, die einen internen Pool von Projektcoaches beschäftigen oder regelmäßig auf externe Projektcoaches zurückgreifen, wird es sinnvoll sein, ein Gesamtausbildungskonzept für Projektcoaches zu entwickeln (siehe dazu auch Kapitel 8).

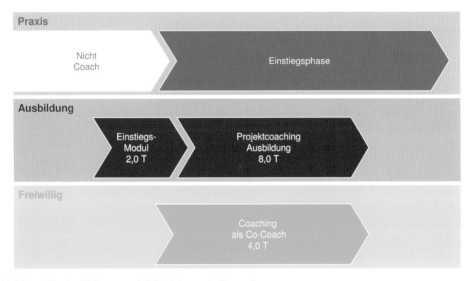

Abbildung 48: Ausbildungsmodell Projektcoach Phase 1

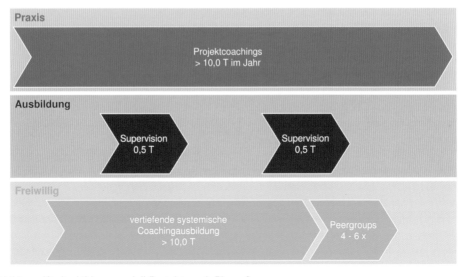

Abbildung 49: Ausbildungsmodell Projektcoach Phase 2

Theo Theoretiker Otto, gibt es auch Juniorprojektcoach, Projektcoach und Seniorprojektcoach?

Otto Oberzwerg (lacht) Nein, das hab ich noch nicht gehört, aber wart nur ab, vielleicht kommt irgendwann ein intelligenter Berater drauf und schreibt noch ein Buch darüber!

Karl Kritiker Nein, danke, eines genügt mir!

9.4 Wie misst man Qualität im Projektcoaching?

Im Projektcoaching besteht wie in vielen anderen Beratungsfeldern die Problematik, dass der konkrete Nutzen durch das Projektcoaching schwierig zu messen ist. In der Praxis helfen sich einige Unternehmen – ähnlich wie im Ausbildungsbereich – durch Evaluationen mittels Fragebögen, was in letzter Konsequenz schwierig erscheint. Wir wagen daher den Versuch, Qualitätskriterien für Projektcoaching anzudenken.

Qualität kann man als die Gesamtheit von Eigenschaften und Merkmalen eines Produkts oder einer Tätigkeit, die sich auf deren Eignung zur Erfüllung gegebener Erfordernisse beziehen, bezeichnen. Für Projektcoaching bedeutet dies übersetzt: Wie gut hat mir das Projektcoaching geholfen, meine Zielsetzungen zu erreichen?

Folgende Schwierigkeiten können sich dabei ergeben:
» Die Zielsetzung ändert sich im Verlauf des Projektcoachingprozesses.
» Der Projektcoachingauftraggeber hat andere Ziele als der Kunde.
» Der Projekterfolg wird mit dem Projektcoachingerfolg gleichgesetzt.
» Sowohl die Definition als auch die Einschätzung zur Erreichung der Projektcoachingziele ist eine subjektive Konstruktion.
» Die Auswertung der Ergebnisse soll so erfolgen, dass die Vertraulichkeit nicht gefährdet ist.
» Wann wird ausgewertet?

Lässt man diese potenziellen Schwierigkeiten vorerst beiseite, kann die Messung der Projektcoachingqualität folgendermaßen aufgebaut werden: Es existiert ein valides Modell zur Beurteilung von Coachingqualität[33], welches wir auf die Projektcoachingqualität übertragen wollen. Dieses Modell unterscheidet drei Qualitätsdimensionen:
» Strukturqualität
» Prozessqualität
» Ergebnisqualität

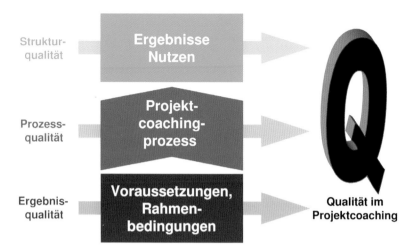

Abbildung 50: Qualität im Projektcoaching

Unter Strukturqualität kann man die Voraussetzungen für das Projektcoaching zusammenfassen. Welche Qualifikationen und Methodenkompetenz bringt der Projektcoach mit, wie erfolgt seine Weiterbildung und Kompetenzerhaltung, in welchem Netzwerk ist er tätig? Im Bereich des Kunden geht es um die Parameter Freiwilligkeit, Veränderungsbereitschaft, Problembewusstsein sowie Verantwortungsübernahme. Einen weiteren wichtigen Aspekt im Projektcoaching stellt das räumliche Umfeld (Setting) dar. Gerade dieser letzte Aspekt ist in der Praxis oft problematisch, vor allem, wenn die Projektcoachingeinheiten beim Kunden stattfinden. Denn steht kein eigenes Besprechungszimmer zur Verfügung, bleibt oft nur das Büro, in dem möglicherweise noch weitere Kollegen arbeiten – nicht gerade ideale Voraussetzungen für ein vertrauliches Gespräch.

Unter Prozessqualität wird zusammengefasst, inwiefern das Projektcoaching auf Basis eines professionellen und nachvollziehbaren Prozesses durchgeführt wird. Dazu gehören eine saubere Auftragsklärung, Erarbeitung und Dokumentation eines Projektcoachingauftrages, Klärung der organisatorischen Rahmenbedingungen (Termine, Ort, Absage von Projektcoachingeinheiten, Rechnungslegung), Erstellung von sauberen Beobachtungspapieren sowie Festlegung und Einhaltung von Spielregeln. Gerade diese Inhalte sind für den Projektcoach von dreifacher Bedeutung:
» Als nachvollziehbarer Nachweis der Tätigkeit als Projektcoach
» Als Grundlage für die weiteren Schritte und Ergebnisverifizierung
» Als Vorbildwirkung dem Kunden (oft: Projektleiter) gegenüber

In vielen Projektcoachings werden früher oder später vom Kunden Anliegen rund um die Erstellung der Projektdokumentation eingebracht. Umso sauberer der Projektcoach seine eigenen Schritte vorbereitet, abgrenzt und dokumentiert, umso glaubwürdiger werden später dem Projektleiter die Argumentationen des Projektcoaches zum Thema Dokumentation erscheinen.

Die Ergebnisqualität beschreibt vor allem den Grad der Zielerreichung (Projektcoachingziel im Projektcoachingauftrag), der Zufriedenheit des Kunden zum Projektcoaching bzw. der Erweiterung der

Handlungskompetenzen. Hier zeigt sich die Bedeutung der sauberen und nachvollziehbaren Definition von klaren und überprüfbaren Zielen. Nach der Formel „Zufriedenheit = Qualität des Ergebnisses minus Erwartung" kann Zufriedenheit nur erreicht werden, wenn die Qualität des Ergebnisses den Erwartungen entspricht oder diese übertrifft. Das setzt die genaue Kenntnis der Erwartungen voraus.

Erfahrungsgemäß zählt für die Beurteilung der Projektcoachingqualität die Ergebnisqualität (vor allem für den Projektcoachingauftraggeber) am meisten, da sich hier für die Betroffenen am stärksten zeigt, ob und inwiefern sich der Aufwand des Projektcoachings gelohnt hat. In der Praxis erleben wir manchmal die Vermischung der Projektcoachingziele mit den Projektzielen bzw. -ergebnissen. Dies würde aber bedeuten, dass der Projektcoach Kompetenzen im Projekt (dem Handlungssystem) braucht, um erfolgreich handeln zu können. Dies widerspricht wiederum unserem Rollenverständnis eines Projektcoaches. Je frühzeitiger dies erkannt wird, desto eher kann die Situation geklärt und im Extremfall die Rolle des Projektcoaches in eine den Erwartungshaltungen eher entsprechende Rolle (wie z. B. die eines Projektmanagers auf Zeit) umgewandelt werden.

 Karl Kritiker (beobachtet die Kinder beim Spielen) Hm, das ist ja ganz nett, aber ...

Paula Praktiker Ich hab's mir gedacht ...

 Karl Kritiker Was glaubst du wohl, werde ich jetzt hinterfragen?

Paula Praktiker Wann man Qualität misst?

 Theo Theoretiker Wer viel misst, misst viel Mist.   **Karl Kritiker** Eben! Also?

 Otto Oberzwerg Na gut, Karl. Es gibt ja mehrere Möglichkeiten. Wie ihr schon gehört habt, am Beginn jeder Projektcoachingeinheit beziehungsweise zum Abschluss kann eine Qualitätskontrolle erfolgen.

Paula Praktiker So in einer Art Blitzlicht oder „Wie geht's uns mit dem Projektcoaching?" und so etwas?

Otto Oberzwerg Genau. Eine weitere gute Möglichkeit ergibt sich beim Projektcoachingabschluss, so wie im Kapitel 5 beschrieben.

 Theo Theoretiker Da kann man sehr systematisch vorgehen. Entweder aus der Rolle Projektcoach selbst, um die eigene Professionalität hervorzustreichen, oder aus der Auftraggeberrolle heraus, um zu hinterfragen, ob Projektcoaching die geeignete Form ist, ob sie die Anforderungen gut erfüllt und ob der Projektcoach für die Situation gut gepasst hat.

Karl Kritiker Also ein „Wie war ich?" an passender Stelle ist erlaubt.

 Paula Praktiker (leicht abfällig) Männer. Immer das Gleiche ...

9.5 Woran erkenne ich einen guten Projektcoach?

Was macht nun einen „guten" Projektcoach aus und wie kann ein „guter" Projektcoach identifiziert werden?

Wir wollen uns dieser Fragestellung über Indizien, die auf einen „guten" Projektcoach verweisen, annähern.

Unserer Auffassung nach ist jemand per se nicht grundsätzlich „gut" oder jemand anderer „schlecht". So eine Auffassung wäre wohl auch ziemlich unsystemisch. Dennoch wollen wir hier ein paar Kriterien anführen, die uns im Zusammenhang mit der Auswahl von Projektcoaches relevant erscheinen. Wir können hier allerdings lediglich die voraussichtliche Eignung eines Projektcoaches abschätzen, und selbst diese ist wiederum eine personen- und situationsbezogene Konstruktion.

Für die Auswahl eines passenden Projektcoaches können folgende Kriterien von Bedeutung sein:
» Fundierte Ausbildungen
» Referenzen
» Erfahrungen (Branche, Projekte)
» Lebenserfahrung (Alter, unterschiedliche Erfahrungsbereiche)
» Geschlecht[*)]
» Führungserfahrung
» Stress- oder Krisenerfahrung
» Organisationsspezifisches Wissen
» Ausreichende Verfügbarkeit

Bei der Abwicklung von Projektcoachingaufträgen und damit innerhalb einzelner Projektcoachingeinheiten werden von einem „guten" Projektcoach die nachstehend abgebildeten Handlungen, Vorgehensweisen und Haltungen erwartet werden (vgl. dazu auch Kapitel 3). Es soll allerdings auch darauf hingewiesen werden, dass eine Erfüllung all der genannten Kriterien in jeder Situation den Projektcoach als menschliches Wesen mit all seinen bunten Facetten und manchmal auch Unzulänglichkeiten außer Acht lassen würde – aus diesem Grund die Bezeichnung „Projektcoaching-Super-Wunder-Kapazunder".

Der Projektcoaching-Super-Wunder-Kapazunder
» bringt, wo angefordert, das benötigte Wissen ein
» gibt Raum zum Nachdenken
» schafft Struktur, Orientierung, Klarheit
» erkennt rasch Zusammenhänge
» kann sich schnell auf geänderte Anforderungen einstellen
» führt und hält Schritt
» bleibt ruhig
» kann Impulse setzen, bringt Unterschiede ein
» unterstützt, wo notwendig, Ideen des Kunden und setzt andererseits Kontrapunkte
» kann in Alternativen denken
» agiert mit liebevoller Hartnäckigkeit

[*)] Es geht hier ganz klar nicht darum, die Geschlechter zu bewerten! Jedoch gibt es Konstellationen in Projekten – insbesondere im internationalen Bereich –, wo die Berücksichtigung des Geschlechts von Bedeutung sein kann

» strebt eine mittel-/langfristige Wirkung beim Kunden an
» verfügt über innere Festigkeit und Ausgeglichenheit
» hält die Balance zwischen empathischem Interesse und Neutralität
» kennt die eigenen Werte und Haltungen, Stärken und Schwächen

Karl Kritiker (etwas ironisch) Und sonst kann der nix?

Otto Oberzwerg (lächelt) Na ja, wünschen wird man sich ja wohl noch etwas dürfen!

Paula Praktiker Aber das wird ziemlich schwierig!

Otto Oberzwerg Jaja, ich hab ja auch nie das Gegenteil behauptet!

Theo Theoretiker Das Positive ist ...

Paula Praktiker ... dass wir noch jede Menge Weiterentwicklungspotenzial haben!

Karl Kritiker Und zwar für die nächsten paar Jahre!

Otto Oberzwerg Übrigens ... ich habe euch die Aufstellung der wichtigsten Methoden, Techniken und Hilfsmittel ausgedruckt mitgebracht, zum Reinschmökern. Im Buch ist es das Kapitel 10.

Karl Kritiker Das ist ja auch ganz schön viel ...

Theo Theoretiker Aber löst ein paar Detailfragen, die in den Kapiteln nur grob thematisiert wurden.

Paula Praktiker Und ist obendrein noch recht praktisch zum Nachlesen!

Karl Kritiker Ich möchte jetzt endlich wissen, was da auf dem Transparent ist.

Otto Oberzwerg (lächelt) Ach, das hätte ich ja fast vergessen. Das hat mir mal ein Jungzwerg geschenkt. Es soll die Entwicklungsstufen zum Projektcoach darstellen. Gefällt es euch?

10 Methoden, Techniken und Hilfsmittel im Projektcoaching

Die Sommerakademie neigt sich dem Ende zu.

Otto Oberzwerg hat alle Jungzwerge noch einmal zu

sich nach Hause in seinen Garten eingeladen. Als die

Zwerge eintreffen, ist Otto Oberzwerg gerade dabei,

seine Werkzeughütte aufzuräumen.

Otto Oberzwerg Schön, dass ihr schon da seid. Ihr könnt mir noch ein wenig beim Ordnen meiner Werkzeuge helfen. Und dann gehen wir gemeinsam die Methoden, Techniken und Hilfsmittel zu Projektcoaching durch.

 Theo Theoretiker So viele verschiedene Geräte und Werkzeuge! Ich habe zu Hause nur einen Hammer und eine Zange.

 Paula Praktiker Du hast ja auch keinen Garten.

Karl Kritiker Ich habe auch keinen Garten, aber ohne Werkzeug geht es nicht.

Zu Beginn stellen wir jene Hilfsmittel vor, die sich in der Praxis von next level consulting besonders für Projektcoaching als geeignet erwiesen haben. Daran anschließend werden einfachere und komplexere systemische Frageinterventionen beschrieben, die wir als eines der wichtigsten Werkzeugsets eines Projektcoaches verstehen. Zum Abschluss findet sich eine Auswahl weiterer systemischer Interventionen, ohne jeglichen Anspruch auf Vollständigkeit:

10.1 Hilfsmittel in der Praxis von next level consulting

Projektcoachingauftrag

Der Projektcoachingauftrag ist eine schriftliche Vereinbarung des Projektcoaches mit dem Kunden über wesentliche Rahmenbedingungen und Zielsetzungen des Coachings.

Der Projektcoachingauftrag dient zur Klärung, was geleistet werden soll und was nicht. Er ist Voraussetzung für eine tragfähige Beziehung und bildet die Basis für die Arbeit des Projektcoaches. Es werden zeitliche, sachliche und soziale Aspekte in Form einer Gesamtarchitektur oder Interventionsarchitektur festgelegt.

Aufbau/Inhalt

Der Projektcoachingauftrag beschreibt die Ziele und den Kontext des Projektcoachings, das betrachtete System, den dahinterliegenden Projektmanagementprozess, die anzuwendenden Projektcoachingelemente, die Dauer und den zeitlichen Ablauf der Coachingeinheiten sowie sonstige organisatorische Regelungen.

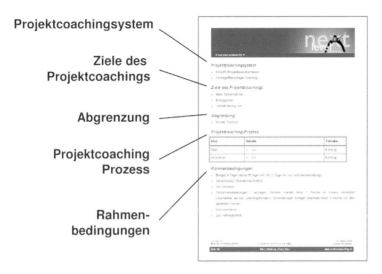

Abbildung 51: Inhalt next level Projektcoachingauftrag

Projektcoachingsystem

Hier werden jene Personen aufgeführt, die dem Projektcoachingsystem zugerechnet werden:

» Name des Kunden
» Name des Projektcoaches
» Name des Auftraggebers des Projektcoachings
» Bezeichnung bzw. Beschreibung des Projekts
» Projektcoachingsystem (Individualcoaching, Projektteamcoaching oder Coaching der Projektorganisation) – Details siehe Kapitel 5
» Klärung des Überweisungskontexts – wie es zum Coaching gekommen ist
» Soziale Abgrenzung des Projekts: Projektauftraggeber, Projektleiter, Projektteam, Kernteam usw.

Ziele/Themen des Projektcoachings

Unter den Zielen/Themen des Projektcoachings werden die Antworten des Kunden zu folgenden Fragen zusammengefasst: Was soll sich durch das Projektcoaching ändern? (z. B. „Mehr Sicherheit bei …; Ermöglichen von …; Verbesserung von …")

Abgrenzung/Ausgrenzung

Die Abgrenzung/Ausgrenzung beschreibt „Dinge", die nicht innerhalb des Coachings angesprochen werden sollen.

Projektcoachingprozess

Im Rahmen des Projektcoachingprozesses werden der/die betrachtete(n) Projektmanagementprozess(e) (Projektbeauftragung, Projektstart, Projektcontrolling usw.) und die relevanten Projektcoachingelemente (Fachberatung zum Projektmanagement, Personal Coaching, Moderation von Projektworkshops, Starthilfe zur Projektdokumentation) ausgewählt sowie die Beratungsintensität festgelegt.

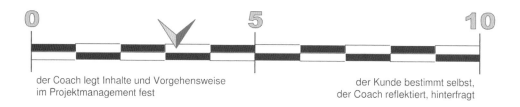

der Coach legt Inhalte und Vorgehensweise
im Projektmanagement fest

der Kunde bestimmt selbst,
der Coach reflektiert, hinterfragt

Abbildung 52: Beratungsintensitätsindex

Durch die bewusste Planung des Einsatzes der einzelnen Projektcoachingelemente über den gesamten Begleitprozess in Form von Projektcoachingeinheiten entsteht ein Interventionsdesign. Das Interventionsdesign regelt, wie der Coachingprozess abläuft (Inhalt, Zeit, Raum usw.). Bei komplexeren Aufträgen empfiehlt sich eine grafische Darstellung zur besseren Orientierung.

Sonstige Rahmenbedingungen
In diesem Zusammenhang empfiehlt es sich, vor allem folgende Punkte zu klären:
» Budget x Tage (davon x Tage vor Ort usw.)
» Vorgehensweise zu Abrechnung/Ort/Anreise
» Regelung von Terminvereinbarungen/-absagen:
   z. B.: Termine werden mindestens eine Woche im Voraus vereinbart
» Settingerklärungen zu den einzelnen Coachingeinheiten
» Dokumentation von Ergebnissen, z. B. Coachingprotokoll, Beobachtungspapier
» Vertraulichkeitsspielregeln
» usw.

Hinweise zur Anwendung
Die Inhalte des Projektcoachingauftrags werden zwischen Projektcoach und Kunde in einem Auftragsklärungsgespräch erarbeitet. Die wesentlichsten Punkte werden vor Ort stichwortartig durch den Projektcoach festgehalten – z. B. auf einem Flipchart. Der Projektcoach übernimmt die Dokumentation und sendet einen ersten Ansatz an den Kunden. Im Rahmen der ersten/nächsten Projektcoachingeinheit wird der Projektcoachingauftrag freigegeben.

Tipps
» Der Projektcoachingauftrag gehört zum Standardwerkzeug und zur professionellen Arbeitsweise des Projektcoaches.
» Auch wenn der Kunde Sie gleich mit Detailproblemen überschüttet, bleiben Sie am Ball. Nehmen Sie sich Zeit für die Abklärung der Voraussetzungen des Projektcoachings.
» Die Vereinbarung von Vertraulichkeitsspielregeln ist wichtig. Vor allem, wenn der Kunde nicht selbst der Auftraggeber des Projektcoachings ist. Hier empfiehlt sich ein gesondertes Gespräch zwischen den beteiligten Personen.

» Der Zielsetzung des Projektcoachingauftrags kann sich während des Begleitprozesses ändern – machen Sie daher den Projektcoachingauftrag auch während des Projektcoachingverlaufs wieder zum Thema.

 Karl Kritiker Also, ich habe mich überzeugen lassen. Ohne Projektcoachingauftrag gibt es eigentlich kein professionelles Projektcoaching.

Paula Praktiker Was ich immer schon gesagt habe.

 Theo Theoretiker Ich finde das methodisch auch unverzichtbar. Damit schaffe ich mir erst meinen Bezugsrahmen und hole mir meine Legitimierung zum Coaching.

 Otto Oberzwerg Schau, schau, ihr seid mal einer Meinung!

Beobachtungspapier

Das Beobachtungspapier ist eine Intervention im Projektcoachingprozess, in der Beobachtungen, Hypothesen und mögliche nächste Schritte bzw. Handlungsempfehlungen aus der Sicht des Projektcoaches an den Kunden zurückgespielt werden.

Das Beobachtungspapier dient zur Dokumentation des Status quo im Coachingprozess aus der Sicht des Projektcoaches. Dem Kunden werden durch dieses Instrument neue Ideen, andere Sichtweisen und Angebote zur weiteren Vorgehensweise übermittelt. Es liefert damit die Basis für mögliche nächste Schritte. Das Beobachtungspapier ist ein Angebot des Projektcoaches, der Kunde entscheidet selbst, was umgesetzt wird und in welchem Umfang.

Aufbau/Inhalte
Das Beobachtungspapier ist wie nachfolgend abgebildet aufgebaut:

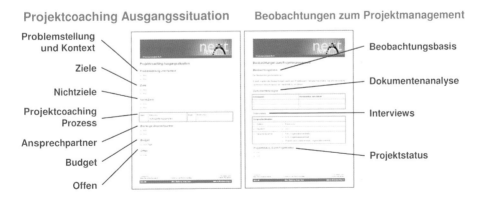

Abbildung 53: Inhalt next level Beobachtungspapier

Der erste Teil des Beobachtungspapiers beschreibt die Ausgangssituation im Projektcoaching, wie sie auch im Projektcoachingauftrag angeführt ist:

» Problemstellung und Kontext zum derzeitigen Stand, Beschreibung des betrachteten Projektcoachingsystems
» Ziele/Nichtziele des Projektcoachings
» Zugrundeliegender Projektcoachingprozess inklusive der anzuwendenden Projektcoachingelemente
» Bisherige Ansprechpartner
» Eingesetztes Budget
» Offene Punkte

Im zweiten Teil werden die Beobachtungsbasis und der Status im Projekt beschrieben:

» Auflistung der betrachteten Dokumente (Bezeichnung, Versionsnummer, Versionsdatum und Kommentar usw.)
» Durchgeführte Coachingsituationen (Einzel-, Gruppencoaching usw.), Interviews und Gespräche (Termin, Ort, Gesprächspartner, Organisationseinheit)
» Beobachtung von Arbeitssequenzen vor Ort (Einzel/Team)
» Fragebögen bzw. sonstige Erhebungsquellen
» Aktueller Status im Projekt

Der dritte Teil beschäftigt sich mit den eigentlichen Beobachtungen, Thesen, Alternativen und Empfehlungen.

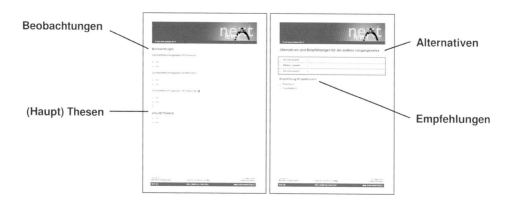

Abbildung 54: Inhalt next level Beobachtungspapier

Beobachtungen

Beobachtungen sind (so weit wie möglich) von Thesen zu unterscheiden. Nur was „allgemein" beobachtbar ist, wird angeführt – d.h. möglichst keine Interpretationen oder Bewertungen. Wir empfehlen, besonders auf „annehmbare" Formulierungen zu achten. Beobachtungen sind nicht der Beweis dafür, dass der Projektcoach alles verstanden und durchschaut hat.

Hypothesen bilden

Die Hypothesen werden auf Basis der beschriebenen Beobachtungen und der Expertise des Projektcoaches als Angebot für den Kunden formuliert.

Es geht um mögliche Konsequenzen der Beobachtungen aus der Sicht des Projektcoaches. Hypothesen enthalten weiters jene Hinweise, die gemacht werden können und müssen, um neue Perspektiven und Handlungsfelder für den Kunden erkennbar zu machen. Den „formalen" Rahmen dafür stellen der Projektcoachingauftrag bzw. die Projektcoachingziele dar. Die Thesen werden stets wertschätzend und mit Respekt, sprich in annehmbarer Form, formuliert. Schuldzuweisungen und Formulierungen wie „Das ist richtig oder falsch" sind zu vermeiden.

Alternativen/Empfehlungen

Sind Vorschläge bzw. mögliche Lösungsansätze aus der Sicht des Projektcoaches für die im Rahmen der Hypothesen aufgezeigten Handlungsfelder. Die Empfehlungen können in unterschiedlichen Varianten (Mini-, Midi- und Maximalvariante) ausgeführt sein. Wie bei den Beobachtungen und Hypothesen ist auf eine annehmbare Formulierung in „Möglichkeitsform" zu achten.

Hinweise zur Anwendung

Im Rahmen der Beobachtungen werden nur Dinge aufgelistet, die für die Beteiligten nachvollziehbar sind – Vermutungen haben hier keinen Platz.

Der Zeitpunkt für ein Beobachtungspapier entlang des Projektcoachingprozesses kann unterschiedlich sein. Entweder wurde schon im Projektcoachingauftrag ein Interventionsdesign mit dem Kunden abgestimmt und ein Zeitpunkt festgelegt, oder im Rahmen der Abwicklung des Coachings wurde ein passender Zeitpunkt mit dem Kunden vereinbart. Auf jeden Fall empfehlen wir zumindest ein Beobachtungspapier – spätestens zum Abschluss des Projektcoachings.

Der Projektcoachingauftrag sollte zum Zeitpunkt der Erstellung des Beobachtungspapiers bereits vereinbart sein, da sonst der Bezugsrahmen bzw. der „formale Rahmen" fehlt. Es empfiehlt sich weiters ein Hinweis auf die konstruktivistische Grundhaltung im Projektcoaching.

Z. B.: Erstellt wurden die Beobachtungen durch den Coach XY. Sie sind als externe Sichtweise ohne Anspruch auf Objektivität zu verstehen.

Der Projektcoach wird seine Worte entsprechend der beabsichtigten Wirkung (Intervention) wählen: Ist der Text „weichgespült", könnte sich der Kunde in falscher Sicherheit wiegen und alles so belassen, wie es ist. Ist der Text zu „hart" formuliert, könnten unnötige Rechtfertigungen, Schuldzuweisungen und sogar Gegenangriffe (auf den Projektcoach) die Folge sein.

Protokoll Projektcoachingeinheit

Das Protokoll einer Projektcoachingeinheit dokumentiert den Ablauf der Coachingeinheit vom Anliegen über das Ziel und den Auftrag bis zu den eingesetzten Interventionen aus der Sicht des Projektcoaches. Das Protokoll Projektcoachingeinheit dient neben der Dokumentation der Projektcoachingeinheit zur

Selbstreflexion bzw. zur Weiterentwicklung des Projektcoaches. Es wird in schriftlicher Form verfasst und sichert damit Erkenntnisse für die zyklischen Supervisionen des Projektcoaches. Darüber hinaus kann mit dem Kunden vereinbart werden, dass Extrakte aus dem Coachingprotokoll als „Goodies" an ihn übermittelt werden.

Aufbau/Inhalte

Das Protokoll Projektcoachingeinheit besteht aus einem Deckblatt und dem Hauptteil. Auf dem Deckblatt sind die wesentlichsten Informationen zur durchgeführten Coachingeinheit festgehalten (Datum, Zeit, Raum, Projekt, gecoachte Person, eingesetztes Projektcoachingelement usw.).

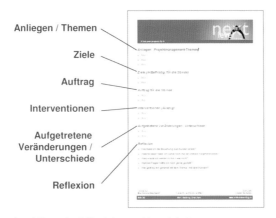

Abbildung 55: Inhalt next level Protokoll Projektcoachingeinheit

Im Hauptteil werden das Anliegen bzw. die eingebrachten Themen des Kunden, das Ziel für die Coachingeinheit und der vereinbarte Auftrag für die Coachingeinheit festgehalten. Je Projektcoachingelement (Fachberatung zum Projektmanagement, Personal Coaching, Moderation von Projektworkshops, Starthilfe zur Projektdokumentation) wird dieser Teil unterschiedlich detailliert ausfallen. Neben der eigentlichen Formulierung von Anliegen, Ziel und Auftrag sind auch der Prozess bzw. der Zeitbedarf zu dokumentieren.

Zusätzlich werden jene Interventionen während der Coachingeinheit festgehalten, die die größten zielführenden Veränderungen beim Kunden herbeigeführt haben. Darunter können beispielsweise diverse Fragestellungen sowie weitere in diesem Kapitel beschriebene Interventionsmethoden oder PM-Methoden und PM-Prozesse fallen. Die Interventionen hängen demgemäß wieder vom jeweiligen Projektcoachingelement ab.

Anschließend werden eventuell aufgetretene Veränderungen, Unterschiede bzw. Ergebnisse als Resultat der Coachingeinheit festgehalten. Falls Auszüge aus dem Coachingprotokoll dem Kunden zur Verfügung gestellt werden sollen, ist auf eine „wertfreie" Formulierung zu achten, da dieser Teil sehr stark von der subjektiven Sicht des Projektcoaches abhängt.

Optional ist eine gesonderte Auflistung von Abschlussinterventionen (Kommentare, Symptomverschreibungen und Hausaufgaben) möglich. Hier sind die exakten Formulierungen festzuhalten, da sie zur Vorbereitung für die nächste Projektcoachingeinheit relevant sind.

Den Abschluss des Coachingprotokolls bildet die Eigenreflexion des Projektcoaches. Dieser Teil wird meistens einige Tage nach der Projektcoachingeinheit noch ergänzt, da für die Reflexion auch ein geringer zeitlicher Abstand von der Coachingeinheit von Nutzen sein kann. Als Vorlage empfehlen wir folgende Reflexionspunkte:

» Wie habe ich die Beziehung zum Kunden erlebt?
» Welche Ideen habe ich nach Abschluss der Projektcoachingeinheit noch?
» Welche Ideen habe ich für das weitere Vorgehen bzw. wie sollte das Interventionsdesign des Projektcoachingprozesses angepasst werden?
» Was würde ich wieder so tun, was nicht? Was war zielführend, was weniger?
» Welche Frage hätte ich gerne noch gestellt?
» Wie geht es mir mit dem Thema?
» Wie geht es mir mit dem Kunden?

Hinweise zur Anwendung

Das Protokoll einer Projektcoachingeinheit ist unmittelbar nach der Projektcoachingeinheit zu verfassen, da die Kunden am Ende der Coachingeinheit meist alle Mitschriften mitnehmen. Es empfiehlt sich, direkt nach der Projektcoachingeinheit die wesentlichen Punkte handschriftlich in Stichworten zu notieren. Die Eigenreflexion erfordert jedoch Zeit und ein wenig Abstand und erfolgt daher oft erst später.

Generell empfiehlt es sich, so weit wie möglich den genauen Wortlaut der einzelnen Interventionen bzw. der Reaktionen des Kunden zu notieren.

 Paula Praktiker Also, wenn ich das jetzt richtig sehe, dann ist das Projektcoachingprotokoll primär ein Werkzeug für mich als Projektcoach. Eine Art Tagebuch und Statusbericht, damit ich mich zurechtfinde und beim nächsten Mal schnell wieder erinnern kann.

Theo Theoretiker Und auch Basis für die eigene Reflexion. Wenn man das ein paar Tage später durchliest, kann man die Coachingsequenz leichter erinnern und nochmals durchspielen bzw. Anschlussmöglichkeiten und weitere Schritte ableiten.

 Karl Kritiker Und das Beobachtungspapier ist zwar auch eine Dokumentation, aber primär für den Kunden gedacht und dient Interventionszwecken. Jetzt ist mir das erst so richtig klar.

Protokoll Abschlussgespräch Projektcoaching

Das Protokoll des Abschlussgesprächs dokumentiert Ablauf und Inhalte des abschließenden Zusammentreffens von Kunde und Projektcoach. Es stellt das formale Gegenstück zum Projektcoachingauftrag dar. Es werden Ergebnisse und Grad der Zielerreichung im Projektcoaching reflektiert. Darüber hinaus geht es um den Projektcoachingprozess und die Rahmenbedingungen, die im Projektcoaching vorlagen.

Ähnlich wie beim Protokoll einer Projektcoachingeinheit geht es hier vor allem um zwei Aspekte:
» Überprüfung der Kundenzufriedenheit
» Kontinuierliche Weiterentwicklung von Projektcoaching im Unternehmen und für den Projektcoach selbst

Aufbau/Inhalte

Das Protokoll des Abschlussgesprächs besteht aus einem Deckblatt und dem Hauptteil. Auf dem Deckblatt sind die wesentlichsten Informationen zur durchgeführten Coachingeinheit festgehalten (Datum, Projekt, Kunde usw.).

Abbildung 56: Inhalt next level Protokoll Abschlussgespräch Projektcoaching

Im Hauptteil werden die Ziele des Projektcoachings (Wie gut wurden diese erfüllt?), die Projektergebnisse (Inwiefern war das Projektcoaching hilfreich, die Projektziele zu erreichen?), der Projektcoachingprozess (Settings, Dauer, Frequenz, Anzahl Einheiten, Interventionen …) und die Rahmenbedingungen (Budget, Raum …) reflektiert. Diese Punkte erfüllen auch den formalen Aspekt des Dokuments, um das Projektcoaching als solches zu beenden.

Auch hier können vom Projektcoach für den „Eigengebrauch" noch einige Punkte reflektiert werden, wie zum Beispiel:
» Wie hat sich die Beziehung zum Kunden entwickelt?
» Welche Ideen oder Anregungen gibt es nach Abschluss des Projektcoachings noch?
» Was würde ich wieder so tun, was nicht?

» Wie geht es mir mit dem Projekt?
» Wie geht es mir mit dem Kunden?
» Wie geht es mir mit mir als Projektcoach?

Hinweise zur Anwendung

Ähnlich wie beim Protokoll einer Projektcoachingeinheit wird das Abschlussprotokoll unmittelbar nach dem Abschlussgespräch verfasst.

10.2 Frageinterventionen

Fragen werden im herkömmlichen Gebrauch zur Informationsgewinnung gestellt – der, der nachfragt, möchte etwas wissen. Im Rahmen des systemischen Projektcoachings geht es jedoch neben der Informationsgewinnung um Fragen, die als Interventionen eingesetzt werden.

Durch systemische Fragetechniken soll in annehmbarer Art und Form „etwas" auf der Kundenseite ausgelöst werden, dessen Wirkung im Rahmen des Metaprozesses (Beobachten, Hypothesen bilden, Interventionen planen und umsetzen – siehe Kapitel 5) weiter verarbeitet wird:
» Ermöglichen von unterschiedlichen oder neuen Sichtweisen
» Auflösen von Blockaden bzw. Relativieren der Situation – das Problem kann ja auch ganz anders gesehen werden
» Einbringen von Ausnahmen bei Generalisierungen
» Auflösen von manifestierten Zuständen
» Unterbrechen von Automatismen
» Vervollständigen
» Usw.

Jede Frage enthält implizit eine Aussage darüber, wie Zusammenhänge noch gesehen werden können, und eröffnet dem Kunden dadurch neue Blickwinkel und Anstöße für Ideen.

Fragen sind das Hauptinstrument für ein systemisch-konstruktivistisches Vorgehen und damit ein wichtiges Werkzeugset des Projektcoaches.

Systemische Frageinterventionen sind Fragen, die als Impulse wirken. Es werden neue Ideen, weitere Möglichkeiten bzw. unterschiedliche Perspektiven für den Kunden eingebracht, die zu einem veränderten Bewusstsein oder zu einer veränderten Sichtweise auf der Kundenseite führen. Einseitige, problemzentrierte Sichtweisen werden aufgelöst. Der Kunde lässt subjektive Beschränkungen hinter sich und die Beschäftigung mit den Fragen führt zu einem „Aha-Erlebnis" – d.h. zu einem Lern- bzw. Veränderungsprozess auf der Kundenseite. Die Fragen können manchmal nicht sofort in aller Vollständigkeit beantwortet werden – lösen aber beim Kunden einen Nachdenkprozess aus.

Was ist das Systemische an den Frageinterventionen?

» Sie sind offen formuliert und ermöglichen eine größere Anzahl von Antworten.
» Sie bringen den Kunden zum Nachdenken anstatt die Neugierde des Projektcoaches zu stillen.
» Sie fragen nach den inneren Werten und Bedeutungen.
» Sie sind keine suggestiven Fragen.

 Theo Theoretiker Ich habe unlängst ein Buch gelesen ... **Karl Kritiker** Was, du liest Bücher!?

Theo Theoretiker (ignoriert das Statement) ... das hatte den Titel: „Fragen ist obszön".

 Paula Praktiker Wieso obszön?

Theo Theoretiker Na, weil der Befragte in die Defensive gedrängt wird und Auskunft geben soll. Und das hat meist etwas mit Entblößen und Rechtfertigen müssen zu tun.

 Karl Kritiker So ein Blödsinn. Warum liest du auch solche Bücher?

 Otto Oberzwerg Da steckt schon was Wahres drin. Fragen stellen ist ein Machtinstrument. Zwischen Frager und Befragtem baut sich leicht eine Asymmetrie auf. Daher ist damit sehr sensibel umzugehen.

 Paula Praktiker Vor allem, wenn ich an unsere Werte und Haltung denke!

Frageinterventionstypen

In der Folge ist ein Auszug an möglichen Frageinterventionstypen aufgelistet, wobei diese Aufstellung auf keinen Fall vollständig ist. Die Unterscheidung zwischen einfachen und komplexen Fragetypen bezieht sich auf die notwendige Vorbereitung oder Einführung durch den Projektcoach und auf die Schwierigkeit in der Beantwortung durch den Kunden:

Einfache Fragen	Komplexe Fragen
Offene/geschlossene Fragen	Skalierungsfragen
Fragen nach Fakten	Fragen nach Bildern/Metaphern
Fragen nach Erklärungsversuchen/ Passungen an das System	Zirkuläre Fragen
Fragen nach Ausnahmen/Unterschieden	Verschlimmerungsfragen
Ressourcenorientierte Fragen	Paradoxe Fragen
Hypothetische Fragen	Zukunftsfragen
Perspektivische Fragen	Wunderfrage

Einfache Fragen

Geschlossene Fragen

Bei den geschlossenen Fragen unterscheidet man im Wesentlichen Entscheidungsfragen (Ja, Nein), Fragen nach Alternativen (entweder das eine oder das andere) und geschlossene W-Fragen (Wo, Wer, Wann, Wie viel …). Geschlossene Fragen sind so formuliert, dass die Antwort von Vornherein beschränkt ist, und dienen dem Projektcoach zur Paraphrasierung und Reflexion. Sie sind einfach zu bilden und gehören zu den kommunikationsschließenden Fragen. Sie bringen meist keinen Neuigkeitswert für den Kunden, da er die Antwort auf die Frage schon kennt.

> Beispiele: Gibt es ein Projekthandbuch …? Wie viele Arbeitspakete hat Ihr Projektstrukturplan?

Offene Fragen

Sie erlauben dem Gegenüber eine freie Assoziation innerhalb seiner Antwort. Sie laden den Kunden ein, zu erzählen, und werden benötigt, umfangreichere Informationen zu sammeln, die Kommunikation zu eröffnen und voranzubringen, oder auch, um neue Perspektiven zu beleuchten. Durch offene Fragen wird der Kunde dazu animiert, über Problem- und Fragestellungen neu bzw. anders nachzudenken.

> Beispiele: Wie erklären Sie sich, dass Sie bisher keine Unterschrift unter den Projektauftrag erhalten haben? Woran genau machen Sie fest, dass Ihr Projektteammeeting chaotisch verläuft?

Fragen nach Fakten

Diese Fragen dienen zur Erfassung von relevanten Personen bzw. Beziehungen in Bezug auf die Fragestellung/Zielvorstellung im Projektcoaching.

> Beispiele: Ist das definierte Projektziel mit dem bestehenden Projektteam zu erreichen? Welche Personen müssten noch mit ins Projekt einbezogen werden?

Fragen nach Erklärungsversuchen/Passungen an das System

Diese Fragen zielen auf Erklärungsmuster, Bewältigungsstrategien bzw. die derzeitige Passung des Kundenverhaltens an die bestehende Situation ab. Die Erklärungen bzw. Passungen werden in Relation zu anderen Mitgliedern des Systems gesetzt. Sie suchen das Gute im Schlechten, also den „versteckten Gewinn". Sie behandeln zwar das „Schwierige", aber vermeiden die Frage nach dem „Warum".

> Beispiele: Wie erklären Sie sich als Projektleiter das Phänomen? Wie erklären es sich die Projektmit-arbeiter?

> Wie haben Sie das bisher ausgehalten? Was war dabei hilfreich? Wie kommt es, dass Sie trotz all dieser Unzulänglichkeiten Herrn Y im Projektteam noch nicht ausgetauscht haben?

Fragen nach Ausnahmen/Unterschieden

Probleme werden nicht permanent in der gleichen Stärke wahrgenommen. Fragen nach Ausnahmen lenken den Fokus auf „störungsfreie" bzw. erwünschte Zeiten und machen deutlich, dass schon jetzt kontextabhängige Unterschiede auftreten. Es ist in diesem Zusammenhang bedeutend, gemeinsam mit dem Kunden herauszuarbeiten, wie er sich in diesen Ausnahmezeiten verhält, um dieses Verhaltensmuster vermehren zu können.

> Beispiele: Wann war das letzte Mal, als Herr X die Ergebnisse seines Arbeitspakets ohne Ihre Erinnerung rechtzeitig abgeliefert hat? Welche Auswirkungen hatte das? Was war da anders? Woran konnten andere das erkennen?

Ressourcenorientierte Fragen

Dienen dazu, die Ressourcen und Fähigkeiten des Kunden, die zur Lösung des Problems genutzt werden können, zu Tage zu fördern und herauszustreichen. Sie regen die Wirkkraft bzw. eigene Einsatzbereitschaft an.

> Beispiele: Was ist Ihr Hobby? Was können Sie dort ganz besonders gut? Welche Inhalte oder Lösungsmuster können Sie von dort ins Projekt übertragen? Wie können Sie das ausbauen? Was soll so bleiben, wie es ist?

Hypothetische Fragen

Sind Fragen nach kreativen Hypothesen und erlauben Ideen zu möglichen Zukunftsentwicklungen. Sie dienen dazu, dem Kunden viele verschiedene Sichtweisen zu eröffnen und eigene Ideen zwanglos einzubringen. Sie werden oft als „die" konstruktivistischen Fragen bezeichnet und beginnen mit „Was wäre, wenn …?", „Angenommen …?".

> Beispiele: Angenommen, Sie wollen diese unangenehme Situation bewusst herbeiführen: Wie machen Sie das? Angenommen, Sie wenden das, was Sie in dem anderen Projekt gemacht haben, auf dieses Projekt an?

Perspektivische Fragen

Durch Betrachtung der Situation aus unterschiedlichen Perspektiven (Personen, Zeitpunkten, Situationen, Kontexten) werden durch den Kunden neuen Ideen generiert.

> Beispiele: Wie sind Sie mit der Situation im Projekt umgegangen, als das Problem noch nicht bestand? Wie sieht das Problem aus der Sicht des Projektauftraggebers aus? Wie wird das Problem in zwei Jahren gesehen?

Komplexe Fragen

Skalierungsfragen

Sind Fragen, bei denen vom Projektcoach eine Skala (z. B. 1 bis 10) eingeführt wird und bei denen die Antwort des Kunden eine Bewertung beinhaltet. Sie dienen dazu, Unterschiede und Veränderungen für den Kunden sichtbar, greifbar und quantifizierbar zu machen. Skalierungsfragen bestehen in der Regel aus einer Einleitungsfrage und mehreren Anschlussfragen. In den Anschlussfragen werden zumeist der Vergleich zwischen Ist und Zielsituation, unterschiedliche Schritte zum Ziel und unterschiedliche Perspektiven reflektiert.

Beispiele: Wie schätzen Sie auf einer Skala von 1 bis 10 die Wahrscheinlichkeit ein, dass dieses Vorhaben als Projekt durchgeführt werden wird? (1 = vollkommen unwahrscheinlich – das Vorhaben wird sicherlich nicht als Projekt durchgeführt werden, 10 = absolut sicher – das Vorhaben wird in jedem Fall als Projekt durchgeführt werden)?

Beispiele für Anschlussfragen: Was müssten Sie selbst, was müssten andere tun oder lassen, damit Ihre Einschätzung um xx Punkte höher/niedriger ausfällt?

Fragen nach Bildern/Metaphern
Durch Nutzung von Bildern bzw. Metaphern kommt es zur Umsetzung von Information zwischen der linken und rechten Gehirnhälfte und zur Eröffnung von neuen Zugängen. Wenn Bilder bzw. Metaphern durch den Kunden eingeführt werden, dann kann damit auch weitergearbeitet werden.

Beispiel: Wie könnten Sie die bestehende Situation in einem Bild beschreiben? Welches Bild drängt sich Ihnen für die vorliegende Situation auf?

Zirkuläre Fragen
In zirkulären Fragen geht es um die Sichtweise, die ein Mitglied eines Systems über die Beziehung oder Interaktion zweier Mitglieder hat. Der Kunde wird dabei aufgefordert, eine Frage aus der Sicht einer anderen Person zu beantworten: „Tratsch über andere in Abwesenheit der anderen".

Beispiel: Angenommen, Ihr Projektauftraggeber wäre nun hier und ich würde ihn über den Konflikt zwischen Ihnen und dem Kunden befragen, würde er es so ähnlich oder ganz anders sehen?
Wie würde der Projektmitarbeiter A die Beziehung zu Ihrem Projektauftraggeber sehen oder beschreiben?

Verschlimmerungsfragen
Verschlimmerungsfragen können aufzeigen, dass z. B. klagende Kunden selbst Einfluss auf das System haben. Es ist wichtig, diese Frage anzukündigen und behutsam einzuführen, um den Kunden damit nicht zu überrumpeln.

Beispiel: Was müssten Sie tun, damit sich die Situation verschlimmert? Was könnten Sie tun/was müsste passieren, damit die Projektteamsitzung noch chaotischer wird?

Paradoxe Fragen
Sind Fragen, die Widersprüche, Absurditäten, Unlogik einführen. Sie dienen dazu, den Blick auf die positiven Aspekte der momentanen Situation (was schon alles funktioniert) und die Ressourcen des Kunden (was der Kunde zum Funktionieren beiträgt) zu Tage zu fördern. Sie rütteln den Kunden auf und können in festgefahrene Situationen wieder Bewegung bringen.

Beispiel: Angenommen, das Projekt wäre sowohl ein Erfolg als auch ein Misserfolg, wie würden Sie das näher beschreiben? Wie könnten Sie den Projektauftraggeber dazu bringen, dass er selbst alle operativen Aufgaben erledigt?

Zukunftsfragen

Ziehen die Zukunftsperspektive in die Gegenwart. Diese dienen dazu, die Lösung(en) in Form einer „Rückschau" zu erarbeiten bzw. die ersten Schritte in Richtung Lösung(en) retrospektiv aufzurollen.

> Beispiele: Wenn wir uns in einem halben Jahr wieder zu einem Gespräch hier treffen und ich Sie frage, was aus Ihrem Anliegen geworden ist, was werden Sie mir dann antworten?

Wunderfrage

Die Wunderfrage dient dazu, den Kunden in den gewünschten Zielzustand zu versetzen und dessen Auswirkungen zu hinterfragen. Der Kunde wird dabei aus dem Problemfokus in einen Lösungsfokus geführt, was einen angenehmen emotionalen Zustand erzeugt. Wunderfragen gehören zu den komplexesten Fragetypen und erfordern eine ausführliche Einleitung basierend auf den tatsächlichen Gewohnheiten und Lebensumständen des Kunden.

> Beispiel „Einleitung" (Achtung: kundenspezifisch!):
> Angenommen, Sie verabschieden sich wie jeden Abend bei den Mitgliedern Ihres Projektbüros, steigen in Ihr Auto und fahren nach Hause, begrüßen Ihren Ehepartner und lassen beim gemeinsamen Abendessen den Tag Revue passieren, gehen danach noch mit dem Hund um den Block, schließen das Haus ab und gehen anschließend zu Bett …

> Beispiel „Die eigentliche Wunderfrage":
> Sie schlafen tief und fest, und während Sie schlafen, geschieht – ohne dass Sie es bemerken – ein Wunder und Ihr Problem ist gelöst. Am Morgen stehen Sie auf und fahren nach dem Frühstück ins Büro, woran werden Sie merken, dass das Wunder passiert ist? – Woran werden Sie selbst/Ihre Kollegen aus dem Projektbüro es merken?

Hinweise zur Anwendung

Die Beantwortung von systemischen Frageinterventionen ist für den Kunden meist keine leichte Sache, da es oft eine Vielzahl von Antwortmöglichkeiten gibt bzw. die Frage aus unterschiedlichen Perspektiven beantwortet werden kann. Daher ist Geduld eine wichtige Grundregel für den Projektcoach. Er muss so lange zuwarten können, bis der Kunde eine Antwort auf die Frage gefunden und formuliert hat. Je länger der Kunde nachdenkt, umso „neuartiger" ist die Perspektive für ihn.

Bei der Fragestellung sind der Gesprächskontext, der „Ton", der Klang der Stimme sowie die nonverbale Kommunikation besonders relevant. Die einzelnen Fragetypen haben unterschiedliche Hintergründe und können in verschiedenen Situationen im Coachingprozess eingesetzt werden, daher sollte die Wirkung analysiert werden. Da wir in unserem üblichen Sprach- und Denkgebrauch diese Fragenkonstrukte eher nicht anwenden, erfordert der Einsatz von systemischen Frageinterventionen Übung und Praxis. Erst nach einiger Übung kommen die Fragen authentisch und kompetent beim Kunden an.

Die Wirkung von systemischen Frageinterventionen ist nicht exakt vorhersehbar, da der Kunde für den Projektcoach intransparent ist. Auch der Zeitpunkt der Auswirkung kann unterschiedlich sein, und manche Frageinterventionen wirken weit über die Coachingeinheit hinaus. Trotzdem übernimmt der Projektcoach die volle Verantwortung für diesen Prozess.

Grundsätzliche Empfehlungen:

» Fragen entwickeln sich immer aus den Antworten des Kunden und sollen in Richtung Ziel für die Stunde führen.
» Einfachere Fragen zum Einstieg
» Ungewöhnliche Fragen immer mit Ankündigung bzw. Zustimmung des Kunden:
Ich würde Ihnen jetzt gerne eine eher ungewöhnliche Frage stellen … Ist das okay für Sie?
» Bei komplexeren Fragen immer mit einer sauberen Einleitung bzw. Vorbereitung der eigentlichen Frageintervention

Karl Kritiker So viele unterschiedliche Fragetypen. Ich bin ganz baff.

Paula Praktiker Also, ehrlich gesagt, die Wunderfrage traue ich mir nicht zu. Da hätte ich Angst, dass mich der Kunde nicht ernst nimmt. **Theo Theoretiker** Na, die muss man halt entsprechend einleiten und dann geht das schon.

Otto Oberzwerg Du hast recht, Theo. Einleiten ist ganz wichtig. Die Wunderfrage ist sicher eine der schwierigsten Fragen. Sie ist aber auch sehr effektvoll, wenn man diese Technik beherrscht. Das ist vor allem Übungssache. Daher rate ich auch jedem ab, wie in Kapitel 9 besprochen, ohne fundierte Ausbildung gleich ins Projektcoaching einzusteigen. Als Vorbereitung sind viel Übung und ein schrittweises Ausprobieren unter Anleitung eines erfahrenen Projektcoaches notwendig. Bücher zu lesen ist sicher wichtig, aber allein zu wenig.

10.3 Auszug weitere systemische Interventionen

Spielregeln für das Projektcoaching

Spielregeln für das Projektcoaching sind Regelungen, die durch die Teammitglieder explizit vereinbart und dadurch Teil ihrer Selbstbeschreibung werden. Sie bieten die Basis für die Zusammenarbeit im Projektcoaching „in guten und in schlechten Zeiten".

Regeln aus systemischer Sicht sind Beschreibungen eines Beobachters, der Rückschlüsse darauf zieht, wie sich die Mitglieder eines Systems (Gruppe, Team) darauf geeinigt haben, Wirklichkeit (z. B. Werthaltungen und Verhalten) zu definieren.

Die Herausforderung besteht im Projektteam genauso wie innerhalb des Projektcoachingsystems im Zusammenspiel von Personen zur zielorientierten Erreichung von Arbeitsergebnissen, wobei das eine ohne das andere nicht möglich ist.

Es wird zwischen impliziten und expliziten Regeln unterschieden. Fast jedes Team verfügt über implizite, nicht ausgesprochene Regeln, die erst dann sichtbar werden, wenn sie übertreten und als Problem empfunden werden. Explizite Regeln sind solche, die von den Systemmitgliedern ausdrücklich formuliert werden.

Besonderer Wert ist auf die Vereinbarung von expliziten Spielregeln im Rahmen von Teamcoachings zu legen, die Bedeutungen, Werthaltungen bzw. Regelung des Verhaltens im Team während des Teamcoachings festlegen. Sie dienen als Rahmen, um Themen wie die Bearbeitung von Konflikten oder die Verbesserung des Arbeitsklimas bzw. der Kommunikation im Team zu ermöglichen.

Beispiele für Spielregeln
» Respektvoller Umgang miteinander
» Wille zum Kooperieren
» Jeder hat etwas beizutragen
» Offene Kommunikation
» Vertraulichkeit
» „Objektive Wahrheiten" sind immer subjektiv und damit nie richtig oder falsch
» Jede Meinung hat Platz
» Vermeidung von Klischees und Verallgemeinerungen – das heißt, alle versuchen möglichst konkret zu sein
» Zeit und Raum zum Reflektieren geben

Hinweise zur Anwendung

Die Spielregeln im Coaching von Projektteams werden explizit während des Auftragsklärungsgesprächs und/oder in der ersten Einheit mit dem Projektteam vereinbart. Es empfiehlt sich, die Spielregeln während den Projektcoachingeinheiten sichtbar für alle Teammitglieder im Raum, z. B. auf einem Flipchart, zu platzieren und zum Einstieg jeder Teamcoachingeinheit zum Thema zu machen.

Reflecting Team

Eine Gruppe von „unsichtbaren" Beobachtern gibt zu einem vom Projektcoach mit dem Kunden abgestimmten Zeitpunkt wertschätzende Rückmeldung zum Gehörten in Form eines Dialogs. Durch diesen Dialog über den Dialog wird Raum für Veränderung geschaffen und der Kunde bekommt eine Fülle von Meinungen, Ideen und Angeboten in Form einer Außensicht angeboten. Der Kunde entscheidet selbst, was für ihn in seiner Situation hilfreich ist und womit er nach der Reflexion durch das beobachtende System mit dem Projektcoach weiterarbeiten will.

Das Reflecting Team ist aus der systemischen Familientherapie nach Tom Andersen entstanden und geht von der Entstehung von Veränderung durch den freien Gedankenaustausch zwischen Menschen aus. Im Projektcoaching mit einem Reflecting Team wird zwischen dem eigentlichen Coachingsystem (Kunde und Projektcoach) und dem Reflecting Team, dem beobachtenden System, unterschieden.

1. Phase

In der ersten Phase der Projektcoachingeinheit findet ein „normales" Projektcoachinggespräch statt. Der Projektcoach klärt mit dem Kunden Anliegen, Ziel und Auftrag, während das Reflecting Team hinter einer imaginären Spiegelscheibe sitzt und den Prozess beobachtet, Keywords des Kunden aufgreift und Stärken, Ressourcen, Chancen und Perspektiven notiert.

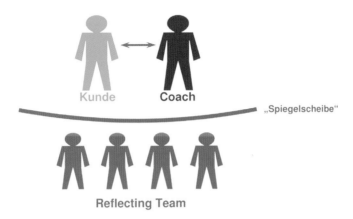

Abbildung 57: Phase 1 im Reflecting Team

2. Phase

Der Projektcoach unterbricht die Beratungssituation und bittet das Reflecting Team um eine Reflexion. Dazu wird ein physischer Wechsel der Sitzplätze von Kunde und Coach einerseits und Reflecting Team andererseits vorgenommen. Der Dialog des Reflecting Teams über den Kunden, dessen Situation und Ressourcen bzw. den Beratungsprozess dauert fünf bis zehn Minuten.

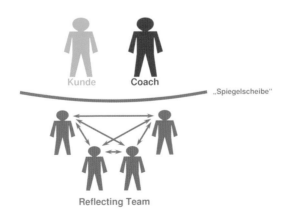

Abbildung 58: Phase 2 im Reflecting Team

Im Stil einer „lockeren" Gesprächsrunde werden Komplimente, Gedanken und Ideen in Form eines Dialogs über den Dialog angesprochen. Der Kunde nimmt an diesem Dialog nicht teil, es liegt jedoch in seinem Ermessen, Ideen, Gedankenexperimente oder Fragen in der folgenden Phase aufzugreifen. (siehe dazu auch „Metadialog")

3. Phase
Nach dem Dialog des Reflecting Teams werden wieder die Plätze getauscht und das Projektcoaching-gespräch zwischen Projektcoach und Kunde wird fortgeführt. Der Kunde entscheidet für sich, was von dem Gehörten er weiterverfolgen möchte.

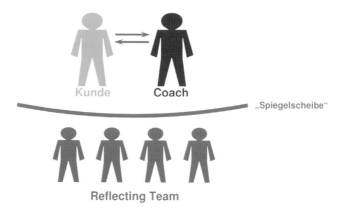

Abbildung 59: Phase 3 im Reflecting Team

Richtlinien für den Dialog im Reflecting Team
» Der Dialog im Reflecting Team sollte über Komplimente an den Kunden in angemessener Form zur Schaffung einer positiven Atmosphäre erfolgen.
» Kommentare sollten sich auf das beziehen, was vorher besprochen wurde.
» Es geht um einen bunten Strauß an Sichtweisen, nicht um die einzig „richtige" Idee.
» Das Reflecting Team hebt Ressourcen und Stärken hervor und verringert die Angst vor Veränderungen. Ereignisse und Gefühle werden normalisiert und die Verantwortung und das Verdienst für die Veränderung wird dem Kunden zugeschrieben.
» Die Reflexionen sollten beide Seiten eines Dilemmas beinhalten: vom Entweder-oder zum Sowohl-als-auch oder Weder-noch.
» Kommentare werden in kurzen Sätzen eingebracht (keine Monologe).
» Ideen werden konjunktivistisch, sprich in Möglichkeitsform präsentiert: möglicherweise …, ich könnte mir vorstellen …, vielleicht …, ich frage mich …
» Metaphern des Kunden werden durch das Reflecting Team aufgenommen und weiterentwickelt.

Hinweise zur Anwendung
» Das Reflecting Team lässt sich am leichtesten im letzten Drittel einer Coachingeinheit einsetzen, da hier schon Anliegen, Ziel und Auftrag klar sind und bereits erste Ideen zur Lösung durch den Kunden gene-

riert wurden. Die Aufgabe in dieser Phase ist es, Anregungen und Motivation für die erarbeiteten Lösungsmöglichkeiten zu geben.

» Wird das Reflecting Team in der Startphase der Coachingeinheit eingebracht, sind Ziel und Auftrag eventuell noch unklar. Hier ist die Aufgabe, den Kunden in Form von Komplimenten zu „heben" und mögliche Ressourcen bzw. Potenziale zur Veränderung zu etablieren. Eventuell können auch Fragen im Zusammenhang mit Ziel und Auftrag platziert werden (siehe nächster Punkt).

» Im Dialog über den Dialog können auch Anregungen an den Projektcoach als Fragen formuliert einge-bracht werden, z. B.: Ich habe gehört, das Ziel sei … – jetzt stelle ich mir die Frage, ob der Auftrag nicht … sein könnte.

» Wer im Reflecting Team mit dem Dialog startet und wie der Abschluss durchgeführt wird, sollte vor Beginn der Coachingeinheit im Team vereinbart werden.

» Nach dem Dialog kann der Projektcoach auf die Reaktion und den Wiedereinstieg des Kunden in Form einer Pause warten. Alternativ wären auch Fragen wie z. B. „Wo stehen wir?", „Wo sollen wir weiter-machen?" oder „Was geht Ihnen im Moment durch den Kopf?" möglich. Auf jeden Fall sind Fragen wie „Na, wie war's?" oder „Wahnsinn, die waren heute wieder gut, was?" zu vermeiden, da der Kunde für sich selbst entscheidet, was für ihn brauchbar ist und was nicht.

» Die optimale Größe des Reflecting Teams liegt zwischen drei und fünf Personen. Dies ermöglicht den Aufbau einer Dynamik bzw. Leichtigkeit und bietet Raum für Assoziationsmöglichkeiten.

» Eine Reflexion von zwei oder gar nur einer Person ist ebenfalls möglich – hier spricht man jedoch eher von einem „Metadialog".

Der Einsatz des Reflecting Teams ist auch im Projekt(leiter)gruppencoaching üblich. Hier wird das Reflecting Team mit „anderen" Projektleitern besetzt und erfordert daher eine detaillierte Einweisung in die Methode durch den Projektcoach und ein wenig Übung.

Metadialog

Der Metadialog bietet die Möglichkeit, die Vorteile des Reflecting Teams, d.h. den Dialog über den Dialog, zu integrieren, auch wenn man als Coach kein Reflecting Team zur Verfügung hat. Durch die Verlagerung des Dialogs auf die Metaebene kann z. B. die persönliche Betroffenheit des Kunden reduziert werden. Zusätzlich können Ressourcen für Veränderung, neue Ideen oder Lösungsmöglichkeiten auf der Kundenseite mobilisiert werden. Es wird zwischen dem Metadialog zu zweit (d.h. zwei Coaches in der Coachingeinheit) und allein (= „Meta mit mir") unterschieden. Als Metaebene wird eine übergeordnete Position bezeichnet, von der aus die Situation bzw. das eigene Verhalten mit Abstand betrachtet und ana-lysiert werden kann.

Bei der Konversation in einer Projektcoachingeinheit laufen für den Kunden und die Projektcoaches gleichzeitig zwei parallele Prozesse ab. Im Rahmen eines äußeren Dialogs werden durch die Projekt-coaches Fragen gestellt und der Kunde antwortet, während die Projektcoaches zuhören. Gleichzeitig fin-det jedoch für jeden an der Konversation Betroffenen ein interner Dialog über das Gehörte in Form einer eigenen Reflexion statt.

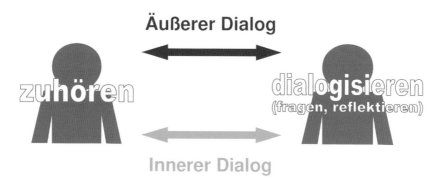

Abbildung 60: Dialogformen

Im Rahmen des Metadialogs wird nun der innere Dialog, den jeder Projektcoach beim Zuhören mit sich führt, „öffentlich" gemacht und dem Kunden zur Verfügung gestellt.

Der Metadialog erfordert eine besondere Einführung und wird meist zum Start der Projektcoaching-einheit in der Einleitung angekündigt. Für den Kunden muss klar nachvollziehbar sein, dass der normale Dialog unterbrochen wird und ein Settingwechsel stattfindet.

Metadialog zu zweit
Sollten zwei Projektcoaches im Einsatz sein, führt einer der beiden Projektcoaches den Metadialog ein: „Wie wir schon bei der Einleitung angekündigt haben, würden mein Kollege und ich uns nun gerne aus-tauschen …" Die Stühle der beiden Projektcoaches werden derart zueinander gedreht, dass die Projektcoaches den Kunden immer noch im Blickfeld („Pferdeblick") behalten. Durch eine Veränderung der Körperhaltung, z. B. Zurücklehnen, Blick nach oben, kann der Settingwechsel noch verstärkt werden. Die Projektcoaches schauen sich an und starten mit dem Metadialog. Sie lassen so dem Kunden Raum zum inneren Dialog, ohne ihn jedoch zu verlieren. Der Metadialog kann durch den Kunden zu jeder Zeit unter-brochen werden. Das Ende des Metadialogs nach etwa zwei bis drei Minuten sollte für den Kunden eben-falls klar erkenntlich sein, z. B. drehen sich die Projektcoaches wieder zurück an den Tisch und der Dialog mit dem Kunden wird fortgesetzt (siehe auch Reflecting Team).

Metadialog allein („Meta mit mir")
Der Metadialog mit nur einem Projektcoach ist eine Sonderform und muss noch detaillierter eingeführt werden. Eine beliebte Variante ist es, einen imaginären Co-Coach in Form eines dritten Stuhls in die Coachingsituation einzuführen:

… „der dritte Stuhl" ist noch nicht besetzt. Wissen Sie, ich coache gerne zu zweit mit einem Kollegen auf diesem dritten Stuhl. Heute bin ich aber allein hier. Das mag für Sie vielleicht etwas ungewöhnlich sein, aber wenn während des Gesprächs in meinem Kopf Fragen, Gedanken, Ideen usw. entstehen sollten, über die ich mir klar werden möchte, dann werde ich diese Gedanken ansprechen, als ob jemand Dritter in unserer Runde säße. Es kann auch sein, dass ich mit dem unsichtbaren Dritten diskutiere. Wenn Sie mich dabei unterbrechen möchten – gerne …

Der „eigentliche" Metadialog

Im eigentlichen Dialog stellen die Projektcoaches Fragen, äußern Zweifel, erörtern Hintergedanken, bringen Assoziationen ein und stellen Dinge in Frage. Die Ideen, Gedanken und Anregungen der Projektcoaches müssen in einer für den Kunden annehmbaren Form erfolgen, daher werden konjunktivistische Formulierungen bevorzugt.

Richtlinien für den Metadialog

» Anerkennung der Probleme und Sichtweisen des Kunden über Komplimente oder Cheerleading
» Alles, was der Kunde „bringt", ist ein Zeichen zur Kooperation und wird genutzt, um „etwas" in Bewegung zu setzen.
» Scheinbare Widersprüche des Kunden werden als wertvolle Rückmeldung in neue Ideen oder Sichtweisen einbezogen.
» Metaphern und Keywords des Kunden werden aufgegriffen.
» Situationen des Kunden werden umgedeutet (reframed) oder aus dem Rahmen genommen (deframed).
» Hinweise auf relevante Personen und Inhalte, bezogen auf Ziel und Auftrag, werden verstärkt.
» Es wird über den Prozess in der Projektcoachingeinheit reflektiert.
» Ziel und Auftrag werden in Frage gestellt.

Hinweise zur Anwendung

» Der Metadialog kann zu unterschiedlichen Zeitpunkten im Projektcoachingablauf verwendet zur werden, analog zum Reflecting Team.
» Der Metadialog muss angekündigt werden – den Kunden überraschen, aber nicht verwirren!
» Humor einsetzen – der Metadialog soll mit Leichtigkeit beim Kunden ankommen.
» Komplimente zur „Hebung" des Kunden verwenden.
» Keine Monologe führen und eine für den Kunden nachvollziehbare Argumentation verwenden – „Keep it simple".
» Doppelbotschaften vermeiden. Die Kommentare, Ideen und Anregungen müssen sich mit der Körpersprache decken.
» Auf die Sitzposition vor, während und nach dem Metadialog achten – einen eindeutig erkennbaren Settingwechsel durchführen

Timeline

Mithilfe der Timeline lassen sich Meilensteine, Ressourcen und Erfahrungen des Kunden auf einem Zeitstrahl physisch verorten. Der Kunde steigt (auch räumlich) in unterschiedliche Zeitpunkte auf der Timeline ein und hat die Möglichkeit, Assoziationen auf vergangene oder zukünftige Ereignisse und Ressourcen zu entwickeln bzw. zu visualisieren.

Eine Timeline ist ein Zeitstrahl, auf dem beliebige Zeitabschnitte dargestellt sind. Ein einzelner Punkt auf dem Zeitstrahl repräsentiert ein bestimmtes Datum, dem ein Ereignis, Ressourcen oder Ähnliches zugeordnet werden können. Der Abschnitt zwischen zwei Punkten repräsentiert einen gewissen Lebensabschnitt des Kunden.

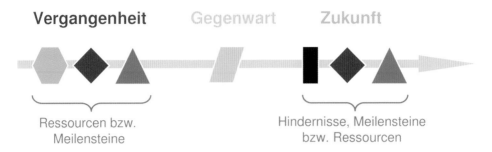

Vergangenheit   Gegenwart   Zukunft

Ressourcen bzw.
Meilensteine

Hindernisse, Meilensteine
bzw. Ressourcen

Abbildung 61: Timeline

Die Timeline markiert verschiedene Zeiten in der Vergangenheit, Gegenwart und Zukunft des Kunden. Darauf werden die Erfahrungen, Meilensteine und Ressouren (bzw. Hindernisse) aufgelegt. Der Kunde wird durch diese Methode eingeladen, unterschiedliche Wahrnehmungspositionen entlang der Timeline einzunehmen.

Zunächst wird der Kunde gebeten, bezogen auf das Stundenziel die wesentlichen Meilensteine samt zugehörige Erfahrungen, Ressourcen und Hindernisse zu nennen und auf Kärtchen zu notieren. Im Individualcoaching kann die Schreibarbeit vom Coach übernommen werden. Anschließend werden die Kärtchen entlang eines imaginären Zeitstrahls am Boden aufgelegt.

Der Kunde versucht sich nun unter Anleitung des Projektcoaches mittels Fragen vorzustellen, in diesem Lebensabschnitt präsent zu sein, die Situation mit möglichst vielen Sinnen wahrzunehmen und eine Assoziation zur jetzigen Situation herzustellen. Die Timeline unterstützt damit nicht nur einen Perspektivenwechsel, sondern verankert durch die räumliche Bewegung entlang des Zeitstrahls die Erfahrungen und Ressourcen im Bewusstsein des Kunden und macht sie für das Hier und Jetzt verfügbar.

> Beispiel zur Einleitung und Frageinterventionen
> Erinnern Sie sich zurück an die Zeit, in der Sie sich entschlossen haben, das Projekt xy zu übernehmen. Was war damals wichtig, was waren die wichtigsten Meilensteine auf dem Weg bis jetzt? Was hat Sie auf dem Weg bis jetzt unterstützt? Wie haben Sie das alles geschafft? Was hätten Sie eventuell noch gebraucht?
>
> Und jetzt stellen Sie sich vor, zum Zeitpunkt x haben Sie Ihr Ziel erreicht: Wie fühlt sich das an (… stellen Sie sich das mit allen Sinneskräften vor…) – auf der Zeitachse von jetzt an – wie weit ist das etwa entfernt? Steigen Sie auf der Timeline dort ein!
>
> Wenn Sie zurückblicken, auf den Ausgangspunkt in der Gegenwart, was waren die Meilensteine, die Sie zurückgelegt haben? Was hat geholfen? Was waren eventuell auch die Hindernisse? Was haben Sie gebraucht, um diese Hindernisse zu überwinden?

Hinweise zur Anwendung

» Die Anwendung dieser Methode benötigt in der Projektcoachingeinheit genügend Raum und Zeit (ca. 20 bis 30 Minuten).

» Der Zeitstrahl wird mit einem Klebestreifen am Boden visualisiert. Zur „Verortung" der Erfahrungen, Ressourcen usw. sind Moderationskarten hilfreich, die durch den Kunden in einer Vorbereitungsphase erstellt und entlang des Zeitstrahls aufgelegt werden.

» Die Timeline eignet sich auch sehr gut zum Einsatz im Teamcoaching. Für die Durchführung ist jedoch von einem erhöhten Zeitbedarf auszugehen. Die Auswahl der Ereignisse wird in Kleingruppen vorbereitet, während die Identifizierung der Ressourcen entlang der Timeline schon im gesamten Team erfolgen kann.

» Versuchen Sie nicht, alles, was möglich ist, entlang der Timeline zu erfassen, sondern nur das, was für das Projekt und die Zielsetzung im Projektcoaching relevant ist.

Systembrett

Das Systembrett oder auch Beziehungsbrett ist eine Miniatur-Modellversion einer Systemaufstellung, in der statt realen Personen Figuren aufgestellt werden. Durch die Visualisierung der Situation auf dem Systembrett gewinnt der Kunde eine Vogelperspektive und damit einen hilfreichen Abstand zu seiner Situation. Die Beziehungen der beteiligten Personen (Nähe und Ausrichtung) werden für den Kunden deutlich, begreifbar und durch die Aufstellung auch bearbeitbar.

Der Kunde kann auf dem Systembrett alternative Sichtweisen entwickeln bzw. Wünsche und Ideen auf dem Brett sichtbar machen. Das Beziehungsbrett ermöglicht eine Metakommunikation des Kunden über Anliegen, Ziel, Auftrag und Lösungsansätze.

Beschreibung

Das Systembrett hat seinen Ursprung in der systemischen Familientherapie, wo es durch Kurt Ludewig als „Beziehungsbrett" oder „Familienbrett" bekannt geworden ist. Entgegen der klassischen Systemaufstellung werden keine Personen, sondern Figuren durch den Kunden auf einem ca. 50 mal 50 Zentimeter großen Brett aufgestellt.

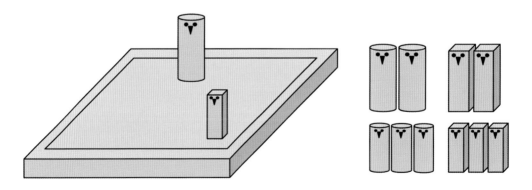

Abbildung 62: Systembrett

Das Systembrett hat am Rand eine Begrenzungslinie, die das innere Betrachtungsfeld des aufzustellenden Systems darstellt. Die Figuren haben unterschiedliche Formen (rund, eckig usw.) in unterschiedlichen

Größen und verfügen über Augen und Nase, aber haben keinen Mund (da der Kunde für sie sprechen wird). Nach der Klärung von Ziel und Auftrag beginnt der Kunde unter Begleitung des Projektcoaches, „sein" Bild aufzustellen. Dieses Bild entwickelt sich im Gespräch und zeigt das System mit seinen Beziehungen aus der Wahrnehmungsperspektive des Kunden. Die Reihenfolge der Aufstellung kann nach der Wichtigkeit, der Hierarchie, zeitlichen Gesichtspunkten, dem offiziellen oder inoffiziellen Organigramm, der aktuellen Situation oder nach sonstigen Gesichtspunkten erfolgen.

Die Figuren werden einzeln auf dem Brett platziert und der Kunde verleiht den beteiligten Figuren seine Stimme. Durch dieses „Hineinversetzen" des Kunden in die Situation werden unterschiedliche Sichtweisen und Emotionen sichtbar. Die Entfernung, Blickrichtung und Platzierung der Figuren auf dem Brett sowie die Reihenfolge der Anordnung wird für die Beratung genutzt. Mit zirkulären Fragen versucht der Projektcoach im Anschluss, die Beziehungen und Wechselwirkungen der aufgestellten Personen zueinander sichtbar zu machen.

Der Kunde kann Situationen auf einer Probebühne durchspielen und darstellen. Es können bereits vergangene Ereignisse rekonstruiert bzw. noch nicht erkannte Alternativen erarbeitet und ausprobiert werden. Durch die Visualisierung des Systems mit seinen Beziehungen und der Kommunikation mit dem Kunden auf einer Metaebene können auch innere Konflikte visualisiert werden.

Hinweise zur Anwendung

» Die Figuren werden dem Kunden angeboten und nicht durch den Projektcoach berührt. Der Kunde stellt sein Bild selbst unter fragender Begleitung des Coaches auf, z. B.: Wen repräsentieren die einzelnen Figuren? Was stellen sie dar? Was bedeuten die Merkmale wie Größe, Form usw.?

» Vor der eigentlichen Aufstellung sind Ziel und Auftrag, wenn geht schriftlich, zu klären und für den Kunden sichtbar im Raum, z. B. auf einem Flipchart, zu positionieren.

» Oft fällt der Kunde regelrecht „in das Bild hinein" und ist mit dem „Erleben des Bildes" bzw. mit seinen Gefühlen stark beschäftigt. Andererseits kann die Beschäftigung mit der Aufstellung dazu führen, dass der Kunde mit großer Geschwindigkeit alle verfügbaren Figuren aufstellt oder gar nicht mehr spricht. Der Projektcoach führt durch zielgerichtete Fragen die Geschwindigkeit und Ausrichtung des gesamten Aufstellungsprozesses.

» Das Systembrett ist kein Analysefeld für den Projektcoach, sondern dient als Fragegrundlage zur Arbeit entlang von Ziel und Auftrag. Keinesfalls werden vom Projektcoach familiäre oder sonstige private Aspekte thematisiert.

» Der Kunde soll nicht sofort alle Figuren aufstellen, sondern die aufzustellenden Personen langsam in das System einführen. Dies ermöglicht dem Kunden, zu erleben, wie sich das Bild schrittweise verändert.

» Wenn die Anzahl der Personen zu groß für das Systembrett ist, können die wichtigsten Personen auf einem Zettel aufgelistet und einige vom Kunden ausgewählt werden. Alternativ kann eine Holzfigur auch ganze Teams oder Personengruppen repräsentieren.

» Das Systembrett ist Kundenhoheitsgebiet. Das heißt, der Kunde stellt sein Bild selbst auf und baut es selbst wieder ab. Der Projektcoach berührt in keiner Phase auch nur eine einzige Holzfigur.

» Um „sein" Bild von einer anderen Seite bzw. Perspektive zu betrachten, ist es nützlich, den Kunden aufstehen und um das Brett herumgehen zu lassen.

Wenn kein Brett oder keine Figuren vorhanden sind, dann können alternativ andere Objekte, die leicht verfügbar sind, z. B. Flipchartstifte, verwendet werden. Das Beziehungsbrett kann sowohl im Individual- als auch im Teamcoaching angewendet werden.

Reframing

Reframing geht von der Annahme aus, dass Probleme vom Kontext (dem Rahmen), in dem sie entstehen und erfahren werden, abhängen. Wird nun dieser Rahmen durch Umdeutung verändert oder gar in Frage gestellt, verändert sich auch die Sichtweise des Kunden auf das Problem und bietet eine Basis für die Neukonstruktion eines annehmbaren bzw. viablen (gangbaren) Wegs in einem neuen Rahmen.

Beschreibung

Kommunikation erfolgt immer in einem gewissen Kontext. Reframing basiert auf der Prämisse, dass jedes Verhalten Sinn macht, sobald man den Kontext kennt, wobei das Verhalten nicht nur von dem Kontext abhängig ist, sondern diesen auch bestimmt.

Hinter dem Begriff Reframing steht die Metapher eines Bilderrahmens, der den Ausschnitt unserer Perspektive bestimmt und begrenzt. Wir unterscheiden im Reframing Bedeutungs- und Kontextreframing.

Bedeutungsreframing

Das Bedeutungsreframing versucht eine Situation oder „das Geschehen" anders zu beschreiben und zu erklären, d.h. in einen anderen Rahmen zu stellen (reframe) und dadurch der Situation eine andere Bedeutung zuzuweisen bzw. neue Sichtweisen für den Kunden zu ermöglichen.

> Z. B.: Jedes Ende hat auch einen Anfang: Anfang – Ende – Anfang – Ende.
> Z. B.: Mein Projektauftraggeber mischt sich ständig ins Projekt ein. Ihr Projektauftraggeber ist also für Sie greifbar und hat ein großes Interesse an Ihrem Projekt.

Kontextreframing

Im Kontextreframing wird der Kontext der Situation oder des Geschehens umgedeutet, das heißt, der alte Rahmen wird in Frage gestellt oder aufgelöst (deframe).

> Z. B.: Der für den Test verantwortliche Projektmitarbeiter beschwert sich beim Projektleiter, dass beim Testen so viele Fehler aufgetreten sind. Der Projektleiter sagt: „Gut, dass wir sie jetzt schon gefunden haben!"

Vorgehen im Reframing

1. Skizzieren der Problemsituation und des Problemverhaltens durch den Kunden
2. Sammlung möglichst vieler positiver Funktionen, die dieses Verhalten für einzelne Beteiligte oder das ganze System haben kann. Dabei wird der bestehende Rahmen hinterfragt oder es werden andere Rahmen eingeführt.

3. Auswahl und Platzierung der positiven Funktionen, die für den Kunden am besten passen, d.h. die er am ehesten nützen könnte
4. Auswahl und Durchführung von Interventionen, damit der Kunde aus dieser neuen Sichtweise heraus neue Ideen und Möglichkeiten entwickeln kann

Beispiele

Problemschilderung
Ich habe wirklich ein Problem in meinem Projekt, aber da kann man nichts machen.

Alternative Sichtweise
» Sie wissen offenbar (wirklich), was Sie im Rahmen des Projekts tun können und was nicht.
» Sie können die Situation gut einschätzen.

Problemschilderung
Ich komme überall zu spät.

Alternative Sichtweise
» Sie sind vielbeschäftigt.
» Man weiß, woran man bei Ihnen ist.
» Sie haben ein Markenzeichen.
» Sie nutzen die Zeit für andere wichtige Dinge.
» Sie müssen nie warten.

Problemschilderung
Ich kann mich nicht von der Firma lösen.

Alternative Sichtweise
» Sie sind verantwortungsbewusst.
» Sie müssen sich keinen neuen Job suchen.
» Sie sind ein loyaler Mitarbeiter.

Problemschilderung
Ich kann nicht einschlafen, weil ich so viel über das Projekt nachdenken muss.

Alternative Sichtweise
» Sie nehmen sich viel Zeit, um den Dingen auf den Grund zu gehen.
» Die Nacht ist nicht allein zum Schlafen da.
» Da haben Sie viel Ruhe, um nachzudenken.

Problemschilderung
Ich kann mich nicht abgrenzen.

Alternative Sichtweise
» Sie schränken sich nicht ein.
» Sie sind offen für neue Dinge.
» Sie sind kontaktfreudig.

Hinweise zur Anwendung
» Nicht sofort die Coachingeinheit nach dem Anliegen des Kunden mit einem Reframing starten. Beim Reframing geht es um für den Kunden in seiner derzeitigen Situation unlösbare Dinge.
» Die Bestimmungsstücke des Rahmens liefert der Kunde selbst durch die Schilderung seiner Situation. Das eigentliche Reframing sollte über Komplimente eingeleitet werden, um den Kunden zu „heben" und Raum für Neues zu schaffen. Die Formulierung im Reframing muss in einer annehmbaren, wert-

schätzenden Form erfolgen – benutzen Sie die Möglichkeitsform und formulieren Sie Ihre Anmerkungen als Fragen.

» Auch Reframing muss im Projektcoachingprozess explizit eingeführt werden. Bei der eigentlichen Reframingarbeit ist auf die Reaktion des Kunden zu achten und dem Kunden Zeit zu geben, diese unterschiedlichen Sichtweisen oder Ideen auf sich einwirken zu lassen.

» Reframing fällt zum Beginn der Tätigkeit als Projektcoach besonders schwer und muss geübt werden. Dies kann durch Notieren von „Keywords" des Kunden nach einer durchgeführten Coachingeinheit oder durch das Ausmalen von ganz besonders schwierigen Situationen erfolgen.

Arbeiten mit Metaphern

Eine Metapher ist ein Wort, ein Satz oder ein Bild, das der Kunde anstelle eines anderen Wortes, Satzes oder Bildes, einer Situation, Beziehung … verwendet, um Analogien, Ähnlichkeiten bzw. Assoziationen für seine aktuelle Situation herzustellen.

Mit einer Metapher kann das assoziative Denken des Kunden angeregt und die bestehende Situation für den Kunden aus einer gewissen Distanz oder in einem für ihn angenehmeren Kontext begreif- und veränderbar werden.

Beschreibung

Der Begriff Metapher kommt aus dem Griechischen und bedeutet so viel wie „übertragen" oder „woanders hintragen". Metaphern werden in der Literatur verwendet, um die Bedeutung eines Wortes auf ein anderes zu übertragen, wobei zwischen den beiden eine Beziehung oder Ähnlichkeit besteht.

Metaphern werden im alltäglichen Sprachgebrauch oft für Ausdrücke verwendet, die negativ bewertet sind und deshalb durch einen unverfänglicheren oder harmloseren Ausdruck umschrieben werden, z. B. „XY ist von uns gegangen" statt „XY ist gestorben".

Die Arbeit mit Metaphern ermöglicht es dem Kunden im Rahmen des Projektcoachings, die aktuelle Situation durch ein „Bild" zu ersetzen. Aufgrund dieses Transfers kann der Kunde sich aus seiner aktuellen Sicht auf die gegenwärtige Situation lösen bzw. diese aus einem anderen Blickwinkel sehen. Der Projektcoach greift Äußerungen und Kommentare des Kunden auf und entwickelt mit ihm gemeinsam stimmige Bilder, um anhand dieser weiterzuarbeiten und neue Konstruktionen für den Kunden zu ermöglichen.

Beispiel einer realen Situation	Übertragung in Metapher
Projekt	Schiffsreise
Projektleiter	Kapitän des Schiffes
Kernteam	Offiziere des Schiffes
Erweitertes Team	Matrosen

Bilder nehmen einer Situation oft die „bleierne Schwere" und ermöglichen es dem Kunden, diese aufgrund der gewonnenen Distanz zu verändern und zu gestalten. Durch Metaphern wird eine neue Ebene der

Kommunikation im Projektcoaching geschaffen, über die es dem Kunden gelingt, weitere Ideen, Anregungen oder Anknüpfungspunkte zu generieren und Erfahrungen aus der „erlebten Situation" in seine Realität zu übertragen. Eine Metapher ermöglicht daher eine andere oder neuartige Darstellung eines Sachverhalts und ist eine elegante Methode des Perspektivenwechsels.

Einleitung von Metaphern

Situation
In der Situationsbeschreibung

Fragen
» Worum geht es?
» Wenn Sie diese Situation in einem Bild ausdrücken würden, welches Bild wäre das?

Situation
In der Erarbeitung der Ziele

Fragen
» Wie könnten Sie das Ziel in einem Bild beschreiben?
» Welches Bild sollte entstehen?

Situation
In der Entwicklung von Lösungen

Fragen
» Angenommen, die Lösung würde schon existieren, wie könnten Sie diese zum Beispiel in einem Bild beschreiben?

Hinweise zur Anwendung
» Der Projektcoach greift Bilder und Gleichnisse, die der Kunde im Dialog selbst einbringt, auf und nutzt diese für die weitere Beratung, z. B.: Wenn Sie sagen, dass Sie sich vor dem Projektteam wie ein Alleinunterhalter vorkommen, in welcher Kunstsparte (in welchem Lokal) treten Sie auf? Wer sind die Zuhörer?
» Die aufgebauten oder eingebrachten Metaphern des Kunden werden durch den Projektcoach genutzt, um auch „in Bildern" zu fragen.
» Die Beschreibung der aktuellen Situation und der Aufbau von Analogien bzw. die Assoziation zu einer Metapher beschäftigen den Kunden sehr stark, da er meist durch die direkte Betroffenheit stark konzentriert ist. Dem Kunden ist daher in dieser Phase genügend Zeit und Raum zu geben und es sind vor allem die Reaktionen sowie die Körperhaltung des Kunden zu beobachten. Wenn eine Metapher durch den Kunden nicht angenommen oder weiterverfolgt wird, wird diese einfach fallengelassen und der normale Coachingdialog fortgesetzt.
» Der Projektcoach hat den Transfer von möglichen Lösungen von der Metaphernebene in die reale Kundenwelt sicherzustellen.

Tempowechsel
Tempowechsel ist eine Interventionsmethode, um die Geschwindigkeit im Beratungs- und Lösungsprozess einer Projektcoachingeinheit durch den Projektcoach aktiv zu verändern. Sehr oft sind Kunden gedanklich und kommunikativ sehr schnell unterwegs und nehmen dadurch wichtige Detailaspekte nicht mehr wahr.

Seltener gibt es auch Kunden, die sich nur sehr langsam von Gedanken zu Gedanken bewegen und so selten bis zu einer Lösung vordringen.

Beschreibung

Tempowechsel ist eine bewusste Intervention, in der das Tempo des Kunden in der Erarbeitung von Lösungen verändert wird.

Vor allem, wenn der Kunde in seinen Ausführungen nicht mehr zu bremsen ist („Gipfelsturm mit hängender Zunge") und von einer Idee zur nächsten springt, ohne sich selbst Zeit für die eigentliche Beantwortung von Fragen zu geben, bietet sich die Möglichkeit des Tempowechsels an, eingeleitet durch:

» Verlangsamung der Geschwindigkeit in der Fragestellung und Veränderung der Tonlage. Das heißt, der Projektcoach verändert bewusst die Geschwindigkeit und „entschleunigt" dadurch den Bearbeitungsprozess.
» Durch Einführung eines Metadialogs und Ausstieg aus dem eigentlichen Beratungsprozess
» Bewusstes Nennen des Namens des Kunden in Fragestellungen, z. B.: Herr Müller, <Pause>, Sie ... Dies führt dazu, dass der Kunde kurz innehält, wenn sein Name gefallen ist.
» Ausstieg aus dem aktuellen Prozess über die Einführung von Metaphern
» Einschieben des Dialogs des eventuell vorhandenen Reflecting Teams
» Einführung des Systembretts zur Aufstellung der Situation
» Arbeiten an der Timeline
» Usw.

Hinweise zur Anwendung

» Der Projektcoach ist für die „Führung" des Kunden im Projektcoachingprozess verantwortlich. Es ist daher sinnvoll, sich als Coach im Sinne der Eigenreflexion die Frage zu stellen, ob der Kunde genügend Zeit und Raum zur Arbeit an seiner Lösung hat. Bei zu hohem Tempo des Kunden besteht die Gefahr, dass der Projektcoach die „Führung des Dialogs" aus der Hand gibt und dem Kunden „hinterherhechelt".

Settingwechsel

In „eingefahrenen" Situationen, z. B. der Kunde ist in seiner derzeitigen Realität verwurzelt und kann sich nicht lösen, werden durch Einführung bewusster Änderung des Settings in der Zusammenarbeit mit dem Kunden Raum und Zeit für Assoziationen, Ideen und neue Lösungsmöglichkeiten des Kunden geschaffen.

Beschreibung

Unter Settingwechsel wird eine Veränderung des Settings innerhalb einer Projektcoachingeinheit zur Unterbrechung des Beratungsprozesses verstanden, z. B. durch:

» Durchführung eines Metadialogs
» Reflexion eines Reflecting Teams
» Arbeiten mit einer Timeline
» Einführung eines Systembretts
» Veränderung der Sitzpositionen
» Wechsel in einen anderen Raum
» Veränderung des Visualisierungsmediums

Hinweise zur Anwendung

Der Settingwechsel wird durch den Projektcoach angekündigt und in für den Kunden passender Form eingebracht.

Hausaufgaben

Hausaufgaben sind alle Interventionen, die dem Kunden am Ende einer Projektcoachingeinheit mitgegeben werden. Darunter fallen Verhaltensverschreibungen und Beobachtungsaufgaben. Der Kunde arbeitet über eine Anweisung des Projektcoaches an der eigenen Situation bzw. an „seiner" Lösung. Die Hausaufgaben regen den Kunden an, über die eigentliche Projektcoachingeinheit hinaus an passenden Sichtweisen und Lösungen zu arbeiten.

Beschreibung

Hausaufgaben sind Interventionen zum Ende einer Projektcoachingeinheit, die dem Kunden in Form von Kommentaren oder Resümees mitgegeben werden. In Kapitel 5 wurde als Teil der Zentralkarte nach Steve de Shazer bereits auf einige Arten von Hausaufgaben hingewiesen:

» Tue mehr von dem, was funktioniert.
» Tue gelegentlich mehr von dem, was funktioniert.
» Tue das Leichteste von dem, was funktioniert.
» Fokussiere probehalber darauf, etwas Einfaches zu tun.
» Führe eine Standardaufgabe laut Standardintervention 1 bis 4 durch (Die Standardinterventionen 1 bis 4 nach Steve de Shazer sind nachstehend abgebildet).

Typus	Aufgabe	Ziel/Zweck
INTERVENTION I	In der Zeit von heute bis zu unserem nächsten Treffen möchte ich, dass Sie genau beobachten, was in Ihrem/Ihrer Leben/Beruf/Beziehung geschieht, von dem Sie wünschen, dass es auch weiterhin geschieht.	Kunden neigen dazu, ihre Aufmerksamkeit auf die wahrgenommene Stabilität ihres problematischen Musters zu richten.
INTERVENTION II	Mache etwas ganz anderes.	Kunden neigen zu der Annahme, sie hätten das ihnen zur Verfügung stehende Verhaltensrepertoire für das Problem schon ausgenutzt.

Typus	Aufgabe	Ziel/Zweck
INTERVENTION III	Achte darauf, was du tust, wenn dich die Versuchung überkommt oder der Zwang, … (das Symptom zu zeigen oder ein Verhalten zu zeigen, das mit dem Problem verbunden ist).	Kunden neigen zu der Annahme, ihr Problemverhalten sei zwanghaft und außerhalb ihrer Kontrolle.
INTERVENTION IV	Viele Leute hätten in Ihrer Situation … gemacht.	Kunden neigen zu der Annahme, dass das, was sie als Reaktion zeigen, die einzig logische Sache ist, die man tun kann.

Andere Aufgaben
» Mache etwas ganz anderes zur Generierung von Lösungen, z. B.: „Aha, Sie können ohne Ihr Handy nicht leben. Versuchen Sie mal, eine Woche das Handy ausgeschaltet zu lassen."
» Tue etwas Überraschendes – zur Suche nach Ausnahmen.
» Zu einem Experiment einladen
» Tue so, als ob …, z. B.: Was wäre, wenn das Problem für zehn Minuten nicht da wäre?
» Vorhersagen machen lassen – Fragen in die Zukunft
» Ein Ritual verordnen
» Nichtveränderung verschreiben und begründen
» Rückfall vorhersagen oder Rückfall verschreiben
» Verordnen, ein Tagebuch zu führen
» Verordnen, Geschichten zu erzählen oder Metapher zu verwenden
» Comics im Projekt einsetzen und erstellen

Hinweise zur Anwendung
» Die Einladung zur Hausaufgabe erfolgt oft mündlich, kann jedoch auch in seltener Form schriftlich in E-Mails oder über Nachsendung eines Protokolls erfolgen. Die Hausaufgabe soll Bekanntes und auch Verwirrendes kombinieren, muss jedoch für den Kunden klar und eindeutig nachvollziehbar sein.
» Kunden können auch Beobachtungs- und Nachdenkaufgaben erhalten. Besucher, d.h. Personen, die ihr Anliegen nicht konkretisieren können, sollten über Botschaften, Anekdoten oder Geschichten zu kundigen Kunden weiterentwickelt werden. Klagende, die zwar ihr Anliegen formulieren können, sich aber auch über einen Perspektivenwechsel nicht aus ihrem Dilemma lösen können, sollten nur Beobachtungs- und Nachdenkaufgaben erhalten.

Karl Kritiker Pfuh, ganz schön viele Werkzeuge! Und die muss man alle kennen und können?

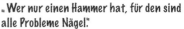 **Theo Theoretiker** Wie heißt es so schön: „ Wer nur einen Hammer hat, für den sind alle Probleme Nägel."

 Karl Kritiker Aber du hast doch vorhin gesagt, du hast nur einen Hammer und eine Zange zu Hause.

 Theo Theoretiker Habe ich das?

Paula Praktiker Ich bin froh, dass wir dazu schon ein paar Workshops hatten, um die ganzen Dinge einmal auszuprobieren!

 Theo Theoretiker (schließt das Buch) Und zu reflektieren ...

 Karl Kritiker Und jetzt geht's ans wirkliche Ausprobieren!

 Paula Praktiker Und morgen gibt's das Zertifikat, stimmt's?

  Karl Kritiker und **Theo Theoretiker** (wie aus einem Munde) Genau!

Ausleitung

Otto Oberzwerg hat seine Beziehungen spielen lassen
und die Erlaubnis erhalten, die Verleihung der Zertifikate im
prunkvollen Festsaal der Wiener Universität vorzunehmen.
Die drei Junior-Projektzwerge sitzen im großen Auditorium
und warten auf Otto Oberzwerg.

Theo Theoretiker (schaut sich im Auditorium um) Jetzt fehlt nur noch die Musik ... (auf einmal ertönt aus den Lautsprechern die Fanfare von Rocky)

Paula Praktiker Na bitte, alles da! Coole Musik!

Karl Kritiker Und wo ist Otto?

Paula Praktiker Ich glaube, der ist im Kammerl der Vortragenden.

Otto Oberzwerg (kommt in einem feinen Anzug mit Krawatte in den Saal) So, meine Lieben! Es ist so weit. (die Musik klingt aus, er legt seine Unterlagen auf das Pult) Wir haben uns nun acht Monate lang mit dem Thema Projektcoaching auseinandergesetzt. Was bedeutet Projektcoaching, wie ist es entstanden und wie grenzt es sich zu anderen Arbeitsformen ab? Dann haben wir uns ein wenig mit dem theoretischen Fundament des Konstruktivismus und der Systemtheorie beschäftigt ...

Karl Kritiker (flüstert zu Paula) Zählt der jetzt alle Themen und Kapitel noch einmal auf?

Otto Oberzwerg (stutzt) ... ähäm ... jaaa, und noch viele, viele andere wichtige Themen. Theo, was war denn für dich das wichtigste Thema?

Theo Theoretiker Man kann soziale Systeme nicht voraussagbar steuern, und daher ergibt sich der Zyklus Beobachten, Hypothesen bilden und Interventionen planen als Grundlage systemischen Projektcoachings.

Otto Oberzwerg Gut, gut, Theo. Paula, und was war es für dich?

Paula Praktiker Eindeutig das Thema Werte und Haltungen. Und natürlich die VALUES!

Karl Kritiker Wie ging das noch einmal? Vertraulichkeit ... Allwissen ...

Paula Praktiker Allparteilichkeit und Neutralität, Lösungs- und Ressourcenorientierung, unverzichtbare Freiwilligkeit, Ebenbürtigkeit und ...

Theo Theoretiker (siegessicher) Schonungsloses Respektieren. **Karl Kritiker** Genau!

Otto Oberzwerg Wunderbar! Karl, was waren denn für dich die wichtigsten Erkenntnisse?

Karl Kritiker Dass es unheimlich schwierig ist ...

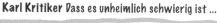

Paula Praktiker (verdreht die Augen) Karl!

Karl Kritiker (besinnt sich) ... aber dass es eine Menge Dinge gibt, die man beachten kann. Zum Beispiel: Einen klaren Projektcoachingauftrag formulieren und schauen, wer zum Coachingsystem gehört und wer nicht, oder ... in jeder Projektcoachingeinheit Anliegen, Ziele und Auftrag abklären, nicht zu viele Annahmen treffen, den Kunden arbeiten lassen und so weiter und so fort ...

Otto Oberzwerg Ausgezeichnet! Da gibt es in der Tat Einiges! **Karl Kritiker** Das ist es ja!

Otto Oberzwerg Jedenfalls habt ihr eure Ausbildung zum Projektzwerg erfolgreich absolviert! Ich möchte euch dazu herzlich gratulieren! (überreicht jedem ein Zertifikat)

 Karl Kritiker Eine Frage hätte ich noch! **Otto Oberzwerg** Ja, Karl?

Karl Kritiker Wo finde ich die tollen Hilfsmittel, die in dem Buch beschrieben sind? Da ist ja keine CD dabei! Da haben die wohl wieder gespart!

 Paula Praktiker Keine Sorge, Karl, ich hab das schon herausgefunden! **Theo Theoretiker** und **Karl Kritiker** Ja?

Paula Praktiker Die findest du unter www.nextlevelconsulting.eu/Projektcoachingbuch

 Otto Oberzwerg Ganz genau! Und immer aktuell!

Anmerkungen

1 von Glasersfeld 1987, 1997, 2003; Bateson 2002, 2006

2 von Foerster 1998, 2003

3 Maturana 1991; Maturana/Varela 1990; Luhmann 1989, 1992; Fischer 1998

4 Das rechte Auge zuhalten und mit dem linken den Stern fixieren. Bei einem Abstand von ca. 20 cm zum Bild ist der Kreis nicht mehr zu sehen. (20 cm sind hier nur ein Richtwert. Ist der Kreis noch zu sehen, varriiert man den Abstand zum Bild solange, bis der Kreis verschwindet.) Zum Nachmachen: Auf ein quergelegtes normales weißes Blatt Papier zwei Punkte im Abstand von ungefähr 11 cm horizontal nebeneinander zeichnen – wahlweise auch kleine Symbole oder Ähnliches (maximal 1 cm groß). Das Blatt in Armlänge vor die Augen halten oder vor sich auf den Tisch legen. Versuchsdurchführung wie oben.

5 Ein gutes literarisches Beispiel für Beobachtung zweiter Ordnung findet man in dem Roman „Das Wetter vor 15 Jahren" von Wolf Haas (Hoffmann und Campe 2006). Der Roman wird hier nämlich in einem Gespräch zwischen Autor und Literaturkritikerin reflektiert und nicht im eigentlichen Sinne erzählt, sondern besprochen.

6 Luhmann 1991, 2005

7 von Foerster 1993

8 von Foerster 1992, 1998; von Eckardstein/Kasper/Mayrhofer 1999

9 Luhmann 2000, Baecker 1994

10 Luhmann 1991

11 Bardmann 1994; Meyer 1994

12 Probst/Gomez 1989

13 Dilts 2006

14 Radatz 2006

15 Hargens 2007

16 unveröffentlichtes Manuskript von Dr. Uwe Wieland

17 in Anlehnung an das erste Kommunikations-Axiom nach Watzlawick:
   „Man kann nicht nicht kommunizieren."

18 Maletzke 1996

19 Hofstede 2006

20 Hofstede 2006

21 Watzlawick 2000

22 Gergen 2002

23 Schein 2003

24 Maletzke 1996

25 Maletzke 1996

26 Maletzke 1996

27 Thomas/Stumpf 2003

28 Backhausen/Thommen 2006

29 Knapp 2003

30 Luhmann 2000

31 Backhausen/Thommen 2006

32 Fischer-Epe 2003

33 Heß/Roth 2001

Literatur

Andersen, Tom: Das Reflektierende Team. Verlag Modernes Lernen 1996

Backhausen, Wilhelm/Thommen, Jean-Paul: Coaching. Durch systemisches Denken zu innovativer Personalentwicklung, Gabler 2006

Baecker, Dirk: Postheroisches Management, Merve-Verlag 1994

Bardmann, Theodor M.: Wenn aus Arbeit Abfall wird.
Aufbau und Abbau organisatorischer Realitäten, Suhrkamp 1994

Bateson, Gregory: Geist und Natur, Suhrkamp 2002

Bateson, Gregory: Ökologie des Geistes, Suhrkamp 2006

Blom, Herman/Meier, Harald: Interkulturelles Management, NWB Verlag 2004

Böning, Uwe: Der Siegeszug eines Personalentwicklungsinstruments. Eine 10-Jahres-Bilanz.
In: Rauen, Christopher (Hg.): Handbuch Coaching, Hogrefe Verlag 2002, 2005

de Shazer, Steve: Der Dreh. Überraschende Wendungen und Lösungen in der Kurzzeittherapie, Carl-Auer-Systeme 2006

de Shazer, Steve: Keys to Solutions in Brief Therapy, W. W. Norton & Company 1985

de Shazer, Steve: Wege der erfolgreichen Kurztherapie, Verlag Klett-Cotta 2006

Dilts, Robert B.: Die Veränderung von Glaubenssystemen, Junfermann 2006

Fischer, Hans Rudi: Die Wirklichkeit des Konstruktivismus, Carl-Auer-Systeme 1998

Fischer-Epe, Maren: Coaching. Miteinander Ziele erreichen, Rowohlt 2003

Fatzer, Gerhard/Rappe-Giesecke, Kornelia/Looss, Wolfgang: Qualität und Leistung, Edition Humanistische Psychologie 2002

Friedman, Steven: Effektive Psychotherapie. Wirksam handeln bei begrenzten Ressourcen, Verlag Modernes Lernen 1999

Fuchs, Peter/Göbel, Andreas (Hrsg.): Der Mensch – das Medium der Gesellschaft?, Suhrkamp 1994

Gallwey, W. Timothy: The Inner Game of Golf, Random House 1998

Gallwey, W. Timothy: The Inner Game of Tennis, Random House 1997

Gareis, Roland: Happy Projects! Projekt- und Programmmanagement. Projektportfolio-Management. Management der projektorientierten Organisation, MANZ'sche Wien 2006

Gergen, Kenneth: Konstruierte Wirklichkeiten, Kohlhammer 2002

Grau, Uwe/Möller, Jens: Von Unterschieden, die einen Unterschied machen. In Zeitschrift für systemische Therapie 2/1991, 110–115, S. 111

Hargens, Jürgen/Eberling, Wolfgang: Einfach kurz und gut, Teil 2: Ressourcen erkennen und nutzen, Verlag Modernes Lernen 2000

Hargens, Jürgen: Systemische Therapie … und gut. Ein Lehrstück mit Hägar, Verlag Modernes Lernen 2003

Hargens, Jürgen: Lösungsorientierte Therapie … was hilft, wenn nichts hilft …, borgmann Verlag 2007

Heß, Tatjana/Roth, Wolfgang L.: Professionelles Coaching, Asanger 2001

Hofstede, Geert: Lokales Denken, globales Handeln, Beck-dtv 2006

Kieser, Alfred (Hg.): Organisationstheorien, Kohlhammer 2006

Kluckhohn, Florence/Strodtbeck, Fred L.: Variations in Value Orientations, Greenwood Press London 1973

Knapp, Karlfried: Interpersonale und interkulturelle Kommunikation, in: Bergemann, Niels/Sourisseaux, Andreas: Interkulturelles Management, Springer 2003

Königswieser, Roswita/Exner, Alexander: Systemische Intervention, Klett-Cotta 2002

Lang, Anne M.: Zielklärung als konstruktivistische Intervention, in: Rauen, Christopher: Coaching-Tools, managerSeminare 2007

Litke, Hans-Dieter: Projektmanagement – Handbuch für die Praxis, Hanser 2005

Luhmann, Niklas: Die Form Person, in: Soziale Welt 42, 1991

Luhmann, Niklas: Erkenntnis als Konstruktion, Benteli 1989

Luhmann, Niklas: Soziologie des Risikos, de Gruyter 1991

Luhmann, Niklas: Soziologische Aufklärung 5, Opladen 1992

Luhmann, Niklas: Organisation und Entscheidung, Westdeutscher Verlag 2000

Luhmann, Niklas: Die Wissenschaft der Gesellschaft, Suhrkamp 2005

Luhmann, Niklas: Soziale Systeme. Grundriß einer allgemeinen Theorie, Suhrkamp 2006

Maletzke, Gerhard: Interkulturelle Kommunikation, Westdeutscher Verlag 1996

Maturana, Humberto/Varela, Francisco J.: Der Baum der Erkenntnis. Die biologischen Wurzeln des menschlichen Erkennens, Goldmann 1990

Maturana, Humberto: Erkennen: Die Organisation und Verkörperung von Wirklichkeit; Vieweg 1991

Maturana, Humberto: Was ist Erkennen?, Piper 1994

Meyer, Michael: Ziele in Organisationen. Funktionen und Äquivalente von Zielentscheidungen, Gabler 1994

Morgan, Gareth: Images of Organization, Sage Publications 2006

Müller-Jacquier, Bernd: Interkulturelle Kommunikation und Fremdsprachendidaktik, Univ. Koblenz-Landau 1999

Neumann, Karin: Lexikon systemischer Interventionen, Krammer 2006

Ortmann, Günther/Sydow, Jörg/Türk, Klaus (Hg.): Theorien der Organisation. Die Rückkehr der Gesellschaft, Westdeutscher Verlag 1998

Patzak, Gerold/Rattay, Günter: Projektmanagement, Linde 2004

Probst, Peter/Gomez, Gilbert: Vernetztes Denken im Management, in: Die Orientierung, hrsg. von den Schweizerischen Volksbanken, Nr. 89 (1989) 1–33

Radatz, Sonja: Beratung ohne Ratschlag. Systemisches Coaching für Führungskräfte und BeraterInnen, Verlag Systemisches Management 2006

Rauen, Christopher: Coaching-Tools, managerSeminare 2007

Rauen, Christopher: Handbuch Coaching. Hogrefe 2005

Roth, Gerhard: Das konstruktive Gehirn. Neurobiologische Grundlagen von Wahrnehmung und Erkenntnis; in: Schmidt, Siegfried J. (Hg.): Kognition und Gesellschaft. Der Diskurs des Radikalen Konstruktivismus, Suhrkamp 2003

Roth, Gerhard: Erkenntnis und Realität: Das reale Gehirn und seine Wirklichkeit; in: Schmidt, Siegfried J. (Hg.): Der Diskurs des Radikalen Konstruktivismus, Suhrkamp 2003

Schein, Edgar: Organisationskultur, Edition Humanistische Psychologie 2003

Schmidt, Siegfried J. (Hg.): Der Diskurs des Radikalen Konstruktivismus, Suhrkamp 2003

Schreyögg, Astrid: Die Differenzen zwischen Supervision und Coaching (Online-Beitrag). Schreyögg Coaching [http://www.schreyoegg.de/content/view/29/33/ Stand 16.8.2007]

Schulte, Günter: Der blinde Fleck in Luhmanns Systemtheorie, Campus-Verlag 1993

Schulz von Thun, Friedemann: Miteinander reden, Band 1 bis 3, Rowohlt 2006

Spencer-Brown, George: Laws of Form/Gesetze der Form, Bohmeier 2004

Staehle, Wolfgang: Management. Eine verhaltenswissenschaftliche Perspektive, Vahlen 1999

Sterrer, Christian/Winkler, Gernot: Let your projects fly. Projektmanagement, Methoden, Prozesse, Hilfsmittel, Goldegg Verlag 2006

Thomas, Alexander/Stumpf, Siegfried: Aspekte interkulturellen Führungsverhaltens, in: Bergemann, Niels/Sourisseaux, Andreas: Interkulturelles Management, Springer 2003

Tomaschek, Michael: Reflecting Team, in: Rauen, Christopher: Coaching-Tools, managerSeminare 2007

Trebesch, Karsten (Hg.): Organisationsentwicklung. Konzepte, Strategien, Fallstudien, Klett-Cotta 2000

von Eckardstein, Dudo/Kasper, Helmut/Mayrhofer (Hg.): Management, Schäffer-Poeschel 1999

von Foerster, Heinz: Entdecken oder Erfinden. Wie läßt sich Verstehen verstehen?, in: Gumin, H./Meier H. (Hg.): Einführung in den Konstruktivismus, Piper 1992

von Foerster, Heinz: Wissen und Gewissen, Suhrkamp 1993

von Foerster, Heinz: Wahrheit ist die Erfindung eines Lügners. Gespräche für Skeptiker, Carl-Auer-Systeme 1998

von Foerster, Heinz: Erkenntnistheorie und Selbstorganisation, in: Schmidt, Siegfried J. (Hg.): Der Diskurs des Radikalen Konstruktivismus, Suhrkamp 2003

von Glasersfeld, Ernst: Siegener Gespräche über Radikalen Konstruktivismus, in: Schmidt, Siegfried J. (Hg.): Der Diskurs des Radikalen Konstruktivismus, Suhrkamp 2003

von Glasersfeld, Ernst: Radikaler Konstruktivismus, Suhrkamp 1997

von Glasersfeld, Ernst: Wissen, Sprache und Wirklichkeit, Vieweg 1987

Watzlawick, Paul: Wie wirklich ist die Wirklichkeit? Piper 2000

Weick, Karl E.: Der Prozess des Organisierens, Suhrkamp 1995

Stichwortverzeichnis

Abschluss Projektcoaching	**109**, 209, 236
Allparteilichkeit	70
Anerkennung	66, 126, 249
Anliegen Projektcoachingeinheit	117
Auftrag Projektcoachingeinheit	117
Auftragsklärung	99, **102**, 228
Auftreten und Standing	211
Ausbildung Projektcoach	216
Ausbildungsmodell	220
Autopoiesis	38
Behandlung	**210**, 215
Beobachter	**29**, 31
Beobachtung	12, 31, **91**, 232
Beobachtung 2. Ordnung	32
Beobachtungspapier	**81**, 231
Berater	15
Beratung in Projektcoachingeinheit	120
Beratungsintensitätsindex	230
Bewusstseins-System	39
Blinder Fleck	29
Coach	15
Differenz	39, **42**
Ebenbürtigkeit	70
Eigenreflexion	219
Einstellung	53, **177**
Empfehlung	80, **233**
Entscheidung	16, **45**
Entscheidungsprogramme	190
Ergebnisqualität	222
Erstkontakt	99, **100**
Erwartungsstrukturen	45
Ethnozentrismus	177
Evaluation in Projektcoachingeinheit	120
Fachberatung zum Projektmanagement	76, **78**
Fragen, Frageinterventionen	96, **237**
Freiwilligkeit	**70**, 198, 208, 222
Führungskraft	16
Geschlossene Frage	239
Glaubwürdigkeit	103, **211**
Grundannahmen	172
Haltungen	52

Handlungssystem	**103**, 104, 108
Hausaufgaben	**122**, 258
Hypothesen	12, **94**, 233
Hypothetische Frage	240
Implementierungsvarianten	200
Intercultural correctness check	179
Interkulturelle Projekte	168
Internationale Projekte	168
Interventionen	**96**, 97, 234, 236, 237, 243
Interventionsdesign	99, **104**, 105, 138, 155, 162
Intransparenz	58
Kommunikation	39, **41**
Kommunikation in internationalen Projekten	180
Kommunikationsstrukturen	191
Kompetenz	15, 61, 66, 95, 100, 103, 210, 212, 216, 222
Kompetenzebenen	**63**, 71
Kompliment	**66**, 125
Konjunktivismus	58
Konstruktivismus	**26**, 53, 54
Kontakt / Kontrakt	115, **116**
Konventioneller Beratungszugang	57
Kultur	52, **171**, 175, 188
Kulturdimensionen	175
Kulturelle Wertorientierungen	176
Kulturmodell	**172**, 175
Kundenarten	123
Kundenhoheit	**55**, 70
Kundenlösung	**57**, 58, 59, 60, 66
Kurztherapie	65
Kybernetik	**34**, 36, 48
Lerntypen	202
Lösungsorientierung	61, 66
Menschenbild	53, **61**, 63, 65, 196
Metadialog	247
Metapher	255
Metaprozess	90
Moderation von PM-Workshops	76, **84**
Neutralität	58, **70**, 91, 177, 192, 198, 217
Nicht-triviale Maschine	36
Nichtverbale Kommunikation	182
Offene Frage	239

Organisation	**45**, 189
Organisations-Dreieck	188
Paradoxe Frage	241
Paraverbale Kommunikation	182
Personal Coaching	76, **82**, 209, 217
Personen	192
Phasen Implementierung Projektcoaching	200
Projektabschluss	149
Projektauditor	16
Projektbeauftragung	133
Projektcoach	12, **208**
Projektcoaching	**12**, 19
Projektcoaching „en bloc"	184
Projektcoachingauftrag	100, 102, **103**, 228
Projektcoachingeinheit	12, 78, 91, 92, 97, 104, **115**
Projektcoachingelemente	21, **75**
Projektcoachingfallen	72
Projektcoaching-Grundsätze	70
Projektcoachinglandkarte	21
Projektcoaching-Methoden	21
Projektcoachingprozess	21, 89, **99**, 229
Projektcoaching-Super-Wunder-Kapazunder	224
Projektcoachingsystem	21, **103**, 104, 110, 229
Projektcontrolling	142
Projektdefinition	67
Projektkrisen	146
Projektmanagementansatz	**53**, 67, 94, 97
Projektmanagement-Methoden	19, 67, 77, 78, 113
Projektmanagementprozesse	67, 78, 105, **130**
Projektstart	138
Protokoll Abschlussgespräch Projektcoaching	236
Protokoll Projektcoachingeinheit	233
Prozessqualität	222
Psychohygiene	218
Psychotherapeut	16
Qualität im Projektcoaching	221
Radikaler Konstruktivismus	48
Reflecting Team	244
Reframing	253
Respektieren	65, **70**, 72
Ressourcenorientierung	53, **61**, 63, 70
Rolle Projektcoach	208
Selbstverständlichkeiten	177
Settingwechsel	257

Skalierungsfrage	240
Social Skills	212, **215**
Soziales System	39
Spielregeln	111, 186, 230, **243**
Sprache des Projektcoaches	**57**, 65
Sprachliche Kommunikation	181
Sprechweise des Projektcoaches	**57**, 66
Starthilfe zur Projektdokumentation	76, **86**
Strategie	188
Struktur	188
Strukturqualität	222
Supervision	219
Supervisor	15
Systembrett	251
Systeme	**34**, 39, 49
Systemische Coachingausbildung	217
Systemisches Coaching	17
Systemisch-konstruktivistischer Coachingzugang	57
Systemisch-konstruktivistisches Projektmanagement	18
Systemtheorie	**33**, 58, 60
Telefoncoaching	183
Tempowechsel	256
Themenfeldsuchraster	92
Timeline	249
Trainer	16
Transfer Projektcoachingeinheit	121
Triviale Maschine	36
Überlegenheitsbewusstsein	177
VALUES	21, **70**, 262
Verschlimmerungsfrage	241
Vertraulichkeit	16, **70**, 106, 109, 111, 113, 116
Viabilität	26
Vorstellungen	177
Vorurteile	177
Weltbild	**53**, 54, 67, 71
Werte	21, **52**, 91, 94,
Werte und Normen	**172**, 188
Wunderfrage	242
Würdigung	66
Ziele Projektcoaching	**106**, 229
Ziele Projektcoachingeinheit	**117**, 234
Zirkuläre Frage	241
Zyklisches Projektcoaching	90

Danksagung

Wie immer sind direkt bzw. indirekt weit mehr Personen als nur die Autoren an der Entstehung eines Buches beteiligt. Wir möchten uns an dieser Stelle daher besonders bei

» unseren Familien (insbesondere den [Ehe-]Partnern und Kindern),
» unserer Lektorin Karina und
» unserem Grafik- und Layoutteam (Alex, Hemmi und Peter)

bedanken.